应用技术型高等教育财经类专业"十三五"规划教材

审计理论与实务

张爱华　张思菊　主　编
王　芳　吴　莎　副主编

上海财经大学出版社

图书在版编目(CIP)数据

审计理论与实务/张爱华,张思菊主编;一上海:上海财经大学出版社,2016.2

(应用技术型高等教育财经类专业"十三五"规划教材)

ISBN 978-7-5642-2372-4/F·2372

Ⅰ.①审… Ⅱ.①张… ②张… Ⅲ.①审计学-高等学校-教材 Ⅳ.①F239.0

中国版本图书馆 CIP 数据核字(2016)第 027710 号

□ 责任编辑　石兴凤

□ 封面设计　张克瑶

SHENJI LILUN YU SHIWU

审计理论与实务

张爱华　张思菊　主　编

王　芳　吴　莎　副主编

上海财经大学出版社出版发行

(上海市武东路 321 号乙　邮编 200434)

网　址:http://www.sufep.com

电子邮箱:webmaster @ sufep.com

全国新华书店经销

上海景条印刷有限公司印刷装订

2016 年 2 月第 1 版　2016 年 2 月第 1 次印刷

787mm×1092mm　1/16　15.5 印张　396 千字

印数:0 001—4 000　定价:35.00 元

前 言

随着我国市场经济体制改革的不断深化，特别是中国共产党第十八次全国代表大会和十八届三中全会的胜利召开，各种法律法规的修改、完善，深刻影响着审计的执业环境。还有近年来我国新的企业会计准则和审计准则的颁布实施，审计理论和审计实务都发生了重大变化，但许多审计教材的内容没能及时更新，特别是针对应用型本、专科教学的教材较少，因此我们编写了本教材。

在本教材的编写过程中，我们参考了国内外众多专家学者的多部著作，融合了多年的审计学教学体会和审计实践经验，准确把握财政部新颁布的《中国注册会计师执业准则》的精神实质，结合现代审计理论和实践的新成果，由长期从事审计教学与研究的教师编写，具有如下特点：

(1)本教材以注册会计师审计为主线，兼顾政府审计与内部审计，内容新颖、全面，充分体现现代风险导向审计的特点。

(2)教材中精选部分案例，使审计理论具体化，体现理论联系实际的特点，具有较强的可读性。

(3)教材内容难易适中，定位准确，基本根据审计学的内在逻辑规律安排，分为审计理论与审计实务两部分：审计理论部分以审计过程为主线，介绍审计的基本理论和方法；审计实务部分按照业务循环编写，思路清晰，便于掌握，并根据初学者的认知规律和前后衔接进行了调整，如将审计报告内容提前等。

本教材由张爱华主编，张思菊担任第二主编，王芳、吴莎担任副主编。第一章至第六章、第九章至第十二章由张爱华执笔；第七章由张思菊执笔；第八章由王芳执笔；第十三章由肖青玲执笔；吴莎参与了案例的收集与编写等。由张爱华负责对全书进行总纂、定稿。

由于时间和编者的水平有限，书中难免存在疏漏、不当之处，诚待广大读者、师生及学术界同仁批评指正，以便我们进一步修订和完善。

编者

2015 年 12 月

目　录

第一章 审计概述

【学习目标】

1. 了解我国和西方审计的起源与发展的过程；

2. 理解审计产生和发展的客观依据；

3. 掌握审计的概念和属性、审计的职能和分类，以及政府审计、内部审计和民间审计这三种审计形式的机构和人员概况。

【导入案例】

民间审计起源——英国南海公司破产案

南海公司始创于1710年，主要从事海外贸易业务。

公司成立10年经营业绩平平。1719年至1720年，公司趁股份投机热在英国方兴未艾之机，发行巨额股票，同时公司董事对外散布公司利好消息，致使公众对股价上扬增强了信心，带动了公司股价上升。1719年，南海公司股价为114英镑。到1720年3月，股价升至300英镑。1720年7月，公司股价高达1 050英镑，公司老板布伦特决定以高于面值数倍的价格发行新股。同时，南海公司将获取的现金转贷给购买股票的公众。一时间南海公司股价扶摇直上，一场股票投机浪潮席卷全国。由此，170多家新成立的股份公司股票以及原有的公司股票，都成了投机对象，股价暴涨5～6倍，各种职业的人包括军人和家庭妇女都卷入了这场漩涡。美国经济学家加尔布雷斯在其《大恐慌》一书中这样描绘当时人们购买股票的情形："政治家忘记了政治，律师忘记了法庭，贸易商放弃了买卖，医生丢弃了病人，店主关闭了铺子，教父离开了圣坛，甚至连高贵的夫人也忘了高傲和虚荣。"

英国议会为了制止国内"泡沫公司"的膨胀，于1720年6月通过了《泡沫公司取缔法》，随之一些公司被解散。许多投资者开始清醒并抛售手中所持股票。股票投资热的降温，致使南海公司股价一路下滑，到1720年12月，南海公司股价跌至124英镑。年底，英国政府对南海公司资产进行清理，发现其实际资本所剩无几。而后，南海公司宣布破产。

南海公司破产，犹如晴天霹雳，震惊了公司投资人和债权人，数以万计的股东及债权人蒙受损失。当证实了百万英镑的损失落在自己头上时，他们纷纷向英国议会提出严惩欺诈者并给予赔偿损失的要求。

英国议会面对舆论压力,为平息南海公司破产引发的风波,于1720年9月成立了由13人组成的特别委员会,秘密查证南海公司破产事件。在查证中发现,该公司的会计记录严重失真,并有明显的篡改舞弊行为。为此,特别委员会特聘请伦敦市霍斯特·莱思学校的习字教师兼会计师查尔斯·斯耐尔对南海公司账目进行审查。斯耐尔应议会特别委员会的要求,通过对南海公司会计账目的审核,于1721年编制了一份题为"伦敦市霍斯特·莱思学校的习字教师兼会计师查尔斯·斯耐尔对索布里奇商社会计账簿检查的意见"的查账报告书,指出了公司存在的舞弊行为,但没有对公司编制虚假账目的目的表示自己的意见。英国议会根据斯耐尔的审计报告书,没收了公司全部董事的个人财产,将公司一名直接责任经理押进了英国伦敦塔监狱。为此,查尔斯·斯耐尔成为世界民间审计的先驱者,他编制的查账报告是世界上最早由会计师编制的审计报告。

与此同时,英国政府颁布了《泡沫公司取缔法》,主要目的是防止不正常的股份投机,对股份公司的成立严加限制,以保持资本市场的稳定,保护投资者及债权人的利益不受侵害。1828年,英国政府根据国内经济发展对资金的高度需求,重新认识股份公司的经济意义,撤消了1720年的《泡沫公司取缔法》,1834年以后通过了由国王授予特许证来设立股份公司的法案。英国议会又于1844年颁布了《公司法》,从而促进并规范了股份公司的发展。

思考题:英国南海公司的舞弊案例对世界民间审计有什么样的影响?它是否属于里程碑式的案例?

第一节 审计的产生和发展

一、我国审计的产生和发展

我国审计经历了一个漫长的发展过程,大体上可分为六个阶段:西周初期初步形成阶段;秦汉时期最终确立阶段;隋唐至宋日臻健全阶段;元、明、清停滞不前阶段;中华民国不断演进阶段;新中国振兴阶段。

(一)西周初期初步形成阶段

据《周礼》中记载,在我国西周的官制中,朝廷设有六卿管理朝政,六卿下面分设若干官职。其中,司会是会计工作的最高负责人,其职责主要是主持政府的会计核算工作,同时还负责对上报的财产和业绩资料进行审查。另外,还设有宰夫一职,主要监督和检查百官执掌的财政财务收支,即"考其出入而定刑赏"。宰夫是独立于财计部门之外的官职,发现违法乱纪者,可越级向天官冢宰或周王报告,这标志着我国政府审计的产生。

(二)秦汉时期最终确立阶段

秦汉时期,实行上计制度,就是皇帝亲自听取和审核各级地方官吏的财政会计报告,以便决定赏罚。上计制度重在稽查考核官吏,对官吏财经方面的政绩和经济责任的审计是上计的主要内容之一。随着秦统一中国,上计制度推广到全国,西汉时达到鼎盛,东汉后期上计制度日渐衰落,包含于其中的审计也趋于弱化。这一时期,秦《效律》、汉《上计律》等专门的经济监督律法颁行,为实施审计监督提供了法律基础。秦汉监察体系中一些机构和职官也开始履行审计职责,将审计与对官吏的日常监督结合起来。因此,秦汉时期是我国审计的最终确立阶段。

（三）隋唐至宋日臻健全阶段

隋唐及宋，中央集权不断加强，官僚系统进一步完善，审计制度进一步健全。作为独立的专职审计机构，比部产生于曹魏，隶属关系不断变更，至隋唐归刑部，掌管国家财计监督，行使审计职权。到了唐代，比部审计职权范围十分广泛，中央各行政机构及地方各级政权，均设有身兼行政效率勾检与财务审计双重职责的勾检官，形成了广泛的审计网络。比部通过定期的合规性勾考，对中央、地方、军镇的财政收支进行全面审计。唐后期、五代和宋时期，比部的审计职能有所弱化，由财政管理机构实施审计监督职能的体制确定下来。唐安史之乱后，藩镇割据、中央集权受到削弱、财政多元化局面的形成，使比部的勾检职责难以履行，户部、度支、盐铁三司承担了审计监督任务。宋代审计，一度并无发展。北宋元丰改制后，比部的审计职能曾得到加强，但很快又被归并到户部。南宋的诸军诸司审计司（院），是我国第一个以"审计"命名的专职审计机构。宋代审计司(院)的建立，是我国"审计"的正式命名，从此"审计"一词成为财政监督的专用名词，对后世中外审计建制具有深远的影响。因此，隋唐至宋可称作我国审计的日臻完善阶段。

（四）元、明、清停滞不前阶段

元、明、清三代，由于专制日益强化，审计虽有发展，但基本上处于停滞状态，监察机关集监察和审计职权于一身，形成了高度集权、机构庞大、制度严密的和强有力的监察体系。元代取消比部，由户部兼管会计报告的审核，独立的审计机构消亡。明代设都察院，创建了科、道相互独立，又相互配合、相互监督的审计制度，审计的独立性和权威性都有所增强。清代承继这一制度并有新的发展，将科、道合一，统归都察院。明清还建立了负责专项财经活动监督的专职御史，审计监督的针对性得到加强、效率有所提高。

（五）中华民国不断演进阶段

1912 年在国务院下设审计处，1914 年北洋政府改为审计院，同年颁布了《审计法》。1918 年 9 月，北洋政府农商部颁布了我国第一部注册会计师法规——《会计师暂行章程》，并于同年批准会计学家谢霖先生为中国第一位注册会计师。谢霖先生创办的中国第一家会计师事务所——"正则会计师事务所"也获准成立。国民党政府也于 1928 年颁布《审计法》和实施细则，次年还颁布了《审计组织法》。1930 年，国民党政府颁布了《会计师条例》，确立了会计师的法律地位，之后，上海、天津、广州等地也相继成立了多家会计师事务所。1925 年在上海成立了"全国会计师公会"。1933 年，成立了"全国会计师协会"。至 1947 年，全国已拥有注册会计师 2 619人，并建立了一批会计师事务所。但是，在半封建半殖民地的旧中国，注册会计师职业未能得到很大的发展，注册会计师审计也未能充分发挥其应有的作用。由于国民党政府政治腐败，致使政府审计徒具形式，起不到应有的监督作用。

（六）新中国振兴阶段

新中国成立后，尤其是党的十一届三中全会以后，审计工作迅速发展。1980 年 12 月，财政部颁布了《中华人民共和国中外合资经营企业所得税法实施细则》，规定外资企业财务报表要由注册会计师进行审计，这为恢复我国注册会计师制度提供了法律依据。1981 年 1 月 1 日，"上海会计师事务所"宣告成立，成为新中国第一家由财政部批准独立承办注册会计师业务的会计师事务所。

1984 年 9 月 25 日，财政部印发《关于成立会计咨询机构问题的通知》，明确了注册会计师应该办理的业务。1985 年 1 月实施的《中华人民共和国会计法》规定："经国务院财政部门批准组成会计师事务所，可以按照国家有关规定承办查账业务。"1986 年 7 月 3 日，国务院颁布

《中华人民共和国注册会计师条例》,同年10月1日起实施。1988年11月15日,财政部领导下的中国注册会计师协会正式成立。1993年10月31日,八届全国人大常委会第四次会议审议通过了《中华人民共和国注册会计师法》(以下简称《注册会计师法》),于1994年1月1日起实施。在国家法律、法规的规范下,我国注册会计师行业得到了快速发展。我国注册会计师全国统一考试制度创立于1991年,2009年经过全面改革,实现了考试制度的国际趋同。截至2014年12月31日,累计19.3万人取得注册会计师考试全科合格证书。根据国际审计准则的发展趋势和审计环境的巨大变化,大力推行审计准则国际趋同战略。2006年初实现与国际审计准则的趋同,建立了一套既适应社会主义市场经济建设要求,又与国际准则相接轨的审计准则体系。2010年11月,又对38项审计准则进行了修订,保持了与国际准则持续全面的趋同。

1982年修改的《中华人民共和国宪法》中明确规定建立政府审计机构,实施审计监督。1983年9月成立了我国政府审计的最高机关——审计署,在县以上各级人民政府设置各级审计机关。1985年8月发布了《国务院关于审计工作的暂行规定》。1988年11月颁发了《中华人民共和国审计条例》。1994年10月颁布了《中华人民共和国审计法》,从法律上进一步确立了政府审计的地位,为其进一步发展奠定了良好基础。2006年2月颁布了《中华人民共和国审计法》(2006年修正),对原《中华人民共和国审计法》做了大量修订,自2006年6月1日起施行。2010年9月,审计署公布新修订的《中华人民共和国国家审计准则》,修订后的国家审计准则于2011年1月1日起施行。

为了完善审计监督体系,加强部门、单位内部经济监督和管理,我国于1984年在部门、单位内部成立了审计机构,实行内部审计监督。1985年10月发布了《审计署关于内部审计工作的若干规定》,在各级政府审计机关、各级主管部门的积极推动下,内部审计蓬勃发展。2003年5月,审计署颁布施行了新的《关于内部审计工作的规定》,进一步规范了我国的内部审计工作。目前在大多数政府部门、企事业单位均设置了内部审计机构,实行内部审计制度。至此,我国形成了政府审计、注册会计师审计和内部审计三位一体的审计监督体系,审计制度和审计工作进入了振兴时期。2013年8月,中国内部审计协会根据中国内部审计的发展情况和国际内部审计的发展变化情况,对以前发布的中国内部审计准则做了大规模的修订、补充和完善,发布了新的《中国内部审计准则》,该准则体系自2014年1月1日起施行。

二、国外审计的起源与发展

在西方国家,随着生产力的发展和经济关系的变革,审计也经历了一个漫长的发展过程。在西方,政府审计的产生早于注册会计师审计和内部审计。

(一)国外政府审计发展概况

据考证,早在奴隶制度下的古罗马、古埃及和古希腊时代,已经有官厅审计机构。如在古埃及政府机构中设置有监督官,行使审查监督权,会计官员的收支记录、各级官吏是否尽职守法,均置于监督官的严格监督之下。监督官的职权大、地位高,管理权限也不限于经济监察。但在政府机构中没有形成独立的审计机构,审计处于萌芽时期。此外,在古罗马和古希腊,也有相应的经济监察机构,通过“听证”方式,对掌管国家财务和赋税的管理者进行审查和考核,成为具有审计性质的经济监督工作。在世界各国的历代封建王朝中,也设有审计机构和人员,对国家的财政收支进行监督。但当时的审计,不论从组织机构上还是方法上,都还处于很不完善的阶段。

在资本主义时期，随着经济的发展和资产阶级国家政权组织形式的完善，政府审计也有了进一步的发展。在现代资本主义国家中，为了监督政府的财政收支，切实执行财政预算法案，以维护统治阶级的利益，大多在议会下设有专门的审计机构，对政府及国有企事业单位的财政收支进行独立的审计监督。美国于1921年成立的总审计局，就是隶属于国会的一个独立经济监督机构，它担负着为国会行使立法权和监督权、提供审计信息和建议的重要职责。总审计长由国会提名，经参议院同意，由总统任命。总审计局和总审计长置于总统管辖以外，独立行使审计监督权限。另外，加拿大的审计公署、西班牙的审计法院等也都是隶属于国家立法部门的独立机构，其审计结果要向议会报告，享有独立的审计监督权限。这是世界上比较普遍的立法系统的政府审计机关。应该看到，各国政府审计机关都是根据自己的国情来设置的，除立法系统的政府审计机关外，还有一些国家的审计机关隶属于政府领导，称为行政系统政府审计机关，如罗马尼亚由总统直接领导的高级监察院等；一些国家的审计机关由政府的财政部领导，称为次行政系统政府审计机关，如瑞典的政府审计局等；此外，还存在一种既不属立法系统也不属行政系统的政府审计机关，如日本的会计检察院，直接对天皇负责。总之，不管哪种类型，都应保证政府审计机关拥有独立性和权威性，不受干扰，以客观、公正地行使审计监督权。

（二）国外民间审计的产生与发展

注册会计师审计起源于16世纪的意大利。当时地中海沿岸的商业城市已经比较繁荣。由于单个的业主难以向企业投入巨额资金，为适应筹集大量资金的需要，合伙制企业便应运而生。尽管当时合伙制企业的合伙人都是出资者，但是有的合伙人参与企业的经营管理，有的合伙人则不参与，所有权与经营权开始分离。这在客观上需要产生一个与任何一方均无利害关系的第三方，能对合伙企业进行监督、检查，人们开始聘请会计专家来担任查账和公证的工作，这可以说是注册会计师审计的起源。随着此类专业人员人数的增多，他们于1581年在威尼斯创立了威尼斯会计协会。其后，米兰等城市的职业会计师也成立了类似的组织。

注册会计师审计虽然起源于意大利，但它对后来注册会计师审计事业的发展影响不大。英国在创立和传播注册会计师审计职业的过程中发挥了重要的作用。18世纪下半叶，英国的资本主义经济得到了迅速发展，生产的社会化程度大大提高，企业的所有权与经营权进一步分离。股份有限公司的兴起，使绝大多数股东完全脱离经营管理，他们出于自身的利益，非常关心公司的经营成果，以使作出是否继续持有公司股票的决定。证券市场上潜在的投资人同样十分关心公司的经营情况，以便决定是否购买公司的股票。因此，在客观上就产生了由独立会计师对公司财务报表进行审计，以保证财务报表真实、可靠的需求。

为了监督经营管理者的经营管理，防止其徇私舞弊，保护投资者、债权人的利益，避免南海公司案的重演，英国政府于1844年颁布了《公司法》，规定股份公司必须设监察人，负责审查公司的账目。1845年，又对《公司法》进行了修订，规定股份公司的账目必须经董事以外的人员审计。于是，独立会计师业务得到迅速发展。1853年，苏格兰爱丁堡创立了第一个注册会计师的专业团体——爱丁堡会计师协会。该协会的成立，标志着注册会计师职业的诞生。1862年，英国《公司法》确定注册会计师为法定的破产清算人，奠定了注册会计师审计的法律地位。

从1844年到20世纪初，是注册会计师审计形成的时期。在这一时期，由于英国的法律规定了股份公司和银行必须聘请注册会计师审计，使英国注册会计师得到了迅速发展，当时并对欧洲、美国及日本等产生了重要影响。这一时期英国注册会计师审计的主要特点是：注册会计师的法律地位得到了认可；审计的目的是查错防弊，保护企业资产的安全和完整；审计的方法是对会计账目进行详细审计；审计报告使用人主要为企业股东等。

从20世纪初开始，全球经济发展重心逐步由欧洲转向美国，美国的注册会计师审计得到了迅速发展，它对注册会计师职业在全球的迅速发展发挥了重要的作用。1887年，美国公共会计师协会(The American Association of Public Accountants，AAPA)成立。1916年，该协会改组为美国注册会计师协会，后来成为世界上最大的注册会计师职业团体。在20世纪初期，由于金融资本对产业资本更为广泛的渗透，企业同银行的利益关系更加紧密，银行逐渐把企业资产负债表作为了解企业信用的主要依据，于是在美国产生了帮助贷款人及其他债权人了解企业信用的资产负债表审计，即美国注册会计师审计。审计方法也逐步从单纯的详细审计过渡到初期的抽样审计。在这一时期，美国注册会计师审计的主要特点是：审计对象由会计账目扩大到资产负债表；审计的主要目的是通过对资产负债表数据的检查，判断企业信用状况；审计的方法是从详细审计初步转向抽样审计；审计报告使用人除企业股东以外，扩大到债权人。

1933年，美国《证券法》规定，在证券交易所上市的企业财务报表必须接受注册会计师审计，向社会公众公布注册会计师出具的审计报告。因此，审计报告使用人扩大到整个社会公众。在这一时期，注册会计师审计的主要特点是：审计对象转为以资产负债表和利润表为中心的全部财务报表及相关财务资料；审计的主要目的是对财务报表发表审计意见，以确定财务报表的可信性，查错防弊转为次要目的；审计的范围扩大到与测试相关的内部控制，并以控制测试为基础进行抽样审计；审计报告使用人扩大到股东、债权人、证券交易机构、税务机关、金融机构及潜在的投资者；审计准则开始拟订，审计工作向标准化、规范化过渡；注册会计师资格考试制度广泛推行，注册会计师专业素质普遍提高。

第二次世界大战以后，跨国公司得到空前发展。国际资本的流动带动了注册会计师审计的跨国界发展，形成了一批国际会计师事务所。随着会计师事务所规模的扩大，形成了"八大"国际会计师事务所，20世纪80年代末合并为"六大"，之后又合并为"五大"。2001年，美国出现了安然公司会计造假丑闻。出具审计报告的安达信会计师事务所因涉嫌舞弊和销毁证据受到美国司法部门的调查，之后宣布关闭，世界各地的安达信成员所也纷纷与其他国际会计师事务所合并。因此，时至今日，尚有"四大"国际会计师事务所，即普华永道(PWC)、安永(EY)、毕马威(KPMG)和德勤(DTT)。与此同时，审计技术也在不断发展：抽样审计方法得到普遍运用，风险导向审计方法得到推广，计算机辅助审计技术得到广泛采用。

(三)国外内部审计的产生和发展

国外内部审计产生的准确时间已无从考证，一般认为，内部审计是伴随政府审计而产生和发展的，在11～12世纪西方国家产生了"行会审计"，类似于内部审计工作。当时的行会每年要召开几次总会，议事内容包括选举产生理事和审计人员。理事会是行会的执行机关，它必须在召开总会时将行会账户提交给审计人员审查。审计人员审查的重点是作为受托人的理事在处理经济业务方面的诚实性。它体现了内部审计的本质是由于两权分离，即生产资料所有权与管理权分离而产生的受托责任关系。到中世纪，内部审计进一步发展，主要标志是出现了独立的内部审计人员。这一时期，内部审计主要有寺院审计、城市审计、行会审计、银行审计和庄园审计等形式。

近代内部审计产生于19世纪末期，随着资本主义经济的发展，企业之间的竞争日益激烈，跨国公司也迅速崛起，引起了企业内部管理层次增加，从而产生了对企业内部经济管理进行控制和监督的需要。

现代西方内部审计是自20世纪40年代随着大型企业管理层次的增多和管理人员控制范围的扩大，基于企业单位内部经济监督和管理的需要而产生的。20世纪40年代以后，资本主义企业的内部结构和外部环境进一步复杂化，跨国公司迅速崛起，管理层次快速发展。1941年，维克多·Z. 布瑞克(Victor Z. Brink)出版了第一部内部审计著作《内部审计学》，宣告了内部审计学科的诞生。约翰·B. 瑟斯顿(John B. Thurston)联合一群有识之士在美国纽约创立了"内部审计师协会"(The Institute of Internal Auditors)，后来发展为国际性的内部审计组织，为推动内部审计事业的发展做了大量有益的努力。这两件大事的完成，促使内部审计发生了翻天覆地的变化。内部审计已成为一支社会力量，且有了自身的理论体系，由此也就揭开了现代内部审计的序幕。

现代内部审计的发展经历了三个阶段：

(1)以保护财产、查错防弊为主要目标，以事后监督为主要内容，是现代内部审计发展的初级阶段；

(2)以加强企业内部控制制度为目标，以评价活动为主要内容，是现代内部审计的发展阶段；

(3)以提高企业经营管理水平和经济效益为主要目标，以经营及效益评价为主要内容，是现代内部审计发展的新阶段。

在现代内部审计的发展中，形成了经营审计、管理审计和效益审计，内部审计的职能也从监督、控制转向评价，由事后审计发展到事前监督和评价。

三、审计产生和发展的客观依据

从上述中外审计产生和发展的历史可以看出审计的产生和发展及其客观依据。

(一)维系受托经济责任关系是审计产生和发展的基础

在奴隶社会和封建社会，奴隶主和封建主阶级为了巩固其统治地位，必须设置军队、法庭和监狱等国家权力机构，并通过征税来维持这些权力机构的生存。而征收税赋都是由最高统治者的代理官员负责的，最高统治者是授权者，代理官员是代理者，两者之间便产生了一种受托经济责任关系。在民间，奴隶主和封建主将其剥削得来的财产也授权给代理人管理。奴隶主、封建主与代理人之间也产生了同样的受托经济责任关系。这时，无论奴隶主、封建主皇室宫廷由代理官员所从事的会计行为和财政经济活动，还是个别奴隶主、封建主私有财产由代理人所作记录及其所反映的收支活动，都有必要授权给独立于财税、会计活动以外的官员来进行审查，对代理人所经手的钱、财、物、账予以勾稽核实，证明代理人是否诚实地承担了自己的受托经济责任。中外古代审计，都是在这样的客观条件下应运而生的。

随着社会的发展和生产规模的日益扩大，资本主义社会出现了以股份有限责任公司为主要形式的生产经营组织形式。股东对公司的财产拥有所有权但并不直接参与企业生产经营管理，而委托经理行使管理的职能，这时，财产的所有权与经营管理权日益分离。公司经理人员对股东的委托经济责任大大加强，经理人员要以财务报表形式定期向股东汇报公司的经营情况和财务成果，这些财务报表是否真实、正确，能否证明管理人员尽忠职守，切实地履行其所承担的经济责任，更需要作为第三者的审计人员进行审查，以保证股东和债权人的正当权益不受侵犯，这时民间审计便应运而生。

20世纪20年代以来，经济贸易活动日趋国际化，跨国公司不断增多。这时，总公司的经理人员已不可能亲自收集各种经营管理所需信息，也不可能对各级管理层次和各个管理区域的管理者进行监督，为审查各级管理者在所有权统一的前提下对总公司最高管理者和经理人员所承担的受托经济责任，内部审计便产生和发展起来。

在社会主义市场经济体制下，国有企业对国家担负着及时、足额上缴利税，确保资产完好和增值等受托经济责任，国家为了保护全体人民的利益，维护企业的合法权益，必须由独立的权威机构审查企业的财务收支情况，以保证会计资料的准确可靠和经济活动的合法合理，确定和解除有关责任人的受托经济责任。社会主义国家的政府、人民团体和事业单位虽然不是生产经营组织，但它们负有节约财政开支、减少经费支出和提高工作效率的受托经济责任，因此，国家也要审查其财政、财务收支的合法性、合理性和真实性。

因此，从审计行为的萌芽状态到政府审计、民间审计和内部审计机构的形成，从奴隶社会、封建社会到资本主义社会和社会主义社会，都同财产所有权与经营管理权相分离而产生的受托经济责任关系有关。没有这种受托经济责任关系，就不可能产生审计行为。

（二）提高劳动效率和生产效果是审计发展的动力

人类社会在生产活动中力求以较少的劳动消耗和劳动占用取得最多的劳动成果，以不断提高劳动效率和生产效果，这是社会进步和发展的客观要求。要实现这一目标，就需要对生产过程和一切经济活动进行严格的管理和控制，对各种计划和方案进行评价，对计划和方案执行的效益性进行审查。而审计作为独立的经济监督活动，对企业内部控制系统和经济活动客观、公正的评价，可以为管理者提供正确有用的资料和审计结论。由于审计所处的、独立的第三者地位，一般不带有任何偏见，审计结论容易被社会所接受，能作为评价一个部门或单位财务状况和经营成果的依据。

早期传统的审计，只局限于审查账目和财务报表，通常称为财务审计，其目的仅仅在于检查、揭露差错和弊端。但是，随着企业规模的扩大、生产的发展，管理方法和技术日趋复杂，审计对企业的生产经营、管理和控制也更加重要。审计的目的不仅在于审查账目和财务报表，而且包括评价企业的生产经营管理，并及时提出积极、合理的建议，如哪些环节和步骤存在不合理的开支，哪些制度不适应生产的发展，增加企业收入的途径有哪些，怎样改善企业的经营管理，等等。事前审计、经营审计、管理审计、经济审计、效率审计和效果审计都是适应上述需要而发展起来的审计种类和方式。

（三）现代科学技术为审计的发展提供了方法和手段

现代科学技术为现代审计的发展提供了方法和手段。这不但表现为审计领域的不断扩展，而且更重要的是审计方法的不断发展，如财务审计经常使用统计抽样法，经济效益审计广泛采用现代管理方法和数学方法及有关预测、决策和分析方法等。同时，在审计过程中，运用系统论、信息论、控制论等原理对审计事项进行总体的全面验证和综合分析，使审计结论朝着更加精确、可靠和卓有成效的方向发展。特别是计算机应用于管理和会计系统，使传统的手工数据处理系统转变为电算化数据处理系统后，审计的对象发生了重大变化，对电子数据处理系统的审计方法的研究，形成了一门与会计、审计和计算机交叉的边缘学科——电子数据处理系统审计。随着网络技术在社会经济生活中的广泛运用，网络审计也应运而生。

第二节 审计的概念和属性

一、审计的概念

审计是一项具有独立性的经济监督活动。它是由独立的专职机构或人员接受委托或根据授权，对被审计单位特定时期的财务报表及其他有关资料以及经济活动的真实性、合法性、合规性、公允性和效益性进行审查、监督、评价和鉴证的活动，其目的在于确定或解除被审计单位的受托经济责任。

上述审计定义包含以下几个要素：

审计的主体是“专职机构或人员”。在这里，专职机构是指政府审计机关、内部审计机构和会计师事务所，专职人员则指专门从事政府审计、内部审计工作的人员和依法经批准执业的注册会计师。

审计关系可由“接受委托或授权”形成。一般来说，我国的注册会计师审计业务都是通过接受委托来进行的，而政府和内部审计则较多为同级政府或上级管理部门授权。

审计对象是“被审计单位特定时期的财务报表及其他有关资料以及经济活动”。审计对象具体为被审计单位的财务收支及其有关的经济管理活动，但这种活动要通过财务报表和其他有关资料等信息载体反映出来。

审计的目标是审查和评价审计对象的真实性、公允性、合法性、合规性、合理性和效益性。

根据审计的概念，可以概括出审计的两个基本特征：独立性和权威性。

(一)独立性

审计的独立性是保证审计工作顺利进行的必要条件。审计的原始意义就是查账，即由会计人员以外的第三者，对会计账目和财务报表进行审查，借以验证其公允性和合法性。现代审计理论中的三种审计关系人就是据此产生的。第一关系人即审计主体(审计机构或人员)，根据审计委托者的委托，就被审计单位的财务状况及有关人员履行受托经济责任情况进行验证、审查，并提出审查报告书或证明书；第二关系人即审计客体(被审计单位)，对审计委托者承担的委托经济责任，须经审计机构或人员验证审查后才能确定或解除；第三关系人即审计委托者，被审计单位对其承担某种受托经济责任，审计委托者与被审计单位之间存在一定的权责关系。审计关系必须由委托审计者、审计者和被审计者三方构成，缺少任何一方，独立、客观、公正的审计将不复存在。这是由财产所有权与经营管理权相分离决定的。财产所有者对企业拥有所有权但不亲自参加经营管理，为了保护自身的利益，财产所有者迫切希望了解与自己有经济联系的经济组织的财务收支和经济状况，这就需要对负有受托经济责任的经营管理者进行审查，而这种审查只有由独立于他们之外的第三者进行，才能得到正确、公允、可靠的结果。这就是审计机构或审计人员所谓的超然独立性。

(二)权威性

审计组织的权威性是审计监督正常发挥作用的重要保证。审计组织的独立性，决定了它的权威性。审计组织或人员以独立于企业所有者和经营者的“第三者”身份进行工作，他们对企业财务报表进行经济鉴证，恪守独立、客观、公正的原则，按照有关法律、法规，根据一定的准则、原则、程序进行；加上取得审计人员资格必须通过国家统一规定的严格考试，因而他们具有较高的专业知识，这就保证了其所从事的审计工作具有准确性、科学性。正因为如此，审计人员的审计报告具有一定的社会权威性，并使经济利益不同的各方乐于接受。各国为了保障审计的这种权威性，分别通过《公司法》、《商法》、《证券交易法》、《破产法》等，从法律上赋予审计在整个市场经济中的经济监督、经济评价和经济鉴证的职能。一些国际组织为了提高审计的权威性，也通过协调各国的审计制度、准则、标准，使审计成为一项世界性的专业服务，增强各国会计信息的一致性和可比性，以有利于加强国际经济贸易往来，促进国际经济的繁荣。

二、审计的属性

独立性是审计的重要特征。审计是具有独立性的经济监督活动。正因为审计具有独立性,才得到社会的信任,才能保证审计人员依法进行的经济监督活动客观、公正,提出证实财务状况和经营成果的审计信息才更有价值,才能对被审计单位确定或解除受托经济责任提供依据,更好地发挥审计的监督作用。所以,具有独立性的经济监督活动是审计的属性。审计的属性,明确揭示了独立性是审计的特征、经济监督是审计的性质。为了充分体现审计的属性,在审计机构的设置和审计工作过程中,必须遵循独立性原则,具体包括:

(一)机构独立

为确保审计机构独立地行使审计监督权,对被审查的事项做出客观、公正的评价和鉴证,充分发挥审计监督作用,审计机构应当独立于被审计单位之外,这样才能更有效地进行经济监督。

(二)经济独立

审计机构或组织从事审计业务活动,必须有一定的经济收入和经费来源,以保证其生存和发展的需要。经济独立指审计机构或组织的经济来源应有一定的法律、法规作保证,不受被审计单位的制约。即使是民间审计组织,也规定除了正常的业务收费外,不允许与被审计单位有其他经济依附关系。

(三)精神独立

审计人员执行审计业务,必须按照审计范围、审计内容、审计程序进行独立审计,坚持客观、公正、实事求是的精神,作出公允、合理的评价和结论,不受任何部门、单位和个人的干涉。

美国注册会计师协会指出了体现审计属性的三个方面:一是审计人员的自主性,即不受委托人的任何影响;二是精神上的独立性,即审计人员必须公正无私,不带任何偏见;三是审计人员地位的独立性,这种独立性应被公认,为社会所接受。

最高审计机关国际组织(International Organization of Supreme Audit Institutions, INTOSAI)在《利马宣言——审计规则指南》第一章中,就审计的属性,首先提到最高审计机关的独立性,强调最高审计机关必须独立于被审计单位之外,并不受外来影响,才能客观而有效地完成其工作任务;其次提到最高审计机关成员和官员的独立性,强调最高审计机关成员的独立性应由宪法予以保证;最后提到了最高审计机关财政上的独立性。

新修正的《中华人民共和国审计法》(以下简称《审计法》)第五条规定:"审计机关依照法律规定独立行使审计监督权,不受其他行政机关、社会团体和个人的干涉。"第十一条规定:"审计机关履行职责所必需的经费,应当列入财政预算,由本级人民政府予以保证。"第十五条规定:"审计人员依法执行职务,受法律保护。任何组织和个人不得拒绝、阻碍审计人员依法执行职务,不得打击报复审计人员。审计机关负责人依照法定程序任免。审计机关负责人没有违法失职或者其他不符合任职条件的情况,不得随意撤换。地方各级审计机关负责人的任免,应当事先征求上一级审计机关的意见。"由此可见,我国《审计法》也对审计机关、经费来源及审计人员三方面的独立性作了明确规定。

从上述情况来看,无论是我国还是外国都承认独立的经济监督活动是审计的属性。不具有独立性的经济监督活动,如财政、银行、税务、工商行政管理等部门所从事的经济监督活动,则不能称为审计。

第三节 审计的职能和分类

一、审计的职能

审计的职能是指审计本身所具有的内在功能，它由审计本身的特征和地位所决定，是审计本质的客观反映。按前述审计定义，审计具有经济监督、经济评价和经济鉴证三种基本职能。

（一）经济监督

监督的基本解释是监察并督促。经济监督就是指有制约力的单位或机构监察和督促其他经济单位，使其全部或部分经济活动符合一定的标准和要求，按照预定的方向合理运行。

经济监督是审计最基本的职能。从政府审计的情况看，其审计活动就是国家各级政府对所属单位经济活动的综合监督。具体来说，就是对国家的财政收支和国有金融机构、国有企事业单位的财政、财务收支及相关的经营管理活动的合法性、合规性和效益性及其记录资料的真实性、公允性进行监督，并通过审查揭示错弊，督促被审计单位遵守国家的法律、法规，履行经济责任，使经济活动更加合法、有效。从内部审计的情况看，内部审计的主要职责同样是依照国家法律、法规和本部门、本单位的经营目标和管理规定，对本部门、本单位的经济活动进行监察和督促，以保证对被审计单位进行有效管理，完成既定的管理目标。对于注册会计师审计，我们认为，经济监督也是其重要职能。这是因为，注册会计师审计本身就是通过对被审计单位的经济活动进行审查、鉴证来实现审计委托者对被审计单位的经济监督；而且，通过注册会计师对被审计单位的审查验证，纠正被审计单位在会计记录、经营管理方面的弊端和不足，也就实现了对被审计单位的审查和督促。这里需要指出的是，注册会计师审计虽具有经济监督职能，但与政府审计和内部审计相比，无论是在监督者的地位还是监督实现的方式上都有较大的区别。即政府审计、内部审计是代表所有者或授权者对被审计单位的直接监督，而注册会计师审计则是通过接受委托这种间接的方式实现委托者对被审计单位进行经济监督的目的。

（二）经济评价

评价是指对一事物的价值或品级作出评定。经济评价就是通过审查验证，依据确定的数据及其他资料，对被审计单位的经营计划是否切实可行、内部控制制度是否健全有效、经济活动及其结果是否真实合法、是否完成了预定的目标等进行评定。

经济评价是审计的另一项重要职能。在现代审计中，经济评价的职能更加重要。这是因为，经济监督的目的是保证经济活动的合法、有效，而经济评价则可在监督的基础上对被审计单位取得的成就、存在的不足给予更为深刻的揭示和说明，从而使被审计单位有进一步提高管理水平和经济效益的压力与动力。从总的方面来看，经济评价职能既表现在注册会计师审计对被审计单位内部控制制度情况的管理建议中，还以突出的地位存在于政府审计的经济效益审计、经济责任审计和内部审计的经营管理审计之中。

（三）经济鉴证

鉴证是指鉴定和证明。经济鉴证就是通过审核和查验后，按审查结果向委托或授权单位出具查验结果的证明，以证实被审计单位记载经济活动的会计资料及其他资料是否真实可靠。

国外的注册会计师审计具有鲜明的经济鉴证职能，其表现为，企业单位的会计报表等必须经注册会计师审计鉴证后才可向会计报表的使用者及社会公众公布。随着社会主义市场经济的逐步确立，我国注册会计师审计的经济鉴证职能也在不断发展与健全，其表现为，我国外商投资企业和股份有限公司的会计报表必须经我国的注册会计师审计并出具审计报告后，才可对外报出；除个别行业外，我国国有企业的会计报表也要接受注册会计师的审计。由于审计鉴证(亦即经审计后出具具有法律效力的书面证明)是以结果报告的形式将被审计单位的经济活动情况及其结果进行披露，可取信于社会，因此，审计鉴证一般要有标准的报告格式和符合法律程序的报告方式。

审计职能随审计的本质而存在，随审计的发展而变化。因此，对审计职能的认识也有多种看法。例如，有人认为审计除上述三项职能外，还有经济调控职能、管理服务职能、加强法制建设职能、规划建议职能等。尽管审计职能会不断丰富，对审计职能的认识会随审计的发展而不断深化，但经济监督、经济评价与经济鉴证仍是当前审计的三项基本职能。

二、审计的分类

(一)审计的基本分类

审计的基本分类是以审计的本质属性为标准进行的分类。审计主体、审计内容和审计目的作为审计的构成要素分别从不同角度阐明了审计的本质属性，因此，基本分类包括按审计主体、审计内容和审计目的进行的分类。

1. 按审计主体分类

审计按其主体分类，可分为政府审计、民间审计和内部审计。

(1)政府审计。政府审计是由国家审计机关实施的审计，又称为国家审计。政府审计的主体是中央政府和地方各级政府的审计机关。审计机关是国家为了依法对财政和财务收支等进行审计监督而专门设立的国家机关。审计监督权是审计机关的法定权力和必须履行的义务。审计机关依据法律规定，对被审计单位主动实施强制审计。

(2) 民间审计。民间审计是指经有关部门审核批准的、由注册会计师组成的会计师事务所进行的独立审计，又称为注册会计师审计、独立审计和社会审计。民间审计的委托人或授权人通常是各类资源财产的所有人或主管人，包括政府审计机关、国家行政机关、企事业单位和个人等，民间审计组织接受其委托或经其授权，代表它们依法对被审计单位的经济活动进行审计。

(3) 内部审计。内部审计是指由组织内部专职审计机构或人员实施的审计，是组织内部独立、客观的监督和评价活动，它通过审查和评价经营活动及内部控制的适当性、合法性和有效性促进组织目标的实现。内部审计的目的是监督和评价本单位及所属单位财政收支、财务收支及经济活动的真实性、合法性和效益性，内部控制及风险管理的有效性。

2. 按审计内容和审计目的分类

我国审计按其内容和目的分类，可分为财政财务审计、财经法纪审计和经济效益审计。

(1)财政财务审计。财政财务审计是指审计机构对被审计单位的财务报表与其有关资料的公允性及其所反映的财政收支、财务收支的合法性所进行的审计。财政财务审计也称传统审计或常规审计。就其内容看，财政财务审计是对国务院各部门和地方各级政府及其各部门、国有金融机构、企事业单位的财政财务收支进行的审计监督，其目的是确定或解除被审计单位的受托经济责任。其主要特点是通过对被审计单位的财务报表及其有关资料的审查和验证，确定其可信赖的程度，并作出书面报告，确定或解除被审计单位的受托经济责任。因此，财政财务审计的主要内容包括两个方面：一是检查会计处理的合法性、公允性，这是形式上的审计；

二是验证被审计单位受托经济责任的履行情况，这是实质性审计。

(2)财经法纪审计。财经法纪审计是指审计机构对被审计单位和个人严重侵占国家资财、严重损失浪费以及其他严重损害国家经济利益等违反财经纪律行为所进行的专案审计。它是我国审计监督的一种重要形式，其目的是保护国家财产，维护党和国家的路线、方针和政策及法律规章得以贯彻执行。其主要特点是根据群众揭发和会计资料所反映出来的问题，对有关单位或当事人在经济活动中的不法行为立案审查，以查清事实并确定问题的性质。其主要内容包括审查严重侵占国家资财、严重损失浪费、在经济交易中行贿受贿、贪污以及其他严重损害国家和企业利益的重大经济案件等。

(3)经济效益审计。经济效益审计是指审计机构对被审计单位的财政财务收支及经营管理活动的经济性和效益性所实施的审计。经济效益审计的内容通常包括对各级政府及其各部门的财政收支和管理活动，企业的财务收支及其经营管理活动，事业单位的资金使用及其管理活动，固定资产投资及其管理活动的经济效益情况和影响因素、途径所进行的审计。其目的是促使被审计单位改善经营管理，提高经济效益和工作效率。其主要特点是通过对被审计单位工作和生产经营活动的分析与评价，发现其在工作和经营管理上存在的薄弱环节，挖掘潜力，厉行节约，增收节支，寻求提高经济效益的正确途径。其审查重点包括两个方面：一是对被审计单位资金使用、投资项目、资源利用等方面的效益性进行审查和分析；二是对被审计单位经营管理活动的效益性进行审查和分析。

(二)审计的其他分类

除了审计的基本分类以外，还可以对审计进行其他分类。

1. 按审计范围分类

审计按其范围分类，可以分为全部审计、局部审计和专项审计。

(1)全部审计。全部审计又称全面审计，是指对被审计单位一定期间的财政财务收支及有关经济活动的各个方面和资料进行全面的审计。这种审计的优点是审查详细彻底，缺点是工作量太大、花费时间太多。全部审计一般适用于规模较小、业务较简单、会计资料较少的企事业单位，或适用于被审计单位内部控制制度及会计核算工作质量较差等情况。

(2)局部审计。局部审计又称部分审计，是指对被审计单位一定期间的财务收支或经营管理活动的某些方面及其资料进行部分的、有目的的、重点的审计。这种审计时间较短，耗费较少，能及时发现和纠正问题，达到预定的审计目的和要求，但容易遗漏问题，具有一定的局限性。

(3)专项审计。专项审计又称专题审计，是指对某一特定项目所进行的审计。该种审计的业务范围比局部审计要小，针对性较强，有利于及时围绕当前的工作中心和重点开展审计工作，针对性地提出意见和建议，为宏观调控和决策提供真实、可靠的信息。

2. 按审计实施时间分类

按照实施审计的时间分类，可以分为事前审计、事中审计和事后审计。

(1)事前审计。事前审计是指在被审计单位经济业务发生以前所进行的审计。一般对预算或计划的编制、对经济事项的预测及决策进行审计，目的是加强预算、计划、预测和决策的准确性、合理性和可行性。这种审计对于预防错弊、防患于未然，保证经济活动的合理性、有效性，都具有积极的作用，也称为预防性审计。

(2)事中审计。事中审计是指在被审计单位经济业务执行过程中进行的审计。通过对被审计单位的费用预算、费用开支标准、材料消耗定额等执行过程中的有关经济业务进行事中审计，便于及时发现并纠正偏差，保证经济活动的合法性、合理性和有效性。

(3)事后审计。事后审计是指在被审计单位经济业务完成以后所进行的审计。财务报表审计和全部审计这类传统的审计均属事后审计。政府审计、注册会计师审计大多实施事后审计，内部审计也经常进行事后审计。

3. 按审计动机分类

审计按其动机分类，可以分为强制审计和任意审计。

(1)强制审计。强制审计是指审计机构根据法律、法规规定，对被审计单位行使审计监督权而进行的审计。这种审计是按照审计机关的审计计划进行的，不管被审计单位是否愿意接受审查，都应依法进行。

(2)任意审计。任意审计是根据被审计单位自身的需要，要求审计组织对其进行的审计。一般注册会计师审计接受委托人的委托，按照委托人的要求对其进行的财务审计或经济效益审计，即属于这种审计。

4. 按审计是否通知被审计单位分类

审计按照其在实施前是否预先告知被审计单位可以分为预告审计和突击审计。

(1)预告审计。预告审计是指在进行审计以前，把审计的目的、主要内容和日期预先通知被审计单位的审计方式。

(2)突击审计。突击审计是指在对被审计单位实施审计以前，不预先把审计的目的、主要内容和日期通知被审计单位而进行的审计。这种审计方式，主要用于对贪污盗窃和违法乱纪行为所进行的合规性审计。

5. 按审计执行地点分类

审计按其执行地点分类，可以分为报送审计和实地审计。

(1)报送审计。报送审计又称送达审计，是指审计机构按照审计法规的规定，对被审计单位按期报送的凭证、账簿和财务报表及有关账证等资料进行的审计。报送审计主要适用于政府审计机关对规模较小的单位执行财务审计。这种方式的优点是节省人力、物力，缺点是不能实地观察、了解被审计单位的实际情况，不易从财务报告、报表资料外发现被审计单位的实际问题。

(2)实地审计。实地审计是指审计机构委派审计人员到被审计单位所在地进行的审计。实地审计可以深入实际进行调查研究，易于全面了解和掌握被审计单位的实际情况，是我国审计监督中使用最广泛的一种方式。按照实地审计的具体方式不同，又可分为驻在审计、专程审计和巡回审计三种。驻在审计是审计机构委派审计人员长期驻在被审计单位所进行的就地审计。专程审计是审计机构为特定目的而委派有关人员专程到被审计单位进行的实地审计。巡回审计是审计机构委派审计人员轮流对若干被审计单位所进行的实地审计。

6. 按审计使用的技术和方法分类

审计按其所使用的技术和方法分类，可以分为账表导向审计、系统导向审计和风险导向审计。

(1)账表导向审计。这种审计技术和方法是围绕着会计凭证、会计账簿和财务报表的编制过程进行的，通过对账表上的数字进行审计来判断是否存在舞弊行为和技术性错误。账表导向审计技术和方法适用于评价简单的受托经济责任，是审计技术和方法发展的第一阶段，在审计技术和方法史上占有十分重要的地位。

(2)系统导向审计。这种审计技术和方法强调对内部控制系统的评价，当评价的结果证明内部控制系统可以信赖时，在实质性测试阶段只抽取少量样本就可以得出审计结论了；当评价结果认为内部控制系统不可靠时，才根据内部控制的具体情况扩大审计范围。系统导向审计是财务审计发展的高级阶段，但是，系统导向审计仍需运用账表导向审计的很多技术和方法。

(3)风险导向审计。这种审计技术和方法要求审计人员从对企业环境和企业经营进行全面的风险分析出发，使用审计风险模型，积极采用分析程序，以制订与被审计单位状况相适应的多样化审计计划，以达到审计工作的效率性和效果性。风险导向审计是迎合高度风险社会的产物，是现代审计方法的最新发展。风险导向审计还可分为传统风险导向审计和经营风险导向审计。

第四节 审计机构和审计人员

一、政府审计机关和政府审计人员

(一)政府审计机关

政府审计机关是代表政府依法行使审计监督权的行政机关，它具有宪法赋予的独立性和权威性。政府审计机关在国务院总理领导下，依照法律规定独立行使审计监督权，不受其他行政机关、社会团体和个人的干涉。

我国政府审计机关分为以下两个层次：

(1)最高审计机关——审计署。审计署隶属于国务院，负责组织领导全国的审计工作，对国务院各部门和地方各级政府的财政收支、国有金融机构和企事业单位的财务收支以及公共资金的收支进行审计监督。从2003年起，审计署开始向全国人民代表大会提交审计报告。

(2)地方各级审计机关。县级以上各级人民政府设立相应的审计机关，负责本级审计机关职责范围内的审计事项，对上一级审计机关和本级人民政府负责并报告工作。地方审计机关受双重领导，即在业务上受上一级审计机关的领导，在其他方面受本级人民政府的领导。

(二)政府审计人员

政府审计人员是指审计机关中接受政府委托，依法行使审计监督权，从事审计业务的人员。根据我国宪法和有关规定，国家审计署设审计长一人，副审计长若干人。审计长由国务院总理提名，全国人民代表大会决定，国家主席任命。副审计长由国务院任命。县级以上各级政府的审计厅长(省、自治区)、局长(直辖市)由本级人民代表大会决定任免，副审计厅长(省、自治区)、副局长(直辖市)由本级政府任免，地方各级厅、局长的任免应征得上级审计机关的同意。政府审计机关审计人员实行专业技术资格制度。审计专业技术资格分为初级(审计员、助理审计师)资格、中级(审计师)资格、高级(高级审计师)资格，通过参加全国统一考试，并达到合格标准才能获得。审计机关录用的审计人员，须经过专业培训，培训合格后才能独立承办审计业务。

二、内部审计机构和人员

(一)中国内部审计协会

中国内部审计协会(China Institute of Internal Audit，CIIA)，其前身为中国内部审计学会，成立于1984年。2002年经民政部批准，学会更名为协会，使其成为对企业、事业行政机关和其他事业组织的内审机构进行行业自律管理的全国性社会团体组织。中国内部审计协会依据《中华人民共和国审计法》、《审计署关于内部审计工作的规定》、《中国内部审计协会章程》开展工作，秉承服务、管理、宣传、交流的宗旨，为中国内部审计的规范化建设、理论探索和实践经验的创新、交流，内审人员岗位培训及后续教育，指导内审机构的业务建设，开展国际间的互动学习，提高内审工作的科学技术水平，提供全方位的服务。

（二）企事业单位内部审计机构

内部审计机构是指本组织内部设立的从事审计业务的专门机构，是组织内部经营管理的组成部分。目前，内部审计机构的设置主要有以下几种形式：(1)受本组织总会计师或主管财务的副总经理领导；(2)受本组织总经理领导；(3)受本组织董事会领导或审计委员会领导。从审计的独立性和有效性看，隶属的领导层次越高，内部审计工作就会越有成效。

（三）内部审计人员

内部审计人员是指部门、单位从事审计业务的人员。在我国，内部审计的从业人员要取得岗位资格证书。岗位资格证书的取得采取认证和考试两种办法。凡具备下列条件之一者，可通过认证发给资格证书：(1)具有审计、会计、经济及相关专业中级及以上专业技术资格的人员；(2)具有国际注册内部审计师证书的人员；(3)具有注册会计师、造价工程师、资产评估师等相关执业证书的人员；(4)审计、会计及相关专业本科以上学历工作满 2 年以上以及大专学历工作满 4 年以上的人员。不具备上述条件者，必须参加中国内部审计协会统一组织的资格考试，考试合格者发给资格证书。资格证书考试内容包括：内部审计原理与技术；有关法律法规与内部审计准则；计算机基础知识与应用。

国际内部审计师协会(IIA)于 1972 年开始实施国际注册内部审计师(Certified Internal Auditor, CIA)考试制度。作为国际内部审计专家的标志，国际注册内部审计师(CIA)资格证书代表了内部审计领域的最高资质，获取 CIA 资格证书，即获取了内部审计职业在国际范围的认可，CIA 证书持有者越来越受到大型企事业单位、机关团体等的重视。

三、民间审计组织和人员

（一）中国注册会计师协会

1988 年 11 月 15 日成立并接受财政部监督、指导的中国注册会计师协会和 1992 年 9 月 8 日成立并接受审计署监督、指导的中国注册审计师协会，于 1995 年 6 月 19 日联合组成中国注册会计师全国组织。

注册会计师协会对全国注册会计师行业进行管理，依法接受财政部、审计署的监督、指导，依据《中华人民共和国注册会计师法》和《中国注册会计师协会章程》行使职权。

（二）会计师事务所的组织形式

会计师事务所是注册会计师依法承办业务的机构。综观注册会计师行业在各国的发展，会计师事务所主要有独资会计师事务所、普通合伙制会计师事务所、有限责任公司制会计师事务所和有限责任合伙制会计师事务所等组织形式。

1. 独资会计师事务所

独资会计师事务所是由具有注册会计师执业资格的个人独立开业，承担无限责任。它的优点：对执业人员的需求不多，容易设立，执业灵活，能够在代理记账、代理纳税等方面很好地满足小型企业对注册会计师服务的需求，虽承担无限责任，但实际发生风险的程度相对较低。它的缺点：无力承担大型业务，缺乏发展后劲。

2. 普通合伙制会计师事务所

普通合伙制会计师事务所是由两位或两位以上注册会计师组成的合伙组织，合伙人以各自的财产对事务所的债务承担无限连带责任。它的优点：在风险的牵制和共同利益的驱动下，促使事务所强化专业发展、扩大规模、提高规避风险的能力。它的缺点：建立一个跨地区、跨国界的大型会计师事务所要经历一个漫长的过程，同时任何一个合伙人执业中的错误与舞弊行为，都可能给整个会计师事务所带来灭顶之灾。

3. 有限责任公司制会计师事务所

有限责任公司制会计师事务所是由注册会计师认购会计师事务所股份，并以其所认购股份对会计师事务所承担有限责任，会计师事务所以其全部资产对其债务承担有限责任。它的优点：可以通过公司制形式迅速聚集一批注册会计师，建立规模型大所，承办大型业务。它的缺点：降低了风险责任对执业行为的高度制约，弱化了注册会计师的个人责任。

4. 有限责任合伙制会计师事务所

有限责任合伙制会计师事务所是事务所以全部资产对其债务承担有限责任，各合伙人对个人执业行为承担无限责任。它的最大特点在于，既融合了普通合伙制和有限责任公司制会计师事务所的优点，又摈弃了它们的不足。有限责任合伙制会计师事务所已成为当今注册会计师职业界组织形式发展的一大趋势。这种组织形式是为顺应经济发展对注册会计师行业的要求，于20世纪90年代初期兴起的。到1995年底，原“六大”国际会计公司在美国的执业机构已完成了向有限责任合伙制的转型，在其他国家和地区的执业机构的转型已基本完成。同时，在它们的主导下，许多国家和地区的大中型会计师事务所也陆续开始转型。有限责任合伙制会计师事务所已成为当今注册会计师职业界组织形式发展的一大趋势。

5. 特殊普通合伙会计师事务所

我国现行的特殊普通合伙会计师事务所，在性质上相当于西方国家的有限责任合伙制会计师事务所。2010年7月，财政部、国家工商行政管理总局联合发布了《关于推动大中型会计师事务所采用特殊普通合伙组织形式的暂行规定》(以下简称《暂行规定》)。该《暂行规定》指出：采用特殊普通合伙组织形式的会计师事务所，一个合伙人或者数个合伙人在执业活动中因故意或者重大过失造成合伙企业债务的，应当承担无限责任或者无限连带责任，其他合伙人以其在合伙企业中的财产份额承担有限责任。合伙人在执业活动中非因故意或者非重大过失造成的合伙企业债务以及合伙企业的其他债务，由全体合伙人承担无限连带责任。

会计师事务所转制为特殊普通合伙组织形式，应当有25名以上符合规定的合伙人、50名以上的注册会计师，以及1 000万元以上的注册资本。

(三)民间审计人员

民间审计人员主要是指注册会计师及从业人员。注册会计师是指取得注册会计师资格并在会计师事务所执业的人员。

要想取得注册会计师资格必须通过注册会计师全国统一考试。目前，我国注册会计师考试分为两个阶段：

第一阶段，即专业阶段，主要测试考生是否具备注册会计师执业所需的专业知识，是否掌握基本技能和职业道德要求。现设六个考试科目：会计、审计、财务成本管理、企业战略与风险管理、经济法、税法。

第二阶段，即综合阶段，主要测试考生是否具备在注册会计师执业环境中运用专业知识，保持职业价值观、职业态度与职业道德，有效解决实务问题的能力。现设一个考试科目：综合。

考生在通过第一阶段的全部考试科目后，才能参加第二阶段的考试。两个阶段的考试，每年各举行一次。第一阶段的单科合格成绩 5 年内有效，对在连续 5 年内取得第一阶段 6 个科目合格成绩的考生，发放专业阶段合格证。第二阶段考试科目应在取得专业阶段合格证后 5 年内完成，对取得第二阶段考试合格成绩的考生，发放全科合格证，并可申请加入注册会计师协会，成为注册会计师协会的非执业会员。注册会计师还必须具有两年以上在会计师事务所从事审计业务的经验，并具备相应的业务能力，才能申请注册成为中国注册会计师协会执业会员。注册会计师只有加入会计师事务所才能接受委托承办业务。

近年来，由于我国经济的迅速发展，民间注册会计师在社会中的审计作用和影响越来越大。鉴于此，本书在后面内容的介绍中主要以民间注册会计师审计内容和体系为主。

本章小结

审计产生的根本原因是财产所有权与经营管理权的分离和受托经济责任的产生。审计是由独立的专职机构或人员，接受委托或根据授权，对国家行政、事业单位、企业单位和其他组织的财务报表和相关资料，及其所反映的经济活动进行审查并发表意见。任何一项审计行为必然涉及审计者、被审计者和审计授权人或委托人三方。通常审计具有经济监督、经济鉴证和经济评价职能。由于审计的责任、范围、时间、地点不同，对审计工作的要求不同，从而形成不同类型的审计，其中最为常见的是按审计主体分类，可分为政府审计、内部审计和民间审计。本章重点介绍了这三种审计形式的产生和发展历史、相应的组织机构和人员概况。

本章思考题

1. 怎样理解受托经济责任关系是审计产生和发展的社会基础？
2. 简述审计关系的含义。
3. 我国政府审计经历了哪几个发展阶段？
4. 简述民间审计的起源和发展。
5. 审计是如何分类的？简述其内容。
6. 简述审计组织的形式及相应审计人员的构成要求。

第二章　注册会计师职业

【学习目标】

1. 了解审计准则的制定和发展；
2. 理解审计准则的内在要求和客观规律；
3. 掌握我国审计准则的含义、作用、结构和内容；
4. 理解和掌握注册会计师的职业道德和法律责任。

【导入案例】

麦克逊·罗宾斯公司破产案

20 世纪 30 年代，在美国经济发展进程中，上市公司自愿委托社会公认会计师实施审计形成风气。通过审计，有效地帮助投资者决策，维护资本市场的稳定。在这样的背景下，1938 年美国发生了一桩令人震惊的麦克逊·罗宾斯公司破产案，引起了全美各界人士的关注。

1938 年初，麦克逊·罗宾斯药材公司（以下简称麦克逊公司）的债权人米利安·汤普森发现该公司的财务资料有异常之处：其一，该公司制药原材料部门是盈利较高的经营部门，但公司经营者都直接对其重新投资，而该部门还没有资金积累；其二，公司账面制药原材料存货的保险金额较少。前任公司董事会决定减少存货余额，并要求现任经理菲利普·科斯特仍执行这一决定，但 1938 年末，公司存货却增加了 100 万美元。米利安·汤普森向公司管理人员要求提供有关制药原材料实际存货的证明，但未能取得该证据，则其拒绝承认公司 300 万美元的债券。随后，美国证券交易委员会开始对麦克逊公司立案调查。在调查中发现：

1937 年 12 月 31 日，麦克逊公司的合并资产负债表中总资产 8 700 万美元，其中 1 907.5 万美元属虚假资产。该年度公司合并损益表中虚假销售收入 1 820 万美元，虚假毛利 180 万美元。

公司现任总经理菲利普·科斯特使用化名并有诈骗犯罪前科，其 3 位兄弟均使用化名在公司担任要职。他们合伙舞弊，利用公司内部控制机制薄弱，贪污巨款。

该公司及其子公司 10 多年来的财务报表均由美国第一流的普华会计师事务所执行审计，对麦克逊公司财务状况及经营成果出具了无保留意见审计报告。

美国证券交易委员会核实上述事实后，召开了听证会，宣布了这些事实。之后，美国证券交易委员会颁布了新的报告，对审计程序加以修改，增加了关于对应收账款进行函证、对存货实地检查、对内部控制系统详细评价的条款。

1947 年 10 月，美国注册会计师协会的审计程序委员会颁布了《审计标准草案——公认的意见和范围》。1954 年对其修改，改名为《公认审计标准——其意义和范围》。从此，民间审计有了一套公认的执业标准。

思考题：麦克逊·罗宾斯公司的破产案对民间审计准则出台有何意义？

第一节 注册会计师执业准则

审计准则是审计理论的重要组成部分，反映了审计工作的客观规律和基本要求，是人们在长期的审计实践中摸索、总结出来的。它既是一个经济范畴，又是一个历史范畴。它是从理论上对审计实践进行总结，反过来又指导审计实践，服务于审计实践，成为指导审计工作的原则和规范。

一、审计准则的含义和作用

(一)审计准则的含义

审计准则，又称审计标准，或称执业准则，是专业审计人员在实施审计工作时必须恪守的最高行为准则。它是审计工作质量的权威性判断标准。

审计准则的概念包含如下含义：

(1)审计准则是制约审计人员的行为准则。审计人员在工作过程中围绕审计任务，在选择和确定工作时，应明确哪些是可以做的，哪些是不能做的；哪些是应该加强和深入去做的，哪些是可以只作了解的。审计准则正是起到衡量标准的作用。

(2)审计准则既对审计人员的素质提出要求，同时也向社会提供审计工作质量保证。一般的审计准则都是对审计人员的业务技能和品德操行提出一个较高的标准，而且把独立性视为审计工作的灵魂。这对审计人员在社会上树立公正、正直、客观的形象有重要的作用。

(3)审计准则是通过审计人员执行审计程序体现出来的。所以，一般的审计准则都对审计人员的素质、业务能力、工作行为和态度提出严格要求。

(4)审计准则是审计人员签署最终审计意见时的客观保证。一般来说，审计人员在形成审计意见之后，会主动地与被审计单位交换意见，然后才签发自己的审计报告，其目的是希望较快地解决问题。但是，如果双方发生意见分歧，审计准则就为审计人员的意见提供了客观上的保证。

在西方国家，审计准则是 20 世纪 40 年代才开始出现的。那时，由于各个企业的会计处理方法不统一，所以在公司组织兴起之后，注册会计师进行审计工作，需要对企业会计处理方法有一个统一的标准，才能证明财务报表是否公允合法，这就是会计准则兴起的原因。注册会计师有了会计准则，给其审计工作提供了不少方便。但是，各个注册会计师对审计工作的进行，往往由于审计程序、审计方法、审计内容和审计报告的编写等方面存在不统一的情况，导致审计工作的质量难以衡量，于是在注册会计师之间就产生了对一个包含统一的审计工作程序、方法、要求等内容的审计准则的需要。美国在 1947 年就开始研究和制定审计准则；日本在 1964 年也制定了审计准则；国际会计师联合会的国际审计实务委员会于 1980 年颁布了《国际审计准则》;澳大利亚、加拿大、德国等国已经颁布和实施了审计准则;我国于1996年1月1日起实施《中国注册会计师独立审计准则》。

总之,审计准则的实质就是社会对审计工作所寄予的期望。一个国家的审计准则无疑反映出这个职业在该国的地位,从根本上制约着审计职能的发挥和这一职业的发展。

(二)审计准则的作用

审计准则的实施使审计人员在从事审计工作时有了规范和指南,便于考核审计工作质量,推动审计事业的发展。审计准则的主要作用有:

(1)实施审计准则可以赢得社会公众的信任。注册会计师在财务报表审计报告中,一般均要写明"我们的审计工作是根据审计准则的要求进行的",这也就是向委托单位的股东、债权人、未来投资者以及银行等有关方面表明,审计工作已达到了规定的质量标准,审计结论是可以充分信赖的,以取信于社会。

(2)实施审计准则可以提高审计工作质量。审计准则中一般都规定审计人员的任职条件及其在工作中应保持的态度、审计工作的基本程序和方法与审计报告的撰写方式和要求等,这就可以促使审计人员谨慎工作,依准则办事,有助于提高审计工作质量。

(3)实施审计准则可以维护审计组织和人员的合法权益。审计准则中规定了审计人员的工作范围,审计人员只要按照审计准则的要求办理,就算尽到职责。当审计委托人与审计人员对审计意见发生纠纷,审计人员受到不公正的指责和控告时,审计人员即可运用审计准则维护自己的合法权益。

实施审计准则可以促进国际审计经验交流。审计准则是审计实践经验的总结和升华,已成为审计理论的一个重要部分。审计准则的实施和发展,促进了审计理论水平的提高。通过各国审计准则的协调,便于开展国际审计经验交流。特别是国际审计准则的制定和协调工作,对国际审计经验和学术交流都起到了重要的推动作用。

二、中国注册会计师执业准则

我国的审计准则作为规范注册会计师执行审计业务的权威性标准,对提高注册会计师的执业质量、降低审计风险、维护社会公众利益具有重要的作用,其建设经历了以下阶段。

(一)制定执业规则阶段(1991～1993年)

中国注册会计师协会成立后,非常重视执业规则的建设。1991～1993年,先后发布了《注册会计师检查验证会计报表规则(试行)》等7个执业规则。这些执业规则对我国注册会计师行业走向正规化、法制化和专业化起到了积极作用。

(二)建立审计准则体系阶段(1994～2005年)

1993年10月31日,第八届全国人民代表大会常务委员会第四次会议通过《中华人民共和国注册会计师法》,规定中国注册会计师协会依法拟订执业准则、规则,报国务院财政部门批准后施行。经财政部批准同意,中国注册会计师协会自1994年5月开始起草独立审计准则。

到2005年,中国注册会计师协会先后分6批制定了独立审计准则,包括1个准则序言、1个独立审计基本准则、28个独立审计具体准则和10个独立审计实务公告、5个执业规范指南,此外,还包括3个相关基本准则(职业道德基本准则、质量控制基本准则和后续教育基本准则),共计48个项目。

(三)与国际审计准则趋同阶段(2006～2011年)

为完善中国注册会计师审计准则体系,加速实现与国际准则趋同,中国注册会计师协会遵循科学、民主、公开的准则制定程序，经过艰苦而卓有成效的工作，拟定了 22 项新准则，并对已颁布的 26 项准则进行了必要的修订和完善，于 2006 年 2 月 15 日由财政部发布。这 48 个准则项目已自 2007 年 1 月 1 日起在所有会计师事务所施行。这些准则的发布标志着我国已建立起一套适应社会主义市场经济发展要求、顺应国际趋同大势的中国注册会计师执业准则体系。中国注册会计师执业准则体系具体包括：

1. 中国注册会计师审计准则

《中国注册会计师审计准则第 1101 号——财务报表审计目标和一般原则》

《中国注册会计师审计准则第 1111 号——审计业务约定书》

《中国注册会计师审计准则第 1121 号——历史财务信息审计的质量控制》

《中国注册会计师审计准则第 1131 号——审计工作底稿》

《中国注册会计师审计准则第 1141 号——财务报表审计中对舞弊的考虑》

《中国注册会计师审计准则第 1142 号——财务报表审计中对法律法规的考虑》

《中国注册会计师审计准则第 1151 号——与治理层的沟通》

《中国注册会计师审计准则第 1152 号——前后任注册会计师的沟通》

《中国注册会计师审计准则第 1201 号——计划审计工作》

《中国注册会计师审计准则第 1211 号——了解被审计单位及其环境并评估重大错报风险》

《中国注册会计师审计准则第 1212 号——对被审计单位使用服务机构的考虑》

《中国注册会计师审计准则第 1221 号——重要性》

《中国注册会计师审计准则第 1231 号——针对评估的重大错报风险实施的程序》

《中国注册会计师审计准则第 1301 号——审计证据》

《中国注册会计师审计准则第 1311 号——存货监盘》

《中国注册会计师审计准则第 1312 号——函证》

《中国注册会计师审计准则第 1313 号——分析程序》

《中国注册会计师审计准则第 1314 号——审计抽样和其他选取测试项目的方法》

《中国注册会计师审计准则第 1321 号——会计估计的审计》

《中国注册会计师审计准则第 1322 号——公允价值计量和披露的审计》

《中国注册会计师审计准则第 1323 号——关联方》

《中国注册会计师审计准则第 1324 号——持续经营》

《中国注册会计师审计准则第 1331 号——首次接受委托时对期初余额的审计》

《中国注册会计师审计准则第 1332 号——期后事项》

《中国注册会计师审计准则第 1341 号——管理层声明》

《中国注册会计师审计准则第 1401 号——利用其他注册会计师的工作》

《中国注册会计师审计准则第 1411 号——考虑内部审计工作》

《中国注册会计师审计准则第 1421 号——利用专家的工作》

《中国注册会计师审计准则第 1501 号——审计报告》

《中国注册会计师审计准则第 1502 号——非标准审计报告》

《中国注册会计师审计准则第 1511 号——比较数据》

《中国注册会计师审计准则第 1521 号——含有已审计财务报表的文件中的其他信息》

《中国注册会计师审计准则第 1601 号——对特殊目的审计业务出具审计报告》

《中国注册会计师审计准则第 1602 号——验资》
《中国注册会计师审计准则第 1611 号——商业银行财务报表审计》
《中国注册会计师审计准则第 1612 号——银行间函证程序》
《中国注册会计师审计准则第 1613 号——与银行监管机构的关系》
《中国注册会计师审计准则第 1621 号——对小型被审计单位审计的特殊考虑》
《中国注册会计师审计准则第 1631 号——财务报表审计中对环境事项的考虑》
《中国注册会计师审计准则第 1632 号——衍生金融工具的审计》
《中国注册会计师审计准则第 1633 号——电子商务对财务报表审计的影响》

2. 中国注册会计师审阅准则

《中国注册会计师审阅准则第 2101 号——财务报表审阅》

3. 中国注册会计师其他鉴证业务准则

《中国注册会计师其他鉴证业务准则第 3101 号——历史财务信息审计或审阅以外的鉴证业务》
《中国注册会计师其他鉴证业务准则第 3111 号——预测性财务信息的审核》

4. 中国注册会计师相关服务准则

《中国注册会计师相关服务准则第 4101 号——对财务信息执行商定程序》
《中国注册会计师相关服务准则第 4111 号——代编财务信息》

5. 会计师事务所质量控制准则

《会计师事务所质量控制准则第 5101 号——业务质量控制》

6. 中国注册会计师鉴证业务准则

《中国注册会计师鉴证业务基本准则》

在注册会计师执业准则体系中，准则编号由 4 位数组成。其中，千位数代表不同类别的准则，“1”代表审计准则；“2”代表审阅准则；“3”代表其他鉴证业务准则；“4”代表相关服务准则；“5”代表质量控制准则。百位数代表某一类别准则中的大类。以 41 项审计准则为例，我们将审计准则分为六大类，分别用 1 至 6 表示。“1”代表一般原则与责任；“2”代表风险评估与应对；“3”代表审计证据；“4”代表利用其他主体的工作；“5” 代表审计结论与报告；“6”代表特殊领域审计。十位数代表大类中的小类，针对基本准则定为 0，小类从 1 开始。个位数代表小类中的顺序号。例如：第 1311 号，千位数的“1” 表示审计准则、百位数的“3”表示审计证据大类、十位数的“1”表示获取审计证据的某一小类、个位数的“1”表示某小类审计程序的序号。

（四）与国际审计准则全面趋同阶段（2012 年开始）

中国注册会计师审计准则体系自 2007 年正式实施以来，总体运行情况良好。但由于当前审计环境发生了重大变化，注册会计师审计实务面临一些新问题和新困难。同时，我国审计准则也需要与国际审计准则实行持续全面趋同。中国注册会计师协会于 2009 年开始着手研究并启动中国审计准则的修订工作。2010 年 11 月 1 日，由财政部发布修订后的 38 项中国注册会计师执业准则，并自 2012 年 1 月 1 日起施行。

本次修订充分借鉴国际审计准则最新成果，修订后将实现与国际审计准则的持续全面趋同。国际审计准则明晰项目涉及 37 项准则。这 37 项国际审计准则与我国现行的 33 项审计准则相对应。本次修订将这 33 个项目全部纳入修订范围。修订过程中，借鉴国际审计准则的项目对这 33 项准则进行了重新调整，调整后的准则项目是 37 个，实现了与国际审计准则的一一对应。此外，本次修订还包括我国特有的前后任注册会计师的沟通准则。因此本次修订后公布的审计准则共38项。

在审计准则的内容上,我国审计准则体系充分采用了国际审计准则所有的基本原则和核心程序,在审计的目标与原则、风险的评估与应对、审计证据的获取和分析、审计结论的形成和报告,以及注册会计师执业责任的设定等所有重大方面,均与国际审计准则保持一致。修订后的审计准则体系具有以下特点:

1. 提高准则理解和执行的一致性

本次修订充分借鉴了国际审计与鉴证准则理事会明晰项目的成果,除对16项准则的内容进行实质性修订外,还对全部38项审计准则按照新的体例结构进行了改写。新的体例表现在以下方面:

(1)科学设定审计工作目标。每项准则都单设一章"目标",明确提出注册会计师执行该准则时应实现的目标,发挥"目标"对注册会计师审计工作的导向作用,体现了目标导向的审计准则制定原则。

(2)明确审计工作要求。每项准则中都单设一章"要求","要求"是注册会计师实现目标的规定动作,统一以"注册会计师应当"表述。

(3)重塑结构。修订后的准则由以下五部分构成:"总则"、"定义"、"目标"、"要求"和"附则"。原审计准则中的解释说明材料作为应用指南。修订后的整套审计准则为12万字,缩减了篇幅,解决了"要求"淹没在冗长的审计准则中的问题。

按照新的体例结构改写后的审计准则体系,有利于提高审计准则理解和执行的一致性,有利于监管机构开展更有针对性的监管。

2. 全面体现风险导向审计

突出强调风险导向审计是我国2006年审计准则的一大特点。本次修订审计准则,进一步强化了风险导向审计的思想,除修订核心风险审计准则外,对其他审计准则也作出修改,将风险导向审计理念全面彻底地贯彻到整套审计准则中。例如,对关联方、会计估计、公允价值、对被审计单位使用服务机构的考虑等准则,强化重大错报风险的风险识别、评估和应对,摆脱原来的审计程序导向思维;对函证、分析程序等准则,从风险识别、评估和应对的高度要求注册会计师考虑是否实施及如何实施这些程序;对特殊目的审计报告类准则,在描述注册会计师所做审计工作时强调风险导向审计思想等。本次修订后,风险导向审计的理念将充分体现到整套审计准则体系的每项审计准则中,避免了准则体系的内在不一致。

3. 增强识别舞弊风险的有效性

对关联方、会计估计和公允价值、集团会计等舞弊高发领域,本次修订审计准则既进一步明确了工作要求,又细化了对注册会计师的指导,要求注册会计师合理运用职业判断,按照风险导向审计的要求,识别、评估和应对这些领域的舞弊风险。本次修订使审计准则体现了先进实务经验,增强了注册会计师发现舞弊的能力,提高了审计的有效性。

4. 加强与治理层有效沟通

公司治理层和注册会计师在健全、完善公司治理结构中都扮演着重要的角色,两者在对管理层编制的财务报表进行监督方面具有共同的关注点。本次修订审计准则,一方面,规范了治理层在监督财务报告方面的职责和作用,对管理层与治理层在财务报告方面的职责作出明确区分;另一方面,要求注册会计师就审计工作中遇到的重大困难,对被审计单位会计处理质量的看法,审计过程中发现的错报、违反法律法规行为、舞弊等及时与治理层沟通。同时,要求注册会计师向治理层和管理层恰当通报注册会计师在审计过程中识别出的、根据职业判断认为足够重要从而值得治理层和管理层各自关注的内部控制缺陷。

5. 增强对小型企业审计的相关性

本次修订的审计准则取消了原有的《中国注册会计师审计准则第 1621 号——对小型被审计单位审计的特殊考虑》，代之以在每项应用指南中增加“对小型被审计单位的特殊考虑”部分。这种做法将显著增强对审计小型被审计单位的指导力度，有效提高审计准则的适用性。

三、中国注册会计师鉴证业务基本准则

鉴证业务基本准则是鉴证业务准则概念框架，旨在规范注册会计师执行鉴证业务，明确鉴证业务的目标和要素，确定审计准则、审阅准则、其他鉴证业务准则适用的鉴证业务类型。

(一)鉴证业务的定义

鉴证业务是指注册会计师对鉴证对象信息提出结论，以增强除责任方之外的预期使用者对鉴证对象信息信任程度的业务。鉴证对象信息是按照标准对鉴证对象进行评价和计量的结果。如责任方按照会计准则和相关会计制度(标准)对其财务状况、经营成果和现金流量(鉴证对象)进行确认、计量和列报(包括披露，下同)而形成的财务报表(鉴证对象信息)。

(二)鉴证业务要素

鉴证业务要素，是指鉴证业务的三方关系人、鉴证对象、标准、证据和鉴证报告。

1. 三方关系人

三方关系人分别是注册会计师、责任方和预期使用者。责任方是对所鉴证的对象负责的人，如管理层；预期使用者是对注册会计师所鉴证的信息使用的那一方，如股东、投资者、债权人、政府有关部门；注册会计师以独立、客观、公正的面目出现，对责任方所编制的鉴证信息进行鉴证，提出结论。是否存在三方关系人是判断某项业务是否属于鉴证业务的重要标准之一。如果某项业务不存在除责任方之外的其他预期使用者，那么该业务不构成一项鉴证业务。鉴证业务还会涉及委托人，但委托人不是单独存在的一方，通常是预期使用者之一，也可能由责任方担任。

2. 鉴证对象

在鉴证业务中，存在多种不同类型的鉴证对象，相应地，鉴证对象信息也具有多种不同的形式。当鉴证对象为财务业绩或状况时(如历史或预测的财务状况、经营成果和现金流量)，鉴证对象信息是财务报表；当鉴证对象为非财务业绩或状况时(如企业的运营情况)，鉴证对象信息可能是反映效率或效果的关键指标；当鉴证对象为物理特征时(如设备的生产能力)，鉴证对象信息可能是有关鉴证对象物理特征的说明文件；当鉴证对象为某种系统和过程时(如企业的内部控制或信息技术系统)，鉴证对象信息可能是关于其有效性的认定；当鉴证对象为一种行为时(如遵守法律法规的情况)，鉴证对象信息可能是对法律法规遵守情况或执行效果的声明。

3. 标准

标准即用来对鉴证对象进行评价或计量的基准，当涉及列报时，还包括列报的基准。标准可以是正式的规定，如编制财务报表所使用的会计准则和相关会计制度；也可以是某些非正式的规定，如单位内部制定的行为准则或确定的绩效水平。

4. 证据

获取充分、适当的证据是注册会计师提出鉴证结论的基础。

5. 鉴证报告

注册会计师应当针对鉴证对象信息(或鉴证对象)在所有重大方面是否符合适当的标准，

以书面报告的形式发表能够提供一定保证程度的结论。

(三)鉴证业务的保证程度与目标

鉴证业务不同,保证程度也不同。鉴证业务的保证程度分为合理保证和有限保证。合理保证是一个与积累必要的证据相关的概念,它要求注册会计师通过不断修正的、系统的执业过程,获取充分、适当的证据,对鉴证对象信息整体提出结论并提供一种高水平但不是百分之百的保证。与合理保证相比,有限保证在证据收集程序的性质、时间、范围等方面受到有意识的限制,提供适度水平的保证。因此,合理保证的水平要高于有限保证的水平。

合理保证的鉴证业务目标是注册会计师将鉴证业务风险降至该业务环境下可接受的低水平,以此作为以积极方式提出结论的基础。例如,在历史财务信息审计中,要求注册会计师将审计风险降至该业务环境下可接受的低水平,对审计后的历史财务信息提供高水平保证(合理保证),在审计报告中对历史财务信息采用积极方式提出结论。这种业务属于合理保证的鉴证业务。

有限保证的鉴证业务目标是注册会计师将鉴证业务风险降至该业务环境下可接受的水平,以此作为以消极方式提出结论的基础。例如,在历史财务信息审阅中,要求注册会计师将审阅风险降至该业务环境下可接受的水平(高于历史财务信息审计中可接受的低水平),对审阅后的历史财务信息提供低于高水平的保证(有限保证),在审阅报告中对历史财务信息采用消极方式提出结论。这种业务属于有限保证的鉴证业务。

(四)鉴证业务类型

1. 审计业务

在提供审计服务时,注册会计师对所审计信息是否不存在重大错报提供合理保证,并以积极方式提出结论。

2. 审阅业务

在提供审阅服务时,注册会计师对所审阅信息是否不存在重大错报提供有限保证,并以消极方式提出结论。财务报表审阅目标,是注册会计师在实施审阅程序的基础上,说明是否注意到某些事项使财务报表没有按照适用的会计准则和相关会计制度的规定编制,未能在所有重大方面公允反映被审阅单位的财务状况、经营成果、现金流量。

相对审计而言,审阅业务成本较低。例如,小企业可能聘请注册会计师对年度财务报表进行审阅。此外,有些国家的证券监管机构可能要求上市公司聘请注册会计师对中期财务报表进行审阅,以提高季报中披露信息的可信度,或者提高年报中披露的季度信息的可靠性。

3. 其他鉴证业务

根据鉴证业务的性质和业务约定的要求,其他鉴证业务提供有限保证或合理保证。例如,预测性财务信息审核、内部控制审核、信息技术系统有效性的鉴证、遵守法律法规情况的鉴证等。

以预测性财务信息审核为例,说明注册会计师在执行其他鉴证业务时提供的保证程度。预测性财务信息是建立在一系列假设的基础上,因此注册会计师对财务信息的审核分为两个方面:一方面,需要审核企业使用的一系列假设是否合理,但在判断时往往要费很多的时间和精力,判断也不准,因此注册会计师提供有限保证;另一方面,需要审核企业编制预测性财务信息所选用的会计政策是否符合企业的实际情况,是否具有连续性、一致性,这时注册会计师可以提供合理保证。

下面对审计、审阅、其他鉴证业务的主要区别进行比较,具体如表2—1所示。

表2—1　　　审计、审阅及其他鉴证业务的主要区别

种类	对象	程序的性质和范围	保证程度	提出结论的方式
审计业务	历史财务信息	获取充分、适当的证据，证据收集程序包括检查记录或文件、检查有形资产、观察、询问、函证、重新计算、重新执行和分析程序等，使审计风险降至可接受的低水平。	合理保证	以积极方式提出结论。例如，“我们认为ABC公司财务报表已经按照企业会计准则和《企业会计制度》的规定，在所有重大方面公允反映了ABC公司20×5年12月31日的财务状况以及20×2年度的经营成果和现金流量”。
审阅业务	历史财务信息	获取充分、适当的证据，证据收集程序受到有意识的限制，主要采用询问和分析程序获取证据，使审阅风险降至可接受的水平。	有限保证	以消极方式提出结论。例如，“根据我们的审阅程序，我们没有注意到任何事项使我们相信财务报表没有按照企业会计准则和《企业会计制度》的规定编制，未能在所有重大方面公允反映被审阅单位的财务状况、经营成果和现金流量”。
其他鉴证业务	除财务报表以外的其他信息(预测性财务信息等)	足够的审核程序，使审核风险降至可接受的低水平或可接受的水平。	合理或有限保证	以预测性财务信息审核报告为例，根据对支持假设的证据的检查，注册会计师是否注意到任何事项，导致其认为这些假设不能为预测性财务信息提供合理的基础，此项结论采用消极方式表述；对预测性财务信息是否依据这些假设恰当编制，并按照适用的会计准则规定进行列报并发表意见，此项结论采用积极方式表述。

（五）相关服务业务

相关服务业务包括管理咨询、会计服务、税务服务以及对财务信息执行商定程序、其他服务等。

1. 管理咨询

管理咨询服务是注册会计师与非注册会计师激烈竞争的一个领域。从20世纪50年代起，注册会计师的管理咨询服务收入开始增长，并保持了强劲的增长势头。最近几年，大型会计师事务所越来越明显地成为管理咨询服务的主要提供者。管理咨询服务范围很广，主要包括对公司治理结构、信息系统、预算管理、人力资源管理、财务会计及经营效率和效益等提供诊断及专业意见与建议。

2. 会计服务

注册会计师提供的会计咨询和会计服务业务，除了代编财务信息外，还包括对会计政策的选择和运用提供建议、担任常年会计顾问等。注册会计师执行的会计咨询和会计服务业务属于服务性质，是所有具备条件的中介机构甚至个人都能够从事的非法定业务。

3. 税务服务

税务服务包括税务代理和税务策划。税务代理是注册会计师接受企业或个人委托，为其填制纳税申报表，办理纳税事项。税务策划是由于纳税义务发生范围和时间不同，注册会计师从客户利益出发，代替纳税义务人设计可替代或不同结果的纳税方案。其所得税的纳税筹划，现已扩展到财产税、遗产税等诸多税种。

4. 对财务信息执行商定程序

对财务信息执行商定程序，是注册会计师对特定财务数据、单一财务报表及整套财务报表

等财务信息执行与特定主体商定的、具有审计性质的程序，并就执行的商定程序及其结果出具报告。例如，应某公司委托，对应收账款明细表执行商定程序，目的是为了协助单位评价应收账款记录的正确性。

5. 其他服务

主要包括个人理财服务、诉讼支持服务（专家证人）等。为了更好地提供个人理财和诉讼支持服务，有些国家新设了相关的资格证书。

第二节 注册会计师职业道德

道德是在一定的社会环境中为了调整人们之间以及个人与社会之间关系所提倡的行为规范的总和，它通过各种形式的教育和社会舆论的力量，使人们具有善和恶、荣誉和耻辱、正义和非正义等概念，并逐渐形成一定的习惯和传统，以指导或控制自己的行为。职业道德是某一职业组织以公约、守则等形式公布的，其会员自愿接受的职业行为标准。所谓注册会计师的职业道德，是指注册会计师的职业品德、职业纪律、业务能力、工作规则及所负的责任等的总称。

注册会计师的职业性质决定了其对社会公众应承担的责任。注册会计师行业之所以在现代社会中产生和发展，是因为注册会计师能够站在独立的立场对企业管理层编制的财务报表进行审计，并提出客观、公正的审计意见，作为财务报表使用人进行决策的依据。所谓财务报表使用人，包括现有和潜在的投资人、债权人以及政府有关部门等所有与企业有关并关心企业的人士，可泛指为社会公众。社会公众在很大程度上依赖企业管理层编制的财务报表和注册会计师发表的审计意见，并以此作为决策的基础。注册会计师尽管接受被审计单位的委托并向其收取费用，但从本质上讲，服务的对象却是社会公众，这就决定了注册会计师从诞生的那一天起就承担了对社会公众的责任。

为使注册会计师切实担负起神圣的职责，为社会公众提供高质量的、可信赖的专业服务，在社会公众中树立良好的职业形象和职业信誉，就必须大力加强对注册会计师的职业道德教育、强化道德意识、提高道德水准。注册会计师的道德水平如何是关系到整个行业能否生存和发展的大事。

注册会计师的职业道德包含丰富的内容，下面主要介绍注册会计师职业道德的基本原则、业务能力和技术守则、对委托单位的责任、对同业的责任、业务承接等。

一、职业道德的基本原则

注册会计师为实现执业目标，必须遵守一系列前提或一般原则。具体包括下列职业道德基本原则：诚信、独立性、客观和公正、专业胜任能力和应有的关注、保密、良好的职业行为。

（一）诚信

诚信，是指诚实、守信。也就是说，一个人言行与内心思想一致，不虚假，能够履行与别人的约定而取得对方的信任。诚信原则要求注册会计师应当在所有的职业关系和商业关系中保持正直和诚实，秉公处事，实事求是。

注册会计师如果认为业务报告、申报资料或其他信息存在下列问题，则不得与这些有问题的信息发生牵连：

(1)含有虚假或误导性的陈述；

(2)含有缺乏充分根据的陈述或信息；

(3)存在遗漏或含糊其辞的信息。

注册会计师如果注意到已与有问题的信息发生牵连，应当采取措施消除牵连。在鉴证业务中，如果注册会计师依据执业准则出具了恰当的非标准业务报告，不被视为违反上述要求。

(二)独立性

独立性，是指不受外来力量控制、支配，按照一定之规行事。独立原则通常是对注册会计师而非执业会员提出的要求。在执行鉴证业务时，注册会计师必须保持独立性。在市场经济条件下，投资者主要依赖财务报表判断投资风险，在投资机会中做出选择。如果注册会计师不能与客户保持独立性，而是存在经济利益、关联关系，或屈从于外界压力，就很难取信于社会公众。

那么，什么是独立性呢？较早给出权威解释的是美国注册会计师协会。美国注册会计师协会在1947年发布的《审计暂行标准》(The Tentative Statement of Auditing Standards)中指出："独立性的含义相当于完全诚实、公正无私、无偏见、客观认识事实、不偏袒。"传统观点认为，注册会计师的独立性包括两个方面——实质上的独立和形式上的独立。美国注册会计师协会在职业行为守则中要求："在公共业务领域中的会员(执业注册会计师)，在提供审计和其他鉴证业务时应当保持实质上与形式上的独立。"国际会计师联合会职业道德守则也要求，执行公共业务的职业会计师(执业注册会计师)保持实质上的独立和形式上的独立。

所谓实质上的独立，是指注册会计师在发表意见时其专业判断不受影响，公正执业，保持客观和专业怀疑。所谓形式上的独立，是指会计师事务所或鉴证小组应避免出现使得拥有充分相关信息的理性第三方推断其公正性、客观性或专业性受到损害的情形。只有在外界人士看来注册会计师是独立的，才会得到社会公众的信任。

注册会计师执行审计和审阅业务以及其他鉴证业务时，应当从实质上和形式上保持独立性，不得因任何利害关系影响其客观性。

会计师事务所在承办审计和审阅业务以及其他鉴证业务时，应当从整体层面和具体业务层面采取措施，以保持会计师事务所和项目组的独立性。

(三)客观和公正

客观，是指按照事物的本来面目去考察，不添加个人的偏见。公正，是指公平、正直，不偏袒。客观和公正原则要求注册会计师应当公正处事、实事求是，不得由于偏见、利益冲突或他人的不当影响而损害自己的职业判断。如果存在导致职业判断出现偏差，或对职业判断产生不当影响的情形，注册会计师不得提供相关专业服务。

(四)专业胜任能力和应有的关注

专业胜任能力和应有的关注原则要求注册会计师通过教育、培训和执业实践获取和保持专业胜任能力。注册会计师应当持续了解并掌握当前法律、技术和实务的发展变化，将专业知识和技能始终保持在应有的水平，确保为客户提供具有专业水准的服务。

注册会计师作为专业人士，在许多方面都要履行相应的责任，保持和提高专业胜任能力就是其中的重要内容。专业胜任能力是指注册会计师具有专业知识、技能和经验，能够经济、有效地完成客户委托的业务。注册会计师如果不能保持和提高专业胜任能力，就难以完成客户委托的业务。事实上，如果注册会计师在缺乏足够的知识、技能和经验的情况下提供专业服务，就构成了一种欺诈。一名合格的注册会计师，不仅要充分认识自己的能力，对自己充满信心，更重要的是，必须清醒地认识到自己在专业胜任能力方面存在的不足。如果注册会计师不能认识到这一点，承接了难以胜任的业务，就可能给客户乃至社会公众带来危害。

注册会计师在应用专业知识和技能时，应当合理运用职业判断。专业胜任能力可分为两个独立阶段：(1)专业胜任能力的获取；(2)专业胜任能力的保持。注册会计师应当持续了解和掌握相关的专业技术与业务的发展，以保持专业胜任能力。持续职业发展能够使注册会计师发展和保持专业胜任能力，能够胜任特定业务环境中的工作。

应有的关注，要求注册会计师遵守执业准则和职业道德规范的要求，勤勉尽责，认真、全面、及时地完成工作任务。在审计过程中，注册会计师应当保持职业怀疑态度，运用专业知识、技能和经验，获取和评价审计证据。同时，注册会计师应当采取措施以确保在其授权下工作的人员得到适当的培训和督导。在适当情况下，注册会计师应当让客户、工作单位和专业服务的其他使用者了解专业服务的固有局限性。

(五)保密

注册会计师能否与客户维持正常的关系，有赖于双方能否自愿而又充分地进行沟通和交流，不掩盖任何重要的事实和情况。只有这样，注册会计师才能有效地完成工作。注册会计师与客户的沟通，必须建立在为客户信息保密的基础上。这里所说的客户信息，通常是指涉密信息。一旦涉密信息被泄露或被利用，往往会给客户造成损失。因此，许多国家规定，在公众领域执业的注册会计师，在没有取得客户同意的情况下，不能泄露任何客户的涉密信息。

保密原则要求注册会计师应当对在职业活动中获知的涉密信息予以保密，不得有下列行为：

(1)未经客户授权或法律法规允许，向会计师事务所以外的第三方披露其所获知的涉密信息；

(2)利用所获知的涉密信息为自己或第三方谋取利益。

注册会计师在社会交往中应当履行保密义务，警惕无意泄密的可能性，特别是警惕无意中向近亲属或关系密切的人员泄密的可能性。近亲属是指配偶、父母、子女、兄弟姐妹、祖父母、外祖父母、孙子女、外孙子女。

另外，注册会计师应当对拟接受的客户或拟受雇的工作单位向其披露的涉密信息保密。在终止与客户或工作单位的关系之后，注册会计师仍然应当对在职业关系和商业关系中获知的信息保密。如果变更工作单位或获得新客户，注册会计师可以利用以前的经验，但不应利用或披露任何由于职业关系和商业关系获得的涉密信息。注册会计师应当明确在会计师事务所内部保密的必要性，采取有效措施，确保其下级员工以及为其提供建议和帮助的人员遵循保密义务。

注册会计师在下列情况下可以披露涉密信息：

(1)法律法规允许披露，并且取得客户或工作单位的授权；

(2)根据法律法规的要求，为法律诉讼、仲裁准备文件或提供证据，以及向有关监管机构报告发现的违法行为；

(3)法律法规允许的情况下，在法律诉讼、仲裁中维护自己的合法权益；

(4)接受注册会计师协会或监管机构的执业质量检查，答复其询问和调查；

(5)法律法规、执业准则和职业道德规范规定的其他情形。

(六)良好的职业行为

注册会计师应当遵守相关法律法规，避免发生任何损害职业声誉的行为。

注册会计师在向公众传递信息以及推介自己和工作时，应当客观、真实、得体，不得损害职业形象。

注册会计师应当诚实、实事求是，不得有下列行为：

(1)夸大宣传提供的服务、拥有的资质或获得的经验；

(2)贬低或无根据地比较其他注册会计师的工作。

二、注册会计师的业务能力和技术守则

注册会计师要向社会公众提供高质量的专业服务，除了必须具备良好的职业品质外，还应具备较强的业务能力，遵守一定的技术守则。业务能力和技术守则要求是注册会计师职业道德中的另一项重要内容。

(一)业务能力

注册会计师业务能力要求包括：

(1)注册会计师必须具备民间审计有关法规规定的专业教育水平和专业工作经历。

(2)注册会计师应按照注册会计师教育要求和培训制度的规定，不断接受继续教育，保持和更新专业知识，充实和发展专业技能。

(3)注册会计师应避免承担和从事不能胜任或不能按时完成的业务。对于需要其他专业人员协助才能胜任的业务，注册会计师应考虑所委派专业人员的业务能力。

(4)注册会计师的助理人员在执行业务之前须经过专门培训。注册会计师对于委派给助理人员的工作，必须切实予以指导、监督和检查，并对其工作的结果负责。

(二)技术守则

注册会计师技术守则包括：

(1)注册会计师执行业务时必须依据我国有关的法律、法规和会计准则，遵循中国注册会计师协会发布的执业准则。对于我国法律、法规、制度和执业准则中未作规定的重要事项，应根据国际惯例处理。

(2)注册会计师在执行审计业务过程中发现虚假、舞弊、不实等情况，应当向委托单位明确指出，并在出具的报告中予以揭示。

(3)注册会计师在执行审计业务时发现委托单位会计账目和财务报表的数据、内容或处理方法有错误，应当提请调整或改正；对于未作调整或改正的，应在审计报告中予以说明。

(4)注册会计师在执行审计业务时遇到委托单位示意作不实或不当证明、对需要检查的事项不提供必要的文件和资料或有意提供伪证的、有意阻挠查验工作正常进行等情况，应当予以拒绝或中止审计工作，并说明理由。

(5)注册会计师应当在完成审计程序、认真研究审计记录和证据的基础上，形成审计报告，并以恰当的、不致使人误解的方式陈述报告意见。未经规定的审计程序，未取得必要的审计证据，不得为财务报表和其他会计资料签发报告或出具其他证明性文件。注册会计师应对其出具审计报告内容的真实性、合法性负责。

(6)对于委托单位的预测、计划等含有不确定因素的未来事项，注册会计师不得就其可实现程度作出保证，但不限制注册会计师以咨询的方式协助或代替委托单位从事预测、计划或可行性研究工作。

(7)注册会计师在提供专业服务时不得代行委托单位管理职能，应避免承担管理决策的责任。

三、注册会计师对委托单位的责任

注册会计师职业道德在强调注册会计师对社会公众负责的同时，也规定了其对委托单位所负的特殊责任。

（1）按时按质完成委托业务的责任。会计师事务所承接业务时，应与委托单位签订业务约定书，明确业务的范围、要求以及双方各自的责任。注册会计师应恪守各项约定，按时按质完成所委托的各项业务。

（2）保密的责任。注册会计师（包括已脱离会计师事务所的原注册会计师）对于执业过程中得到的资料和情况，应当严格保守秘密。除得到委托单位的书面允许或法律、法规要求公布外，不得将任何资料和情况提供或泄露给外人。

（3）按标准收费的责任。会计师事务所提供审计业务时，应以工作量大小和专业要求高低为主要依据，按规定的标准收费，不得以服务成果的大小决定收取费用的高低，另有规定者除外。

四、对同业的责任

同业之间能否保持一种良好的关系，关系到整个职业界在公众中的形象和信誉。各会计师事务所之间应当以大局为重，相互尊重，团结协作，共同维护和增进本行业的职业信誉。民间审计组织对同业的责任，具体包括：

（1）各会计师事务所应树立"以质量求信誉，以信誉求发展"的宗旨，相互尊重，团结协作，共同维护和增进本行业的职业道德与职业信誉。

（2）会计师事务所可以跨地区承接和执行业务，所跨地区的同业不得以任何方式进行阻挠或排斥。

（3）委托单位变更委托的会计师事务所时，后任注册会计师在接受委托之前，应与前任注册会计师联系，相互了解和介绍变更的情况及原因。

（4）委托单位变更委托后，前任注册会计师应对后任注册会计师的工作予以支持和合作，包括需要时提供以前年度的审计工作底稿等资料。

五、业务承接中的职业道德

能否争取到业务、拥有较多的委托单位，关系到会计师事务所的生存和发展，因而在业务承接环节也最易发生败坏职业声誉的行为。因此，各会计师事务所在业务承接过程中应遵循职业道德。具体包括：

（1）注册会计师执行的各项业务，均应由会计师事务所统一接受委托。注册会计师及其他有关人员不得以个人名义承接业务。

（2）会计师事务所与委托单位之间的业务委托关系，应实行双向自愿选择的原则，不得以任何方式限定或干预委托单位对会计师事务所的选择或会计师事务所在业务承接上的自主权。

（3）会计师事务所不得在电台、电视台、报纸、杂志等新闻媒介上直接或间接地作诋毁同业或自我夸张、内容虚假、容易引起误解的广告，也不能向委托单位或其他组织散发具有上述倾向的函件。但会计师事务所与注册会计师的名称、姓名、地址、电话、业务范围、开业声明、迁址之类的公告不在此限。

(4)会计师事务所不得以任何名义向帮助取得委托业务的其他单位或个人支付介绍费、佣金、手续费或回扣等，也不得向得到本会计师事务所帮助取得委托业务的其他会计师事务所收取介绍费、佣金、手续费或回扣等。

(5)会计师事务所不得以降低收费的方式招揽业务。

(6)对应由会计师事务所从事的法定审计业务，会计师事务所不得与其他机构进行收益分成式的业务合作，但会计师事务所聘请其他机构有关专业人员协助工作以及各会计师事务所之间的业务合作不在此限。

(7)注册会计师和所在的会计师事务所不得允许其他单位和个人借用本人或本组织的名义承接、执行业务。

注册会计师非执业会员在提供专业服务时，应当遵守《中国注册会计师协会非执业会员职业道德守则》、《中华人民共和国会计法》以及其他相关法律法规的有关规定。投资者、债权人、工作单位、政府部门和社会公众等都可以依赖非执业会员的工作。非执业会员可以单独与其他人员一起负责编报财务信息及其他信息(这些信息可以为工作单位和第三方利用)，也可以负责从事财务管理工作或提供各种与企业经营有关的建议。

注册会计师非执业会员，可以是领取报酬的雇员，也可以是合伙人、执行董事或非执行董事、业主(经理)、志愿者，或者为一家或多家组织服务的人员。他们与工作单位之间关系的法律形式不影响其应承担的道德责任。

注册会计师非执业会员有责任促进工作单位实现其合法的目标。职业道德守则并不妨碍非执业会员恰当履行上述职责，但注册会计师非执业会员应当避免在履行上述职责时可能损害遵循职业道德基本原则的情形。注册会计师非执业会员可能在组织中处于高级职位，职位越高，就越有影响力。因此，注册会计师非执业会员应当在工作单位中倡导以道德为基础的文化，以促使高级管理层重视道德行为。

第三节 注册会计师法律责任

随着我国社会主义市场经济体制的确立和民主法制的不断加强，我国经济生活正从人治向法治转变，经济法规不断建立和健全，各种专业人员的法律责任相继明确。

民间审计活动是一种有目的、独立、公正、具有权威性的鉴证活动。在审计业务过程中，不仅涉及有关经济单位的利益，还涉及某些人的经济责任和法律责任，是一项极为严肃的工作，其结论正确与否对有关单位或个人影响极大。因此，明确我国注册会计师的法律责任，对于促使注册会计师讲究职业道德、加强审计工作管理、保证审计结论的正确性和公正性，都具有重要的意义。

一、注册会计师承担法律责任的依据

注册会计师在执行审计业务时，应当按照审计准则的要求审慎执业，保证执业质量，控制审计风险。否则，一旦出现审计失败，就有可能承担相应的责任。在普通法(已有法律判决案例的累积)下，注册会计师有责任履行对客户的合同。如果因过失或违约而没有提供服务，或没有提供合格的服务，应当对客户承担责任。在某些情况下，注册会计师可能要对客户以外的其他人承担责任，如对“已预见”将依赖财务报表的有限第三者承担责任。除了普通法以外，注

册会计师还可能依据成文法对第三者承担责任。如在美国，1933年《证券法》和1934年《证券交易法》包含的一些条款，都可以作为起诉注册会计师的依据。在极少数情况下，注册会计师可能还要承担刑事责任。因此，无论按照普通法还是成文法，注册会计师都可能因执业原因承担相应的法律责任。进一步说，法律责任是与违反合约条款、侵害民事权益、违反行政法律规定或犯罪联系在一起的。对于客户和非客户而言，这些责任是不言而喻的。由于非合约方不凭借合约来要求经济利益，因此，非合约方(非客户)通常被排除在与合约方利益相关的部分之外。

法律责任的出现，通常是因为注册会计师在执业时没有保持应有的职业谨慎，并因此导致对他人权利的损害。应有的职业谨慎，指的是注册会计师应当具备足够的专业知识和业务能力，按照执业准则的要求执业。注册会计师承担的责任，通常是由被审计单位的经营失败所引发的，如果没有应有的职业谨慎，就会出现审计失败，审计风险就会变成实际的损失。

经营失败，是指企业由于经济或经营条件的变化(如经济衰退、不当的管理决策或出现意料之外的行业竞争等)而无法满足投资者的预期。经营失败的极端情况是申请破产。被审计单位在经营失败时也可能会连累注册会计师。会计和法律专业的很多人士认为，财务报表使用者控告会计师事务所的主要原因之一，是不理解经营失败与审计失败之间的差别。众所周知，资本投入或借给企业后就会面临某种程度的经营风险。审计失败则是指注册会计师由于没有遵守审计准则的要求而发表了错误的审计意见。例如，注册会计师可能指派了不合格的助理人员去执行审计任务，未能发现应当发现的财务报表中存在的重大错报。由于审计中的固有限制影响注册会计师发现重大错报的能力，注册会计师不能对财务报表整体不存在重大错报做出绝对保证。特别是，如果被审计单位管理层精心策划和掩盖舞弊行为，尽管注册会计师完全按照审计准则执业，有时还是不能发现某项重大舞弊行为。

在绝大多数情况下，当注册会计师未能发现重大错报并出具了错误的审计意见时，就可能产生注册会计师是否恪守应有的职业谨慎这一法律问题。如果注册会计师在审计过程中没有尽到应有的职业谨慎，就属于审计失败。在这种情况下，法律通常允许因注册会计师未尽到应有的职业谨慎而遭受损失的各方，获得由审计失败导致的部分或全部损失的补偿。但是，由于审计业务的复杂性，判断注册会计师未能尽到应有的谨慎也是一项困难的工作。尽管如此，注册会计师如果未能恪守应有的职业谨慎，通常会由此承担责任，并可能致使会计师事务所也遭受损失。

二、对注册会计师法律责任的认定

在现代社会中，注册会计师被起诉的事件越来越多，注册会计师的法律责任也越来越大。通常情况下，注册会计师可能因为违约、过失、欺诈行为而卷入法律纠纷。

(一)违约

所谓违约，是指合同的一方或多方未能履行合同条款规定的义务。当违约给他人造成损失时，注册会计师应负违约责任。比如，会计师事务所在商定的期间内未能提交纳税申报表，或违反了与被审计单位订立的保密协议等。

(二)过失

所谓过失，是指在一定条件下没有保持应有的职业谨慎。评价注册会计师的过失，是以其他合格注册会计师在相同条件下可做到的谨慎为标准的。当过失给他人造成损失时，注册会计师应负过失责任。过失按程度不同区分为普通过失和重大过失。

普通过失有的也称一般过失，通常是指没有保持职业上应有的职业谨慎；对注册会计师而言，则是指没有完全遵循专业准则的要求。比如，未按待定审计项目获取充分、适当的审计证据就出具审计报告的情况，可视为一般过失。

重大过失是指连起码的职业谨慎都没有保持。对注册会计师而言，则是指根本没有遵循专业准则或没有按专业准则的基本要求执行审计。

（三）欺诈

欺诈又称舞弊，是以欺骗或坑害他人为目的的一种故意的错误行为。作案具有不良动机是欺诈的重要特征，也是欺诈与普通过失和重大过失的主要区别之一。对于注册会计师而言，欺诈就是为了达到欺骗他人的目的，明知委托单位的财务报表有重大错报，却加以虚伪的陈述，出具无保留意见的审计报告。

与欺诈相关的另一个概念是“推定欺诈”，又称“涉嫌欺诈”，是指虽无故意欺诈或坑害他人的动机，但存在极端或异常的过失。推定欺诈和重大过失这两个概念的界限往往很难界定，在美国，许多法院曾经将注册会计师的重大过失解释为推定欺诈，特别是近年来有些法院放宽了“欺诈”一词的范围，使得推定欺诈和欺诈在法律上成为等效的概念。这样，具有重大过失的注册会计师的法律责任就进一步加大了。

（四）没有过失、普通过失、重大过失和欺诈的确定

在法律诉讼的案件中，注册会计师法律责任的大小很大程度上依赖于法庭对注册会计师行业性质的认定。但是无论是法律规范，还是审计准则都没有明确的条文来帮助判断审计人员行为的过失程度。因此，虽然我们提到了各种程度过失的主要特征，但是对过失的判断仍然很难。图2－1是职业界判断注册会计师行业的主要工具。

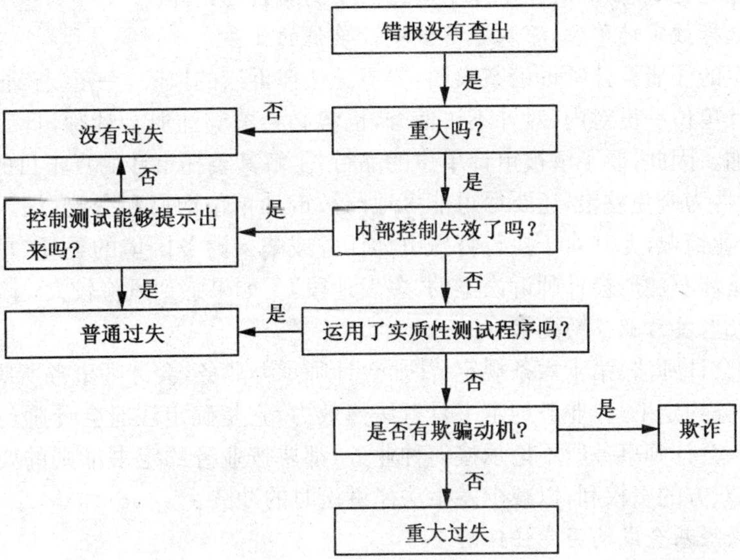

图2－1　审计责任的判断

三、注册会计师承担法律责任的种类

注册会计师因违约、过失或欺诈给被审计单位或其他利害关系人造成损失的，按照有关法律规定，可能被判承担行政责任、民事责任或刑事责任。这三种责任可单处，也可并处。行政

责任,对注册会计师而言,包括警告、暂停执业、吊销注册会计师证书;对会计师事务所而言,包括警告、没收违法所得、罚款、暂停执业、撤销等。民事责任主要是指赔偿受害人的损失。刑事责任是指触犯刑法所必须承担的法律后果,其种类包括罚金、有期徒刑以及其他限制人身自由的刑罚等。

四、注册会计师法律责任的预防

我国的注册会计师制度处于发展的初级阶段,随着市场经济的不断发展和法制的不断完善,注册会计师审计面临着因社会、经济、技术、风险和道德等各种因素产生的法律责任。注册会计师要避免或减少法律责任,具体措施有下列几条:

(一)严格遵循执业准则与职业道德的要求

判别注册会计师是否有责任,取决于注册会计师本身是否有过失、过失是否重大、是否有欺骗动机等。而这一切的关键,是注册会计师是否严格遵守执业准则与职业道德的要求。一般情况下,只要注册会计师严格遵守各项执业标准,执业时保持认真与谨慎的态度,就不会发生过失,至少不会发生重大过失。因此,保持良好的职业道德,严格遵守审计执业规范,对于保护注册会计师有重要的意义。

(二)建立健全会计师事务所质量控制制度

管理会计师事务所不同于一般的企业,很可能会因一个人或一个部门的过失导致整个会计师事务所无法继续生存。这就需要建立一套健全的内部质量控制制度,加强会计师事务所的管理,减少风险。另外,很多审计项目需要会计师事务所招收经验不足的助理人员参加,由此会计师事务所要承担相应的风险。所以,要严格招收条件,并对助理人员进行必要的培训,加强他们的职业道德观念,同时在工作中进行必要的监督与指导。

(三)谨慎选择被审计单位,深入了解被审计单位的业务

国内外发生的注册会计师诉讼案表明,要避免法律诉讼的风险,一定要谨慎选择被审计单位。如果被审计单位一贯对内、对外不讲信誉,也势必会蒙骗注册会计师,日后引发法律诉讼的风险就会增加。因此,要了解被审计单位的品行,了解其委托审计的真正目的。注册会计师执行审计任务时,为避免差错,还要尽可能多地与被审计单位沟通和交流,深入了解其生产经营情况、所在行业情况,尤其对于执行特殊审计任务或陷入财务困境的委托户更要特别注意,这些客户往往是涉及注册会计师诉讼案的"多发地段"。如果感到风险较大,宁可不接受委托。

(四)与委托人签订业务约定书

根据《注册会计师法》第十六条规定,注册会计师承办业务,会计师事务所应与委托人签订委托合同(即业务约定书)。业务约定书具有法律效力,它是确定注册会计师与委托人责任的重要法律文书。会计师事务所不论承接何种业务,都要按业务约定书准则的要求与委托人签订约定书,明确双方的责权利,以减少发生法律诉讼时的冲突。

(五)提取风险基金或购买责任保险

西方国家注册会计师的责任保险为会计师事务所提供了一定的保障,减少了会计师事务所败诉时的损失。我国《注册会计师法》第二十八条也规定,会计师事务所按照国务院财政部门的规定建立职业风险基金,办理职业保险。

(六)聘请熟悉注册会计师法律责任的律师

会计师事务所应尽可能聘请熟悉相关法规及注册会计师法律责任的律师做法律顾问。在执业过程中如遇重大法律责任问题,注册会计师应随时与法律顾问沟通,仔细分析可能存在的

风险，听从法律顾问的建议。一旦发生法律诉讼，也应聘请有经验的律师参与诉讼。

本章小结

注册会计师执业准则是注册会计师职业规范体系的重要组成部分，是注册会计师在执行审计业务过程中应当遵循的行业准则，是衡量注册会计师审计工作质量的权威性标准。中国注册会计师执业准则体系包括注册会计师业务准则、注册会计师职业道德准则和会计师事务所质量控制准则等。注册会计师业务准则由鉴证业务准则和相关服务准则构成。

职业道德是职业品德、职业纪律、专业胜任能力及职业责任等的总称，注册会计师在执业时必须遵循职业道德。职业道德要求注册会计师在执业时必须遵循独立、客观、公正的原则，同时在专业胜任能力、技术规范、对客户的责任、对同行的责任等许多方面对注册会计师提出了要求。

法律责任是注册会计师在执业过程中由于违约、过失和欺诈等原因，依照有关法律法规要承担的责任，具体包括行政责任、民事责任和刑事责任。

本章思考题

1. 简述注册会计师职业规范体系。
2. 简述注册会计师执业准则的意义。
3. 简述注册会计师职业道德准则的基本内容。
4. 注册会计师法律责任的成因是什么？
5. 如何规避注册会计师的法律责任？

第三章 审计报告

【学习目标】

1. 了解审计报告的含义、作用、基本结构；
2. 熟悉审计报告编写的步骤和基本要求；
3. 掌握标准审计报告的种类以及各种审计报告的适用条件、术语表达。

【导入案例】

中国证券市场上首份否定意见的审计报告——渝钛白(000515)

重庆渝港钛白粉股份有限公司(000515，以下简称渝钛白)是一家生产化工类产品的企业，主要进行钛白粉系列产品及其副产品、工业硫酸和硫酸二甲酯等产品的生产、销售，1993 年 7 月 12 日在深交所上市交易。公司上市之后，起初经营业绩还算可以，但从 1996 年开始，公司在经营上出现亏损(1996 年亏损1 318万元，公司未予分配)。重庆市会计师事务所对渝钛白进行了 1997 年度的审计，并于 1998 年 3 月 8 日签发了颇有争议的否定意见审计报告，成为我国证券市场上有关上市公司的首份否定意见的审计报告。

该审计报告指出："1997 年度应计入财务费用的借款即应付债券利息 8 064 万元，贵公司将其资本化计入了钛白粉工程成本；欠付中国银行重庆市分行的美元借款利息 89.8 万元(折合人民币 743 万元)，贵公司未计提入账，两项共影响利润 8 807 万元。"因此认为"贵公司 1997 年 12 月 31 日的资产负债表，1997 年度的利润及利润分配表、财务状况变动表未能公允地反映贵公司 1997 年 12 月 31 日的财务状况和 1997 年度的经营成果及资金变动情况"。由于否定意见的审计报告的签发，渝钛白被监管部门确认为连续两个会计年度的净资产均为负值，且其股东权益低于注册资本，按照《深圳证券交易所股票上市规则》的有关规定，渝钛白股票于 1998 年 4 月 30 日开始实行特别处理。

思考题：我国证券市场上的首份否定意见的审计报告，可以看作中国注册会计师成熟的标志。那么，重庆市会计师事务所为什么要给该公司出具否定意见的审计报告？依据是什么？这份否定意见的审计报告对上市公司和报表使用者会有什么影响呢？

第一节　审计报告概述

审计报告是审计工作的最终结果。审计人员在实施审计工作的基础上，需要就审计任务的完成情况及审计结果编制审计报告。这是整个审计过程中的最后步骤，也是审计终结阶段最重要的步骤。无论是政府审计、民间审计，还是内部审计，都必须在完成审计约定事项后编写审计报告。下面主要阐述民间审计的审计报告。

一、审计报告的含义

对民间审计而言，审计报告是指注册会计师根据中国注册会计师审计准则（以下简称审计准则）的规定，在实施审计工作的基础上对被审计单位财务报表发表审计意见的书面文件。作为注册会计师在完成审计工作后向委托人提交的最终产品，审计报告具有以下特征：

（一）注册会计师应当按照审计准则的规定执行审计工作

审计准则是用以规范注册会计师执行审计业务的标准，包括一般原则与责任、风险评估与应对、审计证据、利用其他主体的工作、审计结论与报告以及特殊领域审计六个方面的内容，涵盖了注册会计师执行审计业务的整个过程和各个环节。

（二）注册会计师只有在实施审计工作的基础上才能出具审计报告

注册会计师应当实施风险评估程序，以此作为评估财务报表层次和认定层次重大错报风险的基础。风险评估程序本身并不足以为发表审计意见提供充分、适当的审计证据，注册会计师还应当实施进一步的审计程序，包括实施控制测试（必要时或决定测试时）和实质性程序。注册会计师通过实施上述审计程序，获取充分、适当的审计证据，得出合理的审计结论，作为形成审计意见的基础。

（三）注册会计师通过对财务报表发表意见履行委托责任

财务报表审计的目标是注册会计师通过执行审计工作，对财务报表的合法性和公允性发表审计意见。因此，在实施审计工作的基础上，注册会计师需对财务报表形成审计意见。

（四）注册会计师应当以书面形式出具审计报告

审计报告具有特定的要素和格式，注册会计师只有以书面形式出具报告，才能清楚地传递对财务报表发表的审计意见。

二、审计报告的作用

注册会计师签发的审计报告，主要具有鉴证、保护、证明三个方面的作用。

（一）鉴证作用

注册会计师签发的审计报告，不同于政府审计和内部审计的审计报告，是以超然独立的第三者身份，对被审计单位财务报表的合法性和公允性发表审计意见。这种意见，具有鉴证作用，得到了政府及其各部门和社会各界的广泛认同。政府有关部门，如财政部门、税务部门及有关综合管理部门，了解企业的财务状况和经营成果的主要依据是企业提供的财务报表。财务报表是否合法和公允，主要依据注册会计师的审计报告作出判断。股份制企业的股东，主要依据注册会计师的审计报告，来判断被投资企业财务报表是否公允地反映了财务状况和经营成果，以进行投资决策等。

(二)保护作用

注册会计师通过审计可以对被审计单位出具不同类型审计意见的审计报告,以提高或降低财务报表信息使用者对财务报表的信赖程度,能够在一定程度上对被审计单位的投资者、债权人和股东的权益及其他利害关系人的利益起到保护作用。例如,投资者为了降低投资风险,在进行投资之前,必须要查阅被投资企业的财务报表和注册会计师出具的审计报告,了解被投资企业的经营情况和财务状况。投资者根据注册会计师出具的审计报告作出投资决策,可以降低其投资风险。

(三)证明作用

审计报告是对注册会计师审计任务完成情况及其结果所作的总结,可以表明审计工作的质量并明确注册会计师的审计责任。因此,审计报告可以对审计工作质量和注册会计师的审计责任起到证明作用。通过审计报告,可以证明注册会计师在审计过程中是否实施了必要的审计程序,是否以审计工作底稿为依据发表审计意见,发表的审计意见是否与被审计单位实际情况相一致,审计工作的质量是否符合要求。通过审计报告,可以证明注册会计师审计责任的履行情况。注册会计师的审计责任,是指注册会计师应对其出具的审计报告的真实性、合法性负责。审计报告的真实性是指审计报告应如实反映注册会计师的审计范围、审计依据、已实施的审计程序和应发表的审计意见。审计报告的合法性是指审计报告的编制和出具必须符合《注册会计师法》和审计准则的规定。

三、审计报告与已审计财务报表的关系

注册会计师应当根据审计证据得出的结论,清楚表达对财务报表的意见。财务报表是指对企业财务状况、经营成果和现金流量的结构化表述,至少应当包括资产负债表、利润表、所有者(股东)权益变动表、现金流量表和附注。

审计报告作为注册会计师对财务报表合法性和公允性发表审计意见的载体,注册会计师一旦在审计报告上签名并盖章,就表明对其出具的审计报告负责。因此,注册会计师应当将已审计的财务报表附于审计报告之后,以便于财务报表使用者正确地理解和使用审计报告,并防止被审计单位替换、更改已审计的财务报表。

四、审计报告的类型

审计报告分为标准审计报告和非标准审计报告。

标准审计报告是指不含有说明段、强调事项段、其他事项段或其他任何修饰性用语的无保留意见的审计报告。其中,无保留意见是指当注册会计师认为财务报表在所有重大方面按照适用的财务报告编制基础编制并实现公允反映时发表的审计意见。

非标准审计报告,是指带强调事项段或其他事项段的无保留意见的审计报告和非无保留意见的审计报告。非无保留意见的审计报告包括保留意见的审计报告、否定意见的审计报告和无法表示意见的审计报告。

五、审计报告的基本内容

审计报告采用统一的结构和形式,目的是便于阅读者正确理解。审计报告的基本结构分为两部分:正文和附件。

根据《中国注册会计师审计准则第 1501 号——审计报告》的规定,审计报告正文部分应当

包括下列九项要素：

(一)标题

审计报告的标题应当统一规范为“审计报告”。

(二)收件人

审计报告的收件人是指注册会计师按照业务约定书的要求致送审计报告的对象，一般是指审计业务的委托人。审计报告应当载明收件人的全称。注册会计师应当与委托人在业务约定书中约定致送审计报告的对象，以防止在此问题上发生分歧或审计报告被委托人滥用。针对整套通用目的财务报表出具的审计报告，审计报告的致送对象通常为被审计单位的全体股东或董事会。

(三)引言段

审计报告的引言段应当说明被审计单位的名称和财务报表已经过审计，并包括下列内容：

(1)指出构成整套财务报表的每张财务报表的名称。根据企业会计准则规定，整套财务报表的每张财务报表的名称分别为资产负债表、利润表、所有者(股东)权益变动表和现金流量表。

(2)提及财务报表附注。由于附注是财务报表不可或缺的重要组成部分，因此也应提及财务报表附注。

(3)指明财务报表的日期和涵盖的期间。财务报表有反映时点的，有反映期间的，注册会计师应在引言段中指明财务报表的日期或涵盖的期间。

(四)管理层对财务报表的责任段

在审计报告中指明管理层的责任，有利于区分管理层和注册会计师的责任，降低财务报表使用者误解注册会计师责任的可能性。管理层对财务报表的责任段应当说明，按照适用的会计准则和相关会计制度的规定编制财务报表是管理层的责任，这种责任包括：

(1)按照企业会计准则的规定编制财务报表，并使其实现公允反映。

(2)设计、执行和维护必要的内部控制，以使财务报表不存在由于舞弊或错误导致的重大错报。

(五)注册会计师的责任段

注册会计师的责任段应当说明下列内容：

(1)注册会计师的责任是在实施审计工作的基础上对财务报表发表审计意见。注册会计师按照审计准则的规定执行审计工作。审计准则要求注册会计师遵守职业道德规范，计划和实施审计工作以对财务报表是否不存在重大错报获取合理保证。

(2)审计工作涉及实施审计程序，以获取有关财务报表金额和披露的审计证据。选择的审计程序取决于注册会计师的判断，包括对由于舞弊或错误导致的财务报表重大错报风险的评估。在进行风险评估时，注册会计师考虑与财务报表编制相关的内部控制，以设计恰当的审计程序，但目的并非对内部控制的有效性发表意见。审计工作还包括评价管理层选用会计政策的恰当性和作出会计估计的合理性，以及评价财务报表的总体列报。

(3)注册会计师相信已获取的审计证据是充分、适当的，为其发表审计意见提供了基础。如果接受委托，结合财务报表审计对内部控制有效性发表意见，注册会计师应当省略前已提及的“但目的并非对内部控制的有效性发表意见”的术语。

(六)审计意见段

财务报表审计的目标是注册会计师通过执行审计工作，对财务报表的下列方面发表审计意见：

(1)财务报表是否按照适用的会计准则和相关会计制度的规定编制。

(2)财务报表是否在所有重大方面公允反映了被审计单位的财务状况、经营成果和现金流量。

(3)当注册会计师完成审计工作，获取充分、适当的审计证据时，应当就上述内容对财务报表发表审计意见。

(七)注册会计师的签名和盖章

审计报告应当由两名具备相关业务资格的注册会计师签名盖章并经会计师事务所盖章方为有效。合伙会计师事务所出具的审计报告，应当由一名对审计项目负最终复核责任的合伙人和一名负责该项目的注册会计师签名盖章。有限责任会计师事务所出具的审计报告，应当由会计师事务所主任会计师或其授权的副主任会计师和一名负责该项目的注册会计师签名盖章。

(八)会计师事务所的名称、地址及盖章

审计报告应当载明会计师事务所的名称和地址，并加盖会计师事务所公章。注册会计师在审计报告中载明会计师事务所地址时，标明会计师事务所所在的城市即可。在实务中，审计报告通常载于会计师事务所统一印刷的、标有该所详细通讯地址的信笺上，因此，无需在审计报告中注明详细地址。此外，根据国家工商行政管理部门的有关规定，在主管登记机关管辖区内，已登记注册的企业名称不得相同。因此，在同一地区内不会出现重名的会计师事务所。

(九)报告日期

审计报告的日期不应早于注册会计师获取充分、适当的审计证据(包括管理层认可对财务报表的责任且已批准财务报表的证据)，并在此基础上对财务报表形成审计意见的日期。注册会计师在确定审计报告日期时，需考虑以下事项：

(1)应当实施的审计程序已经完成。

(2)应当提请被审计单位调整的事项已经提出，被审计单位已经作出调整或拒绝作出调整。

(3)管理层已经正式签署财务报表。

审计报告附件部分主要包括：已审计的财务报表；对会计事项和财务报表项目的调查说明；对报告内容所作的其他解释；委托人要求随附及注册会计师认为有必要附送的其他资料等。

第二节 审计报告的基本类型

审计人员根据审计结果和被审计单位对有关问题的处理意见，评价审计结论，形成四种基本类型的审计意见，即无保留意见、保留意见、否定意见和无法表示意见，并出具标准审计报告和非标准审计报告。

一、标准审计报告

标准审计报告，是指不含有说明段、强调事项段、其他事项段或其他任何修饰性用语的无保留意见的审计报告。

注册会计师应根据审计结论，出具下列审计意见之一的审计报告：

(1)无保留意见审计报告。

(2)带强调事项段和其他事项段的无保留意见审计报告。

(3)保留意见审计报告。

(4)否定意见审计报告。

(5)无法表示意见审计报告。

如果认为被审计单位财务报表符合下列所有条件，注册会计师应当出具无保留意见审计报告：

(1)被审计单位财务报表已经按照适用的会计准则的规定编制，在所有重大方面公允地反映了被审计单位的财务状况、经营成果和现金流量。

(2)注册会计师已经按照中国注册会计师执业准则的规定计划和实施审计工作，在审计过程中未受到限制。

当注册会计师出具的无保留意见审计报告不附加强调事项段或任何修饰性用语时，该审计报告称为标准审计报告。

标准审计报告的格式和内容如例 3—1 所示。

[例 3—1]

审计报告

ABC 股份有限公司全体股东：

我们审计了后附的 ABC 股份有限公司(以下简称 ABC 公司)财务报表，包括 20×5 年 12 月 31 日的资产负债表，20×5 年度的利润表、股东权益变动表和现金流量表以及财务报表附注。

一、管理层对财务报表的责任

编制和公允列报财务报表是 ABC 公司管理层的责任，这种责任包括：(1)按照企业会计准则的规定编制财务报表，并使其实现公允反映；(2)设计、执行和维护必要的内部控制，以使财务报表不存在由于舞弊或错误导致的重大错报。

二、注册会计师的责任

我们的责任是在执行审计工作的基础上对财务报表发表审计意见。我们按照中国注册会计师审计准则的规定执行了审计工作。中国注册会计师审计准则要求我们遵守中国注册会计师职业道德守则，计划和执行审计工作以对财务报表是否不存在重大错报获取合理保证。

审计工作涉及实施审计程序，以获取有关财务报表金额和披露的审计证据。选择的审计程序取决于注册会计师的判断，包括对由于舞弊或错误导致的财务报表重大错报风险的评估。在进行风险评估时，注册会计师考虑与财务报表编制和公允列报相关的内部控制，以设计恰当的审计程序，但目的并非对内部控制的有效性发表意见。审计工作还包括评价管理层选用会计政策的恰当性和作出会计估计的合理性，以及评价财务报表的总体列报。

我们相信，我们获取的审计证据是充分、适当的，为发表审计意见提供了基础。

三、审计意见

我们认为，ABC 公司财务报表在所有重大方面按照企业会计准则的规定编制，公允反映了 ABC 公司 20×5 年 12 月 31 日的财务状况以及 20×5 年度的经营成果和现金流量。

××会计师事务所 中国注册会计师：×××
（盖章） （签名并盖章）
中国注册会计师：×××
（签名并盖章）
中国××市 二〇×六年×月×日

二、非标准审计报告

非标准审计报告是指标准审计报告以外的其他审计报告，包括带强调事项段和其他事项段的无保留意见的审计报告和非无保留意见的审计报告。

非无保留意见的审计报告包括保留意见的审计报告、否定意见的审计报告和无法表示意见的审计报告。

当出具非无保留意见的审计报告时，注册会计师应当在注册会计师的责任段之后、审计意见段之前增加说明段，清楚地说明导致所发表意见或无法发表意见的所有原因，并在可能的情况下，指出其对财务报表的影响程度。

审计报告的说明段是指审计报告中位于审计意见之前用于描述注册会计师对财务报表发表保留意见、否定意见或无法表示意见理由的段落。

（一）带强调事项段和其他事项段的无保留意见审计报告

强调事项段，是指审计报告中含有的一个段落，该段落提及已在被审计单位财务报表中恰当列报或披露的事项，根据注册会计师的职业判断，该事项对财务报表使用者理解财务报表至关重要。

其他事项段，是指审计报告中含有的一个段落，该段落提及未在被审计单位财务报表中列报或披露的事项，根据注册会计师的职业判断，该事项与财务报表使用者理解审计工作、注册会计师的责任或审计报告相关。

如果认为有必要，注册会计师可以在审计报告中提供下列补充信息，以提醒使用者关注：

(1)尽管已在财务报表中列报或披露，但对使用者理解财务报表至关重要的事项；

(2)未在财务报表中列报或披露，但与使用者理解审计工作、注册会计师的责任或审计报告相关的事项。

注册会计师的目标是，在对被审计单位财务报表形成审计意见后，如果根据职业判断认为有必要在审计报告中增加强调事项段或其他事项段，通过明确提供补充信息的方式，提醒财务报表使用者关注下列事项：尽管已在被审计单位财务报表中恰当列报或披露，但对财务报表使用者理解财务报表至关重要的事项；未在被审计单位财务报表中列报或披露，但与财务报表使用者理解审计工作、注册会计师的责任或审计报告相关的其他事项。

1. 无保留意见审计报告中的强调事项段

如果认为有必要提醒被审计单位财务报表使用者关注已在财务报表中列报或披露，且根据职业判断认为对被审计单位财务报表使用者理解财务报表至关重要的事项，注册会计师在已获取充分、适当的审计证据证明该事项在财务报表中不存在重大错报的条件下，应当在无保留意见审计报告中增加强调事项段。强调事项段应当仅提及已在财务报表中列报或披露的信息。

如果在无保留意见审计报告中增加强调事项段，注册会计师应当采取下列措施：

(1)将强调事项段紧接在审计意见段之后；

(2)使用“强调事项”或其他适当标题；

(3)明确提及被强调事项以及相关披露的位置,以便能够在财务报表中找到对该事项的详细描述。

带强调事项段的无保留意见审计报告格式和内容如例3—2所示。

[例3—2]

审计报告

ABC股份有限公司全体股东:

我们审计了后附的ABC股份有限公司(以下简称ABC公司)财务报表,包括20×5年12月31日的资产负债表,20×5年度的利润表、股东权益变动表和现金流量表以及财务报表附注。

一、管理层对财务报表的责任

编制和公允列报财务报表是ABC公司管理层的责任,这种责任包括:(1)按照企业会计准则的规定编制财务报表,并使其实现公允反映;(2)设计、执行和维护必要的内部控制,以使财务报表不存在由于舞弊或错误导致的重大错报。

二、注册会计师的责任

我们的责任是在执行审计工作的基础上对财务报表发表审计意见。我们按照中国注册会计师审计准则的规定执行了审计工作。中国注册会计师审计准则要求我们遵守中国注册会计师职业道德守则,计划和执行审计工作以对财务报表是否不存在重大错报获取合理保证。

审计工作涉及实施审计程序,以获取有关财务报表金额和披露的审计证据。选择的审计程序取决于注册会计师的判断,包括对由于舞弊或错误导致的财务报表重大错报风险的评估。在进行风险评估时,注册会计师考虑与财务报表编制和公允列报相关的内部控制,以设计恰当的审计程序,但目的并非对内部控制的有效性发表意见。审计工作还包括评价管理层选用会计政策的恰当性和作出会计估计的合理性,以及评价财务报表的总体列报。

我们相信,我们获取的审计证据是充分、适当的,为发表审计意见提供了基础。

三、审计意见

我们认为,ABC公司财务报表在所有重大方面按照企业会计准则的规定编制,公允反映了ABC公司20×5年12月31日的财务状况以及20×5年度的经营成果和现金流量。

四、强调事项

我们提醒财务报表使用者关注,如会计报表附注十一所示,ABC公司在20×5年出现巨额亏损75 000万元,这使公司作为持续经营主体的能力存在重大疑问。管理当局就此问题提出的改善计划已在附注十一中作出说明,但其持续经营能力仍然存在重大不确定性。本段内容并不影响已发表的审计意见。

××会计师事务所　　　　中国注册会计师:×××
(盖章)　　　　(签名并盖章)
　　　　中国注册会计师:×××
　　　　(签名并盖章)
中国××市　　　　二○×六年×月×日

2. 无保留意见审计报告中的其他事项段

对于未在被审计单位财务报表中列报或披露,但根据职业判断认为与被审计单位财务报表使用者理解审计工作、注册会计师的责任或审计报告相关且未被法律法规禁止的事项，如果认为有必要沟通，注册会计师应当在审计报告中增加其他事项段，并使用“其他事项”或其他适当标题。注册会计师应当将其他事项段紧接在审计意见段和强调事项段(如有)之后。如果其他事项段的内容与其他报告责任部分相关，这一段落也可以置于审计报告的其他位置。带其他事项段的无保留意见审计报告格式和内容如例3—3所示。

[例3—3]

审计报告

ABC股份有限公司全体股东：

我们审计了后附的ABC股份有限公司(以下简称ABC公司)财务报表，包括20×5年12月31日的资产负债表，20×5年度的利润表、股东权益变动表和现金流量表以及财务报表附注。

一、管理层对财务报表的责任

编制和公允列报财务报表是ABC公司管理层的责任，这种责任包括：(1)按照企业会计准则的规定编制财务报表，并使其实现公允反映；(2)设计、执行和维护必要的内部控制，以使财务报表不存在由于舞弊或错误导致的重大错报。

二、注册会计师的责任

我们的责任是在执行审计工作的基础上对财务报表发表审计意见。我们按照中国注册会计师审计准则的规定执行了审计工作。中国注册会计师审计准则要求我们遵守中国注册会计师职业道德守则，计划和执行审计工作以对财务报表是否不存在重大错报获取合理保证。

审计工作涉及实施审计程序，以获取有关财务报表金额和披露的审计证据。选择的审计程序取决于注册会计师的判断，包括对由于舞弊或错误导致的财务报表重大错报风险的评估。在进行风险评估时，注册会计师考虑与财务报表编制和公允列报相关的内部控制，以设计恰当的审计程序，但目的并非对内部控制的有效性发表意见。审计工作还包括评价管理层选用会计政策的恰当性和作出会计估计的合理性，以及评价财务报表的总体列报。

我们相信，我们获取的审计证据是充分、适当的，为发表审计意见提供了基础。

三、审计意见

我们认为，ABC公司财务报表在所有重大方面按照企业会计准则的规定编制，公允反映了ABC公司20×5年12月31日的财务状况以及20×5年度的经营成果和现金流量。

四、其他事项

在审计过程中，我们发现ABC公司于20×5年12月通过了在20×6年实施大幅度降低产品销售价格、扩大市场占有率的经营策略，这预计将导致ABC公司在20×6年出现利润减少1 800万元，提醒财务报表使用者关注。本段内容并不影响已发表的审计意见。

××会计师事务所　　　　　　　　　　中国注册会计师：×××
(盖章)　　　　　　　　　　　　　　(签名并盖章)
　　　　　　　　　　　　　　　　　　中国注册会计师：×××
　　　　　　　　　　　　　　　　　　(签名并盖章)

中国××市　　　　　　　　　　　　　二〇×六年×月×日

(二)保留意见审计报告

保留意见是指注册会计师对被审计单位财务报表的反映有所保留的审计意见。一般是由于某些事项的存在,使无保留意见的条件不完全具备,影响了被审计单位财务报表的表达,因而注册会计师对无保留意见加以修正,对影响事项提出保留意见,并表示对该意见负责。

如果认为被审计单位财务报表就其整体是公允的,当存在下列情形之一时,注册会计师应当发表保留意见:

(1)在获取充分、适当的审计证据后,注册会计师认为错报单独或累计起来对被审计单位财务报表影响重大,但不具有广泛性;

(2)注册会计师无法获取充分、适当的审计证据以作为形成审计意见的基础,但认为未发现的错报(如存在)对被审计单位财务报表可能产生的影响重大,但不具有广泛性。

只有当注册会计师认定被审计单位整个财务报表是公允表达的情况下,才能采用保留意见,如果注册会计师认为所报告的情况极为严重,则应用否定意见或无法表示意见。因此,保留意见应认为是一种在不能提出无保留意见的情况下最不严厉的意见。

当出具保留意见的审计报告时,注册会计师应当在意见段中使用"除……的影响外"等专业术语。如因审计范围受到限制,注册会计师还应当在范围段中提及这一情况。

保留意见的审计报告格式和内容如例 3-4 所示。

[例 3-4]

审计报告

ABC 股份有限公司全体股东:

我们审计了后附的 ABC 股份有限公司(以下简称 ABC 公司)财务报表,包括 20×5 年 12 月 31 日的资产负债表,20×5 年度的利润表、股东权益变动表和现金流量表以及财务报表附注。

一、管理层对财务报表的责任

编制和公允列报财务报表是 ABC 公司管理层的责任,这种责任包括:(1)按照企业会计准则的规定编制财务报表,并使其实现公允反映;(2)设计、执行和维护必要的内部控制,以使财务报表不存在由于舞弊或错误导致的重大错报。

二、注册会计师的责任

我们的责任是在执行审计工作的基础上对财务报表发表审计意见。我们按照中国注册会计师审计准则的规定执行了审计工作。中国注册会计师审计准则要求我们遵守中国注册会计师职业道德守则,计划和执行审计工作以对财务报表是否不存在重大错报获取合理保证。

审计工作涉及实施审计程序,以获取有关财务报表金额和披露的审计证据。选择的审计程序取决于注册会计师的判断,包括对由于舞弊或错误导致的财务报表重大错报风险的评估。在进行风险评估时,注册会计师考虑与财务报表编制和公允列报相关的内部控制,以设计恰当的审计程序,但目的并非对内部控制的有效性发表意见。审计工作还包括评价管理层选用会计政策的恰当性和作出会计估计的合理性,以及评价财务报表的总体列报。

我们相信,我们获取的审计证据是充分、适当的,为发表保留意见提供了基础。

三、导致保留意见的事项

ABC 公司 20×5 年 12 月 31 日的应收账款余额 17 600 万元,占资产总额的 25%。由于 ABC 公司未能提供债务人的详细地址,我们无法实施函证以及其他审计程序,以获取充分、适当的审计证据。

四、保留意见

我们认为,除了前段所述未能实施函证可能产生的影响外,ABC公司财务报表已经按照企业会计准则的规定编制,在所有重大方面公允反映了ABC公司20×5年12月31日的财务状况以及20×5年度的经营成果和现金流量。

××会计师事务所　　　　　　　　　　　　中国注册会计师:×××
（盖章）　　　　　　　　　　　　　　　　（签名并盖章）
　　　　　　　　　　　　　　　　　　　　中国注册会计师:×××
　　　　　　　　　　　　　　　　　　　　（签名并盖章）
中国××市　　　　　　　　　　　　　　　二〇×六年×月×日

(三)否定意见审计报告

只有当注册会计师确信被审计单位整个财务报表存在严重错报和歪曲以致根本不能按照企业会计准则公允表达财务状况、经营成果和现金流量情况时,才发表否定意见。

无论是注册会计师还是被审计单位都不希望发表此类意见的审计报告。所谓发表否定意见,是指与无保留意见相反,提出否定财务报表公允地反映被审计单位财务状况、经营成果和现金流量的审计意见。

当未调整事项、未确定事项等对财务报表的影响程度在一定范围内时,注册会计师可以发表保留意见。但是如果其影响程度超出一定范围,以致财务报表无法被接受,被审计单位的财务报表已失去其价值,注册会计师就不能发表保留意见,又不应不发表意见,而只能发表否定意见。

在获取充分、适当的审计证据后,如果认为错报单独或累计起来对财务报表的影响重大且具有广泛性,注册会计师应当发表否定意见。

当出具否定意见审计报告时,注册会计师应当在意见段中使用"由于上述问题造成的重大影响"、"由于受到前段所述事项的重大影响"等专业术语。

否定意见审计报告格式和内容如例3—5所示。

[例3—5]

审计报告

ABC股份有限公司全体股东:

我们审计了后附的ABC股份有限公司(以下简称ABC公司)财务报表,包括20×5年12月31日的资产负债表,20×5年度的利润表、股东权益变动表和现金流量表以及财务报表附注。

一、管理层对财务报表的责任

编制和公允列报财务报表是ABC公司管理层的责任,这种责任包括:(1)按照企业会计准则的规定编制财务报表,并使其实现公允反映;(2)设计、执行和维护必要的内部控制,以使财务报表不存在由于舞弊或错误导致的重大错报。

二、注册会计师的责任

我们的责任是在执行审计工作的基础上对财务报表发表审计意见。我们按照中国注册会计师审计准则的规定执行了审计工作。中国注册会计师审计准则要求我们遵守中国注册会计师职业道德守则，计划和执行审计工作以对财务报表是否不存在重大错报获取合理保证。

审计工作涉及实施审计程序，以获取有关财务报表金额和披露的审计证据。选择的审计程序取决于注册会计师的判断，包括对由于舞弊或错误导致的财务报表重大错报风险的评估。在进行风险评估时，注册会计师考虑与财务报表编制和公允列报相关的内部控制，以设计恰当的审计程序，但目的并非对内部控制的有效性发表意见。审计工作还包括评价管理层选用会计政策的恰当性和作出会计估计的合理性，以及评价财务报表的总体列报。

我们相信，我们获取的审计证据是充分、适当的，为发表否定意见提供了基础。

三、导致否定意见的事项

如财务报表附注八所述，ABC 公司 20×5 年持有甲股份有限公司股份 45%，但采用成本法核算。如果按权益法核算，ABC 公司 20×5 年 12 月 31 日的长期投资账面价值将减少 5 680 万元，净利润将减少 5 680 万元，从而导致 ABC 公司 20×5 年亏损 460 万元。

四、否定意见

我们认为，由于前段所述事项的重大影响，ABC 公司财务报表没有按照企业会计准则的规定编制，未能在所有重大方面公允地反映 ABC 公司 20×5 年 12 月 31 日的财务状况以及 20×5 年度的经营成果和现金流量。

××会计师事务所　　　　　　　　　　中国注册会计师：×××
（盖章）　　　　　　　　　　　　　　（签名并盖章）

　　　　　　　　　　　　　　　　　　中国注册会计师：×××
　　　　　　　　　　　　　　　　　　（签名并盖章）

中国××市　　　　　　　　　　　　　二〇×六年×月×日

（四）无法表示意见的审计报告

注册会计师出具无法表示意见的审计报告，不同于未接受委托，它是注册会计师实施了一定的审计程序后发表审计意见的一种方式。注册会计师出具无法表示意见的审计报告，也不是不愿发表意见。如果注册会计师已能确定应当发表保留意见或否定意见，不得以无法表示意见来代替。保留意见或否定意见是注册会计师在取得充分、适当的审计证据后形成的，由于被审计单位存在某些未调整事项或未确定事项等，按其影响的严重程度而表示保留或否定意见，并不是无法判断使用的措辞或问题的归属。无法表示意见是因某些限制而未对某些重要事项取得证据，没有完成取证工作，使得注册会计师无法判断问题的归属。

如果无法获取充分、适当的审计证据以作为形成审计意见的基础，但认为未发现的错报（如存在）对财务报表可能产生的影响重大且具有广泛性，注册会计师应当发表无法表示意见。

在极其特殊的情况下，可能存在多个不确定事项。尽管注册会计师对每个单独的不确定事项获取了充分、适当的审计证据，但由于不确定事项之间可能存在相互影响，以及可能对财务报表产生累计影响，注册会计师不可能对财务报表形成审计意见。在这种情况下，注册会计师应当发表无法表示意见。

无法表示意见不同于否定意见，它仅仅适用于注册会计师在审计过程中由于审计范围受到严重限制时。而要发表否定意见，注册会计师必须有足够的证据证实被审计单位财务报表表达不合法、不公允。

当出具无法表示意见的审计报告时，注册会计师应当在审计意见段中使用“由于‘导致无法表示意见的事项’段所述事项的重要性”、“我们无法获取充分、适当的审计证据以为发表审计意见提供基础”、“我们不对财务报表发表审计意见”等专业术语。

无法表示意见的审计报告格式和内容如例3－6所示。

[例3－6]

审计报告

ABC股份有限公司全体股东：

我们接受委托，审计后附的ABC股份有限公司(以下简称ABC公司)财务报表，包括20×5年12月31日的资产负债表，20×5年度的利润表、现金流量表和股东权益变动表以及财务报表附注。

一、管理层对财务报表的责任

编制和公允列报财务报表是ABC公司管理层的责任，这种责任包括：(1)按照企业会计准则的规定编制财务报表，并使其实现公允反映；(2)设计、执行和维护必要的内部控制，以使财务报表不存在由于舞弊或错误导致的重大错报。

二、注册会计师的责任

我们的责任是在按照企业会计准则的规定执行审计工作的基础上对财务报表发表审计意见。但由于“三、导致无法表示意见的事项”段中所述的事项，我们无法获取充分、适当的审计证据以为发表审计意见提供基础。

三、导致无法表示意见的事项

ABC公司未对20×5年12月31日的存货进行盘点，金额为35 460万元，占期末资产总额的60%。我们无法实施存货监盘，也无法实施替代审计程序，以对期末存货的数量和状况获取充分、适当的审计证据。

四、无法表示意见

由于“三、导致无法表示意见的事项”段所述事项的重要性，我们无法获取充分、适当的审计证据以为发表审计意见提供基础，因此，我们不对ABC公司财务报表发表审计意见。

××会计师事务所　　　　　　　　　　　　中国注册会计师：×××
(盖章)　　　　　　　　　　　　　　　　　　(签名并盖章)
　　　　　　　　　　　　　　　　　　　　中国注册会计师：×××
　　　　　　　　　　　　　　　　　　　　　(签名并盖章)
中国××市　　　　　　　　　　　　　　　　二〇×六年×月×日

本章小结

审计报告是指注册会计师根据中国注册会计师审计准则的规定，在实施审计工作的基础上对被审计单位财务报表发表审计意见的书面文件。审计报告按其格式和措辞可分为标准审计报告和非标准审计报告。

审计报告一般包括标题，收件人，引言段，管理层对财务报表的责任段，注册会计师的责任段，审计意见段，注册会计师的签名和盖章，会计师事务所的名称、地址及盖章，报告日期等要素。

审计报告的意见类型包括标准无保留意见、增加强调事项段和其他事项段的无保留意见、保留意见、否定意见和无法表示意见五种。审计报告的意见类型及适用范围是本章重点。

本章思考题

1. 简述审计报告的意义和作用。
2. 审计报告有哪些基本类型?
3. 注册会计师签发保留意见的审计报告的条件是什么?
4. 非标准审计意见的四种审计报告在结构、内容、措辞方面有何异同?

第四章　审计目标与审计过程

【学习目标】

1. 掌握审计的总体目标；熟悉管理层对编制财务报表的责任；
2. 熟悉注册会计师的责任；
3. 掌握管理层认定和审计目标的确定；
4. 了解风险导向审计程序。

【导入案例】

奇力公司的认定错误

奇力公司为了取得贷款欲粉饰会计报表，召开座谈会：

销售经理发言："我们可以请一些大客户，在12月中旬订购部分他们通常在次年订购的货物，这样不仅可以增加利润，而且可以增加流动资产。"

生产经理说："我们在12月底，突击将本年订货全部发出，就可以将这些收入体现在今年的账上。另外，还可以采取其他措施，如对某些客户多发货物，他们即使退货，也只能等到明年，今年的业绩会看上去蛮好。"

会计经理说："有一部分客户12月底发来订单，对此，我们无法在年内把货物发出去，但可以在账上先列作销售。还有一部分客户中总有12月份开支票的，但支票往往迟至1月初才收到；对于这些12月底开的支票，我们可以记入12月份的现金中。另外，我们可以签发支票偿还负债，故意填错，等退回已到明年，以此改善流动比率。"

生产经理又说："我们的部分存货准备年内降价处理，可以拖到明年。再有，我们订的新设备，可以要求供应商明年发货和开账单。"

思考题：什么是管理层认定？奇力公司的违法行为分别属于何种认定错误呢？注册会计师又应该如何应对？

第一节　审计目标

审计目标是注册会计师进行审计工作所期望达到的结果，是审计活动的指南。审计证据的收集和审计程序的执行都取决于特定的审计目标。

《中国注册会计师审计准则第1101号——财务报表审计目标和一般原则》中对审计目标的定义是："注册会计师通过执行审计工作对被审计单位的财务报表发表意见，以说明财务报表是否按照适用的会计准则和相关会计制度的规定编制，是否在所有重大方面公允反映被审计单位的财务状况、经营成果和现金流量。它包括财务报表审计目标以及与各类交易、账户余额、列报相关的审计目标两个层次。"

一、财务报表审计总体目标

（一）财务报表审计目标的含义

审计的目的是提高财务报表预期使用者对财务报表的信赖程度。这一目的可以通过注册会计师对财务报表是否在所有重大方面按照适用的财务报表编制基础编制发表审计意见得以实现。就大多数通用目的的财务报表编制基础而言，注册会计师针对财务报表是否在所有重大方面按照财务报表编制基础编制并实现公允反映发表审计意见。注册会计师按照审计准则和相关职业道德要求执行审计工作，能够形成这样的意见。因此，执行财务报表审计工作时，注册会计师的总体目标：一是对财务报表整体是否不存在由于舞弊或错误导致的重大错报获取合理保证，使得注册会计师能够对财务报表是否在所有重大方面按照适用的财务报告编制基础编制发表审计意见；二是按照审计准则的规定，根据审计结果对财务报表出具审计报告，并与管理层和治理层沟通。

1. 评价财务报表的合法性

在评价财务报表是否按照适用的财务报表编制基础编制时，注册会计师应当考虑下列内容：

（1）选择和运用的会计政策是否符合适用的财务报表编制基础，并适合于被审计单位的具体情况；

（2）管理层作出的会计估计是否合理；

（3）财务报表反映的信息是否具有相关性、可靠性、可比性和可理解性；

（4）财务报表是否作出充分披露，使财务报表使用者能够理解重大交易和事项对被审计单位财务状况、经营成果和现金流量的影响。

2. 评价财务报表的公允性

在评价财务报表是否作出公允反映时，注册会计师应当考虑下列内容：

（1）经管理层调整后的财务报表是否与注册会计师对被审计单位及其环境的了解一致；

（2）财务报表的列报、结构和内容是否合理；

（3）财务报表是否真实地反映了交易和事项的经济实质。

（二）审计目标的导向作用

财务报表审计的目标对注册会计师的审计工作发挥着导向作用，它界定了注册会计师的责任范围，直接影响注册会计师计划和实施审计程序的性质、时间和范围，决定了注册会计师如何发表审计意见。例如，既然财务报表审计目标是对财务报表整体发表审计意见，注册会计师就可以只关注与财务报表编制和审计有关的内部控制，而不对内部控制本身发表鉴证意见。同样，注册会计师关注被审计单位的违反法规行为，是因为这些行为影响到财务报表，而不是对被审计单位是否存在违反法规行为提供鉴证。

（三）财务报表审计的作用和局限性

注册会计师应当按照审计准则的规定，对财务报表整体是否不存在由于舞弊或错误导致的重大错报获取合理保证，以作为发表审计意见的基础。注册会计师作为独立第三方，运用专业知识、技能和经验对财务报表进行审计并发表审计意见，旨在提高财务报表的可信赖程度。由于审计存在固有限制，注册会计师据以得出结论和形成审计意见的大多数审计证据是具有说服性而非结论性的，因此，审计只能提供合理保证，不能提供绝对保证。虽然财务报表使用者可以根据财务报表和审计意见对被审计单位未来生存能力或管理层的经营效率、经营效果作出某种判断，但审计意见本身并不是对被审计单位未来生存能力或管理层经营效率、经营效果提供的保证。

二、审计工作前提

财务报表是由被审计单位的管理层在治理层的监督下编制的。管理层和治理层认可与财务报表相关的责任，是注册会计师执行审计工作的前提，构成注册会计师按照审计准则的规定执行审计工作的基础。

（一）管理层和治理层对财务报表的责任

管理层是指对企业经营活动的执行负有管理责任的人员（如总经理）。治理层是指对企业战略方向和管理层履行经营责任负有监督责任的机构和人员（如董事会）。

在治理层的监督下，按照适用的会计原则和相关会计制度的规定编制财务报表是被审计单位管理层的责任。这些责任构成注册会计师执行审计工作的基础：

(1)按照适用的财务报表编制基础编制财务报表，并使其实现公允反映；

(2)设计、执行和维护必要的内部控制，以使财务报表不存在由于舞弊或错误导致的重大错报；

(3)向注册会计师提供必要的工作条件，包括允许注册会计师接触与编制财务报表相关的所有信息，向注册会计师提供审计所需的其他信息，允许注册会计师获取审计证据时不受限制地接触必要的相关人员。

（二）注册会计师的责任

按照中国注册会计师执业准则的规定对财务报表发表审计意见是注册会计师的责任。注册会计师应当遵守职业道德规范，按照执业准则的规定计划和实施审计工作，获取充分、适当的审计证据，并根据获取的审计证据得出合理的审计结论，发表恰当的审计意见。注册会计师通过签署审计报告确认其责任。

（三）两种责任的关系

财务报表审计不能减轻被审计单位管理层和治理层的责任。财务报表编制和财务报表审计是财务信息生成链条上的不同环节，两者各司其职。法律法规要求管理层和治理层对编制财务报表承担责任，有利于从源头上保证财务信息质量。同时，在某些方面，注册会计师与管理层和治理层之间可能存在信息不对称。管理层和治理层作为内部人员，对企业的情况更为了解，更能作出适合企业特点的会计处理决策和判断，因此，管理层和治理层理应对编制财务报表承担完全责任。尽管在审计过程中注册会计师可能向管理层和治理层提出调整建议，甚至在不违反独立性的前提下为管理层编制财务报表提供协助，但管理层仍然对编制财务报表承担责任，并通过签署财务报表确认这一责任。

如果财务报表存在重大错报，而注册会计师通过审计没有能够发现，也不能因为财务报表已经注册会计师审计这一事实而减轻管理层和治理层对财务报表的责任。

三、认定

（一）认定的含义

认定，是指管理层在财务报表中作出的明确或隐含的表达，注册会计师将其用于考虑可能发生的不同类型的潜在错报。认定与审计目标密切相关，注册会计师的基本职责就是确定被审计单位管理层对其财务报表的认定是否恰当。注册会计师了解了认定，就很容易确定每个项目的具体审计目标。通过考虑可能发生的不同类型的潜在错报，注册会计师运用认定评估风险，并据此设计审计程序以应对评估的风险。

保证财务报表公允反映被审计单位的财务状况和经营情况等是管理层的责任。当管理层声明财务报表已按照适用的财务报告编制基础进行编制、在所有重大方面作出公允反映时，就意味着管理层对财务报表各组成要素的确认、计量、列报以及相关的披露作出了认定。管理层在财务报表上的认定有些是明确表达的，有些则是隐含表达的。例如，管理层在资产负债表中列报存货及其金额，意味着作出下列明确的认定：(1)记录的存货是存在的；(2)存货以恰当的金额包括在财务报表中，与之相关的计价或分摊调整已恰当记录。同时，管理层也作出下列隐含的认定：(1)所有应当记录的存货均已记录；(2)记录的存货都由被审计单位拥有。

管理层对财务报表各组成要素均作出了认定，注册会计师的审计工作就是要确定管理层的认定是否恰当。

（二）与所审计期间各类交易和事项相关的认定

注册会计师对所审计期间的各类交易和事项运用的认定通常分为下列类别：

(1)发生：记录的交易或事项已发生，且与被审计单位有关。

(2)完整性：所有应当记录的交易和事项均已记录。

(3)准确性：与交易和事项有关的金额及其他数据已恰当记录。

(4)截止：交易和事项已记录于正确的会计期间。

(5)分类：交易和事项已记录于恰当的账户。

（三）与期末账户余额相关的认定

注册会计师对期末账户余额运用的认定通常分为下列类别：

(1)存在：记录的资产、负债和所有者权益是存在的。

(2)权利和义务：记录的资产由被审计单位拥有或控制，记录的负债是被审计单位应当履行的偿还义务。

(3)完整性：所有应当记录的资产、负债和所有者权益均已记录。

(4)计价和分摊：资产、负债和所有者权益以恰当的金额包括在财务报表中，与之相关的计价或分摊调整已恰当记录。

（四）与列报相关的认定

各类交易和账户余额的认定正确只是为列报正确打下了必要的基础，财务报表还可能因被审计单位误解有关列报的规定或舞弊等而产生错报。另外，还可能因被审计单位没有遵守一些专门的披露要求而导致财务报表错报。因此，即使注册会计师审计了各类交易和账户余额的认定，实现了各类交易和账户余额的具体审计目标，也不意味着获取了足以对财务报表发表审计意见的充分、适当的审计证据。因此，注册会计师还应当对各类交易、账户余额及相关事项在财务报表中列报的正确性实施审计。

基于此，注册会计师对列报运用的认定通常分为下列类别：

(1)发生以及权利和义务：披露的交易、事项和其他情况已发生，且与被审计单位有关。

(2)完整性：所有应当包括在财务报表中的披露均已包括。

(3)分类和可理解性：财务信息已被恰当地列报和描述，且披露内容表述清楚。

(4)准确性和计价：财务信息和其他信息已公允披露，且金额恰当。

注册会计师可以按照上述分类运用认定，也可按其他方式表述认定，但应涵盖上述所有方面。例如，注册会计师可以选择将有关交易和事项的认定与有关账户余额的认定综合运用。又如，当发生和完整性认定包含了对交易是否记录于正确会计期间的恰当考虑时，就可能不存在与交易和事项截止相关的单独认定。

四、具体审计目标

注册会计师了解了认定，就很容易确定每个项目的具体审计目标，并以此作为评估重大错报风险以及设计和实施进一步审计程序的基础。

(一)与审计期间各类交易和事项相关的审计目标

(1)发生：由发生认定推导的审计目标是确认已记录的交易是真实的。例如，如果没有发生销售交易，但在销售日记账中记录了一笔销售，则违反了该目标。

发生认定所要解决的问题是管理层是否把那些不曾发生的项目列入财务报表，它主要与财务报表组成要素的高估有关。

(2)完整性：由完整性认定推导的审计目标是确认已发生的交易已经记录。例如，如果发生了销售交易，但没有在销售明细账和总账中记录，则违反了该目标。

发生和完整性两者强调的是相反的关注点。发生目标针对潜在的高估，而完整性目标则针对漏记交易(低估)。

(3)准确性：由准确性认定推导出的审计目标是确认已记录的交易是按正确金额反映的。例如，如果在销售交易中，发出商品的数量与账单上的数量不符，或是开账单时使用了错误的销售价格，或是账单中的乘积或加总有误，或是在销售明细账中记录了错误的金额，则违反了该目标。

准确性与发生、完整性之间存在区别。例如，若已记录的销售交易是不应当记录的(如发出的商品是寄销商品)，则即使发票金额是准确计算的，仍违反了发生目标。再如，若已入账的销售交易是对正确发出商品的记录，但金额计算错误，则违反了准确性目标，但没有违反发生目标。在完整性与准确性之间也存在同样的关系。

(4)截止：由截止认定推导出的审计目标是确认接近于资产负债表日的交易记录于恰当的期间。例如，如果本期交易推到下期，或下期交易提到本期，均违反了截止目标。

(5)分类：由分类认定推导出的审计目标是确认被审计单位记录的交易经过适当分类。例如，如果将现销记录为赊销，将出售经营性固定资产所得的收入记录为营业收入，则导致交易分类的错误，违反了分类的目标。

(二)与期末账户余额相关的审计目标

(1)存在:由存在认定推导的审计目标是确认记录的金额存在。例如,如果不存在某顾客的应收账款,在应收账款明细表中却列入了对该顾客的应收账款,则违反了存在性目标。

(2)权利和义务:由权利和义务认定推导的审计目标是确认资产归属于被审计单位,负债属于被审计单位的义务。例如,将他人寄售商品列入被审计单位的存货中,违反了权利目标;将不属于被审计单位的债务记入账内,违反了义务目标。

(3)完整性:由完整性认定推导的审计目标是确认已存在的金额均已记录。例如,如果存在某顾客的应收账款,在应收账款明细表中却没有列入对该顾客的应收账款,则违反了完整性目标。

(4)计价和分摊:资产、负债和所有者权益以恰当的金额包括在财务报表中,与之相关的计价或分摊调整已恰当记录。

(三)与列报相关的审计目标

(1)发生以及权利和义务:将没有发生的交易和事项,或与被审计单位无关的交易和事项包括在财务报表中,则违反该目标。例如,复核董事会会议记录中是否记载了固定资产抵押等事项,询问管理层固定资产是否被抵押,即是对列报的权利认定的运用。如果被审计单位拥有被抵押的固定资产,则需要将其在财务报表中列报,并说明与之相关的权利受到限制。

(2)完整性:如果应当披露的事项没有包括在财务报表中,则违反了该目标。例如,检查关联方和关联交易,以验证其在财务报表中是否得到充分披露,即是对列报的完整性认定的运用。

(3)分类和可理解性:财务信息已被恰当地列报和描述,且披露内容表述清楚。例如,检查存货的主要类别是否已披露,是否将一年内到期的长期负债列为流动负债,即是对列报的分类和可理解性认定的运用。

(4)准确性和计价:财务信息和其他信息已公允披露,且金额恰当。例如,检查财务报表附注是否分别对原材料、在产品和产成品等存货成本核算方法做了恰当说明,即是对列报的准确性和计价认定的运用。

通过上面的介绍可知,认定是确定具体审计目标的基础,注册会计师通常将认定转化为能够通过审计程序予以实现的审计目标。针对财务报表每一项目所表现出的各项认定,注册会计师相应地确定一项或多项审计目标,然后通过执行一系列审计程序获取充分、适当的审计证据,以实现审计目标。认定、审计目标和审计程序之间的关系如表4—1所示。

表4—1　认定、审计目标和审计程序之间的关系

认定	审计目标	审计程序
存在性	资产负债表列示的存货存在	实施存货监盘程序
完整性	销售收入包括了所有已发货的交易	检查发货单和销售发票的编号以及销售明细账
准确性	应收账款反映的销售业务是否基于正确的价格和数量,计算是否正确	比较价格清单与发票上的价格,发货单与销售订购单上的数量是否一致,重新计算发票上的金额
截止	销售业务记录在恰当的期间	比较上一年度最后几天和下一年度最初几天的发货单日期与记账日期

续表

认定	审计目标	审计程序
权利和义务	资产负债表中的固定资产确实为公司拥有	查阅所有权证书、购货合同、结算单和保险单
计价和分摊	以净值记录应收账款	检查应收账款账龄分析表，评估计提的坏账准备是否充足

第二节 审计过程

审计方法从早期的账项基础审计，演变到今天的风险导向审计。风险导向审计模式要求注册会计师在审计过程中，以重大错报风险的识别、评估和应对作为工作主线。相应地，审计过程大致可分为以下几个阶段：

一、接受业务委托

会计师事务所应当按照执业准则的规定，谨慎决策是否接受或保持某客户关系和具体审计业务。在接受新客户的业务前，或决定是否保持现有业务或考虑接受现有客户的新业务时，会计师事务所应当执行一些客户接受与保持的程序，以获取如下信息：(1)考虑客户的诚信，没有信息表明客户缺乏诚信；(2)具有执行业务必要的素质、专业胜任能力、时间和资源；(3)能够遵守相关职业道德要求。

会计师事务所执行客户接受与保持的程序的目的，旨在识别和评估会计师事务所面临的风险。例如，如果注册会计师发现潜在客户正面临财务困难，或者发现现有客户在之前的业务中作出虚假陈述，那么可以认为接受或保持该客户的风险非常高，甚至是不可接受的。会计师事务所除考虑客户施加的风险外，还需要复核执行业务的能力，如当工作需要时能否获得合适的、具有相应资格的员工，能否获得专业化协助，是否存在任何利益冲突，能否对客户保持独立性等。

注册会计师需要作出的最重要的决策之一就是接受和保持客户。一项低质量的决策会导致不能准确确定计酬的时间或未被支付的费用，增加项目合伙人和员工的额外压力，使会计师事务所声誉遭受损失，或者涉及潜在的诉讼。

一旦决定接受业务委托，注册会计师应当与客户就审计约定条款达成一致意见。对于连续审计，注册会计师应当根据具体情况考虑是否需要修改业务约定条款，以及是否需要提醒客户注意现有的业务约定书。

二、计划审计工作

计划审计工作十分重要。如果没有恰当的审计计划，不仅无法获取充分、适当的审计证据，影响审计目标的实现，而且还会浪费有限的审计资源，影响审计工作的效率。因此，对于任何一项审计业务，注册会计师在执行具体审计程序之前，都必须根据具体情况制订科学、合理的计划，使审计业务以有效的方式得到执行。一般来说，计划审计工作主要包括：在本期审计业务开始时开展的初步业务活动；制定总体审计策略；制订具体审计计划等。需要指出的是，计划审计工作不是审计业务的一个孤立阶段，而是一个持续的、不断修正的过程，贯穿于整个审计过程的始终。

三、实施风险评估程序

审计准则规定，注册会计师必须实施风险评估程序，以此作为评估财务报表层次和认定层次重大错报风险的基础。风险评估程序是指注册会计师为了解被审计单位及其环境，以识别和评估财务报表层次和认定层次的重大错报风险（无论该错报是否由于舞弊或错误导致）而实施的审计程序。风险评估程序是必要程序，了解被审计单位及其环境为注册会计师在许多关键环节做出职业判断提供了重要基础。了解被审计单位及其环境实际上是一个连续和动态地收集、更新与分析信息的过程，贯穿于整个审计过程的始终。一般来说，实施风险评估程序的主要工作包括：了解被审计单位及其环境；识别和评估财务报表层次以及各类交易、账户余额和披露认定层次的重大错报风险，包括确定需要特别考虑的重大错报风险（即特别风险）以及仅通过实施实质性程序无法应对的重大错报风险等。

四、实施控制测试和实质性程序

注册会计师实施风险评估程序本身并不足以为发表审计意见提供充分、适当的审计证据，还应当实施进一步审计程序，包括实施控制测试（必要时或决定测试时）和实质性程序。因此，注册会计师在评估财务报表重大错报风险后，应当运用职业判断，针对评估的财务报表层次重大错报风险确定总体应对措施，并针对评估的认定层次重大错报风险设计和实施进一步审计程序，以将审计风险降至可接受的低水平。

五、完成审计工作和编制审计报告

注册会计师在完成财务报表进一步审计程序后，还应当按照有关审计准则的规定做好审计完成阶段的工作，并根据所获取的各种证据，合理运用专业判断，形成适当的审计意见。本阶段的主要工作有：考虑持续经营假设、或有事项和期后事项；获取管理层声明；汇总审计差异，提请被审计单位调整或披露；复核审计工作底稿和财务报表；与管理层和治理层沟通；评价所有审计证据，形成审计意见；编制审计报告等。

本章小结

审计目标是在一定的历史环境下演变而形成的最终成果，是审计的出发点和归宿。审计目标是注册会计师通过执行审计工作对被审计单位的财务报表发表意见，以说明财务报表是否按照适用的会计准则和相关会计制度的规定编制，是否在所有重大方面公允反映被审计单位的财务状况、经营成果和现金流量。它包括财务报表审计目标以及与各类交易、账户余额、列报相关的审计目标两个层次。

审计过程是指注册会计师实施审计工作的先后顺序，是审计工作从开始到结束的整个经过。在风险导向审计模式下，审计过程可分为接受业务委托、计划审计工作、实施风险评估程序、实施控制测试和实质性程序、完成审计工作和编制审计报告等阶段。

本章思考题

1. 简述审计目标的含义及作用。
2. 什么是管理层认定？包含哪些具体内容？
3. 试述审计总体目标、被审计单位管理层认定及具体审计目标之间的关系。
4. 什么是审计过程？审计过程的各阶段包括哪些主要工作？

第五章　审计证据和审计工作底稿

【学习目标】

1. 掌握审计证据的含义、分类、特征以及获取审计证据的程序；
2. 了解审计工作底稿的概念、意义；
3. 熟悉审计工作底稿的格式与基本要素；
4. 掌握审计工作底稿的归档及保管期限。

【导入案例】

福森公司的"轿车之谜"

2015年5月25日，武汉市审计局委托长江会计师事务所对武汉市福森公司进行审计。经过深入检查，审计小组查出了该公司存在的多提职工教育经费、多列福利、多上交管理费和违控购置等问题，并发现经常停放在公司办公楼前的一辆"特利卡"牌轿车没有在账上反映。

针对没有入账的"特利卡"牌轿车这一问题，审计小组在公司内部进行了广泛的座谈，关于轿车的来源有两种说法：一种说法是2014年10月份购买的。可该公司近几年连续亏损，且从2014年开始有银行对其资金运营进行监管，其大额开支必须经过银行同意，不可能有那么多资金用于购车。另一种说法是抵债收回来的。审计小组不仅看到了一份由甲单位出具的"抵债协议书"，而且得到公司领导和财会人员的一致解释——车刚收回，没来得及入账。后一种说法似乎更有说服力。

为了破解这个"轿车之谜"，审计小组决定兵分两路：一路到市车辆证照登记管理部门查询该车的证照手续办理情况；另一路则直奔甲单位查询有关抵债的情况。

到市车辆证照登记管理部门的注册会计师查出购车发票，并从中获知车是武汉市某公司出售的初步证据；对甲单位查询的注册会计师，虽说起初被甲单位推说财会人员不在所抵制，但最后还是被注册会计师说服，甲单位承认了与该公司签订假抵债协议书的实情。据此，审计小组立即派人前往出售车的武汉某公司查询，了解到购车款是通过中国人民银行武汉某储蓄所名为"伊安叁"账户以转账支票方式支付的，金额为138万元。经查询该银行账户，审计小组发现户主正是该公司，显然，车是买的，不是抵债收回的。

谜底被揭穿后，该公司领导和财会人员不得不说出购车款的来源。2013年，该公司主管部门负责人授意将该公司历年收取的商品销售价外收入1 000多万元设立“小金库”，因而涉嫌经济犯罪。市纪检司法部门对其进行了立案查处，在处理1 000多万元“小金库”时，该公司称其中有138万元是职工集资款，并出示收取和退还职工集资款的有关手续凭证，专案组也就剔除了其中的138万元。哪知该公司原收取的职工集资款已汇入账内“长期借款”户，并未纳入“小金库”收入，在用原“小金库”资金退还职工集资款138万元后，其账内仍以职工集资款名义虚列着138万元的债务，直到2014年该公司以为“调包”成功，才将这笔款转入中国人民银行武汉某储蓄所，开设了“伊安叁”账户，在账外又形成了一个新的“小金库”。至此，注册会计师彻底破解了这桩“轿车之谜”。

思考题：本案采用了哪些取证方法？起到了什么作用？给你的启示是什么？

第一节 审计证据

一、审计证据的含义

审计证据是指注册会计师为了得出审计结论、形成审计意见而使用的所有信息，包括财务报表依据的会计记录中含有的信息和其他信息。

依据会计记录编制财务报表是被审计单位管理层的责任，注册会计师应当测试会计记录以获取审计证据。财务报表依据的会计记录一般包括对初始分录的记录和支持性记录，如支票、电子资金转账记录、发票、合同、总账、明细账、记账凭证和未在记账凭证中反映的对财务报表的其他调整，以及支持成本分配、计算、调节和披露的手工计算表和电子数据表。上述会计记录是编制财务报表的基础，构成注册会计师执行财务报表审计业务所需获取的审计证据的重要部分。

会计记录中含有的信息本身并不足以提供充分的审计证据作为对财务报表发表审计意见的基础，注册会计师还应当获取用作审计证据的其他信息。可用作审计证据的其他信息包括注册会计师从被审计单位内部或外部获取的除会计记录以外的信息，如被审计单位会议记录、内部控制手册、询证函的回函、分析师的报告、与竞争者的比较数据等；通过询问、观察和检查等审计程序获取的信息，如通过检查存货获取其存在性的证据等；以及自身编制或获取的可以通过合理推断得出结论的信息，如注册会计师编制的各种计算表、分析表等。

财务报表依据的会计记录中包含的信息和其他信息共同构成了审计证据，两者缺一不可。如果没有前者，审计工作将无法进行；如果没有后者，可能无法识别重大错报风险。只有将两者结合在一起，才能将审计风险降至可接受的低水平，为注册会计师发表审计意见提供合理基础。

二、审计证据的分类

审计证据分类的目的，在于找出更合理、更有效、更具有证明力的证据，以达到较好的证明效果，从而有利于审计工作的顺利完成。审计证据按照不同的标准，可以进行多种分类。

（一）按审计证据的表现形态分类

按审计证据的表现形态分类，可以分为实物证据、书面证据、口头证据和环境证据。

(1)实物证据。实物证据是指以实物的外部特征和内含性能来证明事物真相的各种财产物资。实物证据主要用以查明实物存在的实在性、数量和计价的正确性，如现金、存货、固定资产、在建工程等。实物证据的存在本身就具有很大的可靠性，所以实物证据具有较强的证明力。但应防止伪造和混淆实物证据，如核实物资的所有权是否转移，有无外单位寄存的材料、产品等物资，以及有无经营租入的固定资产等情况。

(2)书面证据。书面证据是以文字记载的内容来证明被审计事项的各种书面资料，如有关被审计事项的会计凭证、会计账簿和财务报表以及各种会议记录和合同，等等。审计工作过程中，收集最多的就是书面证据。书面证据的来源比较广泛，有由被审计单位以外的单位所提供，且直接送交审计人员的书面证据，如询证函；由被审计单位以外的单位提供，但为被审计单位所持有的书面证据，如银行对账单；被审计单位自行编制并持有的书面证据，如工资发放表、会计记录、被审计单位声明书、专家提供的书面证据等。对这些书面证据，需要进行整理归类，其效用也需要进一步证实。

(3)口头证据。口头证据是指以视听资料，证人证词，有关人员的陈述、意见、说明和答复等形式存在的审计证据。它是以知情人陈述的事实来证明审计事项的真相。一般情况下，口头证据本身并不足以证明事物的真相，但审计人员往往通过口头证据发掘出一些重要线索，从而有利于对某些稽核的情况作进一步的调查，以收集到其他更为可靠的证据。

(4)环境证据。环境证据是指对审计事项产生影响的各种环境事实。如当审计人员获知被审计单位有着良好的内部控制系统，并且日常经营管理又一贯严格遵守各项规定时，就可认为被审计单位现行的内部控制系统为财务报表项目的真实性提供了强有力的环境证据，环境证据一般不属于主要的审计证据，但它有助于审计人员了解被审计单位、被审计事项所处的环境，是进行判断所必须掌握的资料。

(二)按审计证据的相关程度分类

按审计证据的相关程度分类，可以分为直接证据和间接证据。

(1)直接证据。直接证据是指对审计事项具有直接证明力，能单独、直接地证明审计事项真相的资料和事实。如在审计人员亲自监督实物和现金盘点情况下对盘点实物和现金的记录，就是证明实物和现金实存数的直接证据。审计人员有了直接证据，无须再收集其他证据，就能根据直接证据得出审计事项的结论。

(2)间接证据。间接证据又称旁证，是指对审计事项只起间接证明作用，需要与其他证据结合起来，经过分析、判断、核实才能证明审计事项真相的资料和事实。就应收账款而言，应收账款是与销售收入相关的资料，所以应收账款是对销售收入公允性证明的间接证据。

在审计工作中，单凭直接证据就能直接影响审计人员的意见和结论的情况并不多见。一般情况下，在直接证据以外，往往需要一系列的间接证据才能对审计事项作出完整的结论。当然，直接和间接是相对的，仍以凭证为例，凭证对于财务报表是间接证据，而对于会计账簿则是直接证据。

(三)按获取审计证据的来源分类

按获取审计证据的来源分类，可以分为自然证据和加工证据。

(1)自然证据。自然证据是指审计人员在其审计过程中随时可以获得的不需要加工的资料和事实。自然证据既可以从被审计单位内部获得，如被审计单位的会计凭证、会计账簿、财务报表和记录等，又可以从被审计单位以外的单位或个人获得，如向外询证的答复资料和购货发票等。

(2)加工证据。加工证据是指审计人员在审计过程中亲自对书面证据、实物证据等进行分析、整理、归类和制作所形成的较系统和明晰的资料,如会计分录调整表等。加工证据的可靠性和证明力比较强,也无须再作过多的检查和验证。但是,加工证据也不可避免地存在着人为的不确定性,证据的质量主要取决于审计人员的业务水平和判断能力。

审计人员在审计过程中可以得到许多自然证据,但往往不足以使其对一定的审计事项作出判断并提出意见。在这种情况下,审计人员设法形成更多的加工证据,以对审计事项作出判断,避免使审计意见由于缺乏足够的证据而失去公允性。这类证据不是由企业或外单位提供的,而是审计人员自己工作的结果,所以称为加工证据,包括审计差异调整表、内部控制调查表等。

(四)按审计证据的重要性分类

按审计证据的重要性进行分类,可以分为基本证据、辅助证据和矛盾证据。

(1)基本证据。基本证据是指对审计人员形成审计意见、作出审计结论具有直接影响的审计证据。如证明被审计单位财务状况好坏时,被审计单位的财务报表、会计账簿等就是基本证据。审计人员如果离开了基本证据,就无法提出审计意见和作出审计结论。

(2)辅助证据。辅助证据是作为基本证据的一种必要补充,补充说明基本证据的证据。如要证明账簿记录的真实性,各种记账凭证是基本证据。而附在记账凭证后面的各种原始凭证,是编制记账凭证的依据,它们补充说明记账凭证来证明账簿的真实性,因而它们是辅助证据。

(3)矛盾证据。矛盾证据是指证明的方向与基本证据相反,或证明的内容与基本证据不一致的证据。如被审计单位财务报表上的"固定资产"是10亿元,而会计账簿上的"固定资产"只有9亿元,那么"固定资产"会计账簿就是财务报表的矛盾证据。遇有矛盾证据,审计人员必须进一步收集审计证据,并加以深入分析和鉴定,以肯定或否定证据间的矛盾。

三、审计证据的特征

审计工作主要围绕审计证据进行,注册会计师在收集、整理审计证据时,需要保证审计证据有足够的数量、足够的可信度,即审计证据必须具备充分性和适当性的特征。

(一)审计证据的充分性

审计证据必须有足够的数量支持注册会计师得出审计结论,因此又被称为"足够性"。审计证据的充分性是对审计证据数量的衡量,主要与注册会计师确定的样本量有关。例如,对某个审计项目实施某一选定的审计程序,从200个样本中获取的证据要比从100个样本中获取的证据更充分。

注册会计师需要获取的审计证据的数量受错报风险的影响。错报风险越大,需要的审计证据可能越多。例如,注册会计师对某生产手机的公司进行审计,经过分析认为,受被审计单位行业性质的影响,存货陈旧的可能性相当高,存货计价的错报可能性就比较大。为此,注册会计师在审计中就要选取更多的存货样本进行测试,以确定存货陈旧的程度,从而确认存货的价值是否被高估。

(二)审计证据的适当性

审计证据的适当性是对审计证据质量上的衡量,即审计证据在支持各类交易、账户余额、列报(包括披露)的相关认定,或发现其中存在错报方面具有相关性和可靠性。相关性和可靠性是审计证据适当性的核心内容,只有相关且可靠的审计证据才是高质量的。

1. 审计证据的相关性

审计证据要有证明力，必须与注册会计师的审计目标相关。注册会计师应尽可能地选择那些能直接证明客观经济活动的资料，比如能够证明财产货物存在（证实相符）的监盘记录单，但是如果证明该项资产的所有权，相关性就很弱，还需要进一步审查进货合同、进库单。事实上，存货监盘的结果并不与存货价值和归谁所有直接相关，监盘的结果仅仅能证明存货是否存在，是否有毁损及短缺（仅此影响存货价值），而存货的全部价值和归谁所有必须通过计算、函证、分析性复核等审计程序来认定，即通过存货购进、发出、成本结转、销售、盘存、损毁、核销等计价审计程序及针对所有权归属的付款、往来账款的函证、复核等审计方法才能确定存货的全部价值及所有权。

审计证据是否相关必须结合具体审计目标来考虑。在确定审计证据的相关性时，注册会计师应当考虑以下三个方面：

(1)特定的审计程序可能只为某些认定提供相关的审计证据，而与其他认定无关。例如，检查期后应收账款收回的记录文件可以提供有关存货和计价的审计证据，但是不一定与期末截止是否适当相关。

(2)针对同一项认定可以从不同来源获取审计证据或获取不同性质的审计证据。例如，注册会计师可以分析应收账款的账龄和应收账款的期后收款情况，以获取与坏账准备计价有关的审计证据。

(3)只与特定认定相关的审计证据并不能替代与其他认定相关的审计证据。例如，有关存货实物存在的审计证据并不能替代与存货计价相关的审计证据。

2. 审计证据的可靠性

审计证据的可靠性是指证据的可信程度。例如，注册会计师亲自检查存货所获得的证据，就比被审计单位管理层提供给注册会计师的存货数据更可靠。

审计证据的可靠性受其来源和性质的影响，并取决于获取审计证据的具体环境。注册会计师在判断审计证据的可靠性时，通常会考虑以下原则：

(1)从外部独立来源获取的审计证据比其他来源获取的审计证据更可靠。从外部独立来源获取的审计证据由完全独立于被审计单位以外的机构或人士编制并提供，未经被审计单位有关职员之手，从而减少了伪造、更改凭证或业务记录的可能性，因而其证明力最强。此类证据包括银行询证函回函、应收账款询证函回函、保险公司等机构出具的证明等。相反，从其他来源获取的审计证据，由于证据提供者与被审计单位存在经济或行政关系等原因，因而其可靠性应受到质疑。此类证据包括被审计单位内部的会计记录、会议记录等。

(2)内部控制有效时内部生成的审计证据比内部控制薄弱时内部生成的审计证据更可靠。如果被审计单位内部控制健全且在日常管理中得到一贯执行，会计记录的可信赖程度将会增加。如果被审计单位的内部控制薄弱，甚至不存在任何内部控制，被审计单位内部凭证记录的可靠性就大为降低。例如，如果与销售业务相关的内部控制有效，注册会计师就能从销售发票和发货单中取得比内部控制不健全时更加可靠的审计证据。

(3)直接获取的审计证据比间接获取或推论得出的审计证据更可靠。例如，注册会计师观察某项控制的运行得到的证据比询问被审计单位某项内部控制的运行得到的证据更可靠。间接获取的证据有可能被涂改或伪造，降低了可信赖程度。推论得出的审计证据，其主观性较强，人为因素较多，可信赖程度也受到影响。

(4)以文件记录形式（无论是纸质、电子还是其他介质）存在的审计证据比口头形式的审计证据更可靠。例如，会议的同步书面记录比对讨论事项事后的口头表述更可靠。口头证据本身并不足以证明事实的真相,但可提供一些重要线索,为进一步调查确认所用。例如,注册会计师在对应收账款进行账龄分析后,可以向应收账款负责人询问逾期应收账款收回的可能性。如果该负责人的意见与注册会计师自行估计的坏账损失基本一致,则这一口头证据就可成为证实注册会计师对有关坏账损失的判断的重要证据。但在一般情况下,口头证据往往需要得到其他相应证据的支持。

(5)从原件获取的审计证据比从传真或复印件获取的审计证据更可靠。注册会计师可审查原件是否有被涂改或伪造的迹象,排除伪证,提高证据的可信赖程度。而传真件或复印件容易被编造或伪造,可靠性较低。

注册会计师在按照上述原则评价审计证据的可靠性时,还应当注意可能出现的重要例外情况。例如,审计证据虽是从独立的外部来源获得的,但如果该证据是由不知情者或不具备资格者提供的,审计证据也可能是不可靠的。同样,如果注册会计师不具备评价证据的专业能力,那么即使是直接获取的证据,也可能不可靠。例如,如果注册会计师无法区分人造玉石与天然玉石,那么他对天然玉石存货的检查就不可能提供有关天然玉石是否实际存在的可靠证据。

(三)审计证据适当性与充分性的关系

充分性和适当性是审计证据的两个重要特征,缺一不可,只有充分且适当的审计证据才是具有证明力的。

充分的审计数量有助于筛选审计证据,提高审计证据的质量,保证其适当性。同时,注册会计师需要获取的审计证据的数量也受审计证据质量的影响。审计证据质量越高,需要的审计证据可能越少。也就是说,审计证据的适当性会影响审计证据的充分性。

需要注意的是,尽管审计证据的充分性与适当性相关,但如果审计证据的质量存在缺陷,注册会计师即使获取再多的审计证据也可能无法弥补其质量上的缺陷。例如,注册会计师应当获取与销售收入完整性相关的证据,实际获取到的却是有关销售收入真实性的证据,审计证据与完整性目标不相关,即使获取的证据再多,也证明不了收入的完整性。同样地,如果注册会计师获取的证据不可靠,那么证据数量再多也难以起到证明作用。

(四)评价充分性和适当性时的特殊考虑

1. 对文件记录可靠性的考虑

审计工作通常不涉及鉴定文件记录的真伪,注册会计师也不是鉴定文件记录真伪的专家,但应当考虑用作审计证据信息的可靠性,并考虑与这些信息生成和维护相关的控制的有效性。如果在审计过程中识别出的情况使注册会计师认为文件记录可能是伪造的,或文件记录中的某些条款已发生变动,注册会计师应当做出进一步调查,包括直接向第三方询证,或考虑利用专家的工作以评价文件记录的真伪。例如,如发现某银行询证函回函有伪造或篡改的迹象,注册会计师应当做进一步的调查,并考虑是否存在舞弊的可能性。必要时,应当通过适当方式聘请专家予以鉴定。

2. 使用被审计单位生成信息时的考虑

如果在实施审计程序时使用被审计单位生成的信息,注册会计师应当获取这些信息的准确性和完整性的审计证据。例如,在审计收入项目时,注册会计师应当考虑价格信息的准确性以及销售数量的完整性和准确性。在某些情况下,注册会计师可能需要确定实施额外的审计程序,如利用计算机辅助审计技术来重新计算这些信息,测试与信息生成有关的控制等。

3. 证据相互矛盾时的考虑

如果针对某项认定从不同来源获取的审计证据或获取的不同性质的审计证据能够相互印证，与该项认定相关的审计证据则具有更强的说服力。例如，注册会计师通过检查委托加工协议发现被审计单位有委托加工材料，且委托加工材料占存货的比重较大，经发函询证后证实委托加工材料确实存在。委托加工协议和询证函回函这两个不同来源的审计证据互相印证，证明委托加工材料真实存在。如果从不同来源获取的审计证据或获取的不同性质的审计证据不一致，表明某项审计证据可能不可靠，注册会计师应当追加必要的审计程序。上例中，如果注册会计师发函询证后证实委托加工材料已加工完成并返回被审计单位。委托加工协议和询证函回函这两个不同来源的证据不一致，委托加工材料是否真实存在受到质疑。这时，注册会计师应追加审计程序，确认委托加工材料收回后是否未入库或被审计单位收回后予以销售而未入账。

4. 获取审计证据时对成本的考虑

注册会计师可以考虑获取审计证据的成本与所获取信息的有用性之间的关系，但不应以获取审计证据的困难和成本为由减少不可替代的审计程序。在保证获取充分、适当的审计证据的前提下，控制审计成本也是会计师事务所增强竞争能力和获利能力所必需的。但为了保证得出的审计结论、形成的审计意见是恰当的，注册会计师不应将获取审计证据的成本高低和难易程度作为减少不可替代的审计程序的理由。例如，在某些情况下，存货监盘是证实存货存在性认定的不可替代的审计程序，注册会计师在审计中不得以检查成本高和难以实施为由而不执行该程序。

第二节 获取审计证据的方法

审计的主要工作是通过实地审查来收集和整理审计证据，以此作为审计人员对被审计单位财务报表发表审计意见的基础。因此，获取审计证据是审计工作的核心，也是考核审计工作质量的重要环节，关系到审计工作的成败。获取审计证据的方法有很多，有的教材也把其称作审计程序。

一、审计取证的基本方法

审计取证的基本方法是指与取证的顺序和范围有关的方法。这些方法不是直接的取证方法。

(一)按审计取证顺序与账务处理程序的关系划分

1. 顺查法

顺查法是指注册会计师按照交易或事项发生的会计处理程序依次检查的方法。这种方法实际上是按照会计轨迹进行检查的一种方法，依次对证、账、表各个环节进行检查核对。

顺查法的优点：审计过程全面细致，容易充分揭露会计工作中的遗漏及错弊事项，因此，审计质量较高；同时由于方法简单，易于掌握。

顺查法的缺点：事无巨细，重点不突出，费时、费力且成本高，工作量大，不利于提高审计工作效率。

顺查法一般适用于业务规模小、会计资料少、存在问题较多的被审计单位以及专项检查。

2. 逆查法

逆查法是指注册会计师按照交易或事项发生的会计处理程序反向检查的一种方法。在这种方法下，注册会计师首先分析检查财务报表，发现疑点，确定重点审计问题和重点审计领域。其次，追查至相关的日记账、明细账和总账，通过账账、账实的检查核对，进一步确定需要检查的记账凭证。最后，核对记账凭证直至原始凭证，查明问题的原因和过程。

逆查法的优点：从被审计对象的总体上把握重点，在发现问题的基础上明确主攻方向，因而目的性、针对性比较强。由于突出重点，因而可以节省人力和时间，提高审计工作效率。

逆查法的缺点：由于运用逆查法一般不要求对被审计对象进行全面的详细审查，仅根据注册会计师的判断确定重点审计问题，因而审计取证的范围有限，可能遗漏重要错弊事项。此外，在技术上逆查法比顺查法要复杂，掌握起来难度较大。

逆查法一般适用于业务规模大、内部控制系统比较健全、管理基础较好的被审计单位。

（二）按照审查交易或事项和会计资料范围的大小划分

1. 详查法

详查法是指注册会计师对被审计单位的某类交易或事项和会计资料的全部内容毫无遗漏地进行全面详细审查的方法。在审计发展的早期，采用的就是详查法，这种审计又称为详细审计。详查法不同于全部审计。详查法是一种审计方法，它是相对于抽查法而言的。全部审计是审计的一种类别，是按审计范围大小不同对审计进行的一种分类，它是相对于局部审计而言的。全部审计可采用详查法，也可采用抽查法。如为证实资产的真实、完整，对现金盘点必须采用详查法；而对存货的盘点可采取抽查法，具体视被审计单位和审计对象而定。

详查法的优点：可以有效地查出会计资料中存在的各种差错，不易遗漏，一般能够收集到说明被审计对象的完整证据，使审计质量有可靠的保证。

详查法的缺点：要审计全部凭证、账簿、报表及其他资料，因而必须安排足够的人员和时间才能完成审计任务，工作量大，费时、费力，审计成本相对较高。

详查法一般适用于交易或事项比较简单的被审计单位。如被审计单位内部控制比较混乱，且可能存在重大违法行为或为揭露重大问题而进行的专案审查，可考虑采用详查法。

2. 抽查法

抽查法是指注册会计师对被审计单位的部分交易或事项和会计资料进行检查，并根据检查结果推断总体特征的方法。

抽查法不同于局部审计。抽查法作为一种审计方法，它是相对于详查法而言的。局部审计作为审计类别的一种，是按审计范围大小不同对审计进行的一种分类，它是相对于全部审计而言的。局部审计不一定采用抽查法，对局部审计中的某些事项可以采用抽查法，也可以采用详查法。

抽查法的优点：简便易行，省时省力，效率高，费用低。

抽查法的缺点：由于抽查法是以部分资料的检查结果去推断总体特征，因而有可能对审计质量产生影响，尤其是对那些发生频率不高的错弊行为，该方法的适用有一定的局限性。

抽查法适用于规模较大、经济业务多、内部控制健全有效和会计基础工作较好且组织机构比较健全的企业。

二、获取审计证据的具体方法

注册会计师在审计过程中可以根据需要单独或综合应用以下方法获取充分、适当的审计证据。

(一)检查记录或文件

检查记录或文件是指注册会计师对被审计单位内部或外部生成的,以纸质、电子或其他介质形式存在的记录或文件进行审查。这是审计工作中常用的一种取证方法。注册会计师在审阅记录和文件时,应注意其是否真实、合法。具体来讲,检查主要采用审阅法和核对法。

1. 审阅法

审阅法是指仔细地审查和翻阅凭证、账簿和报表以及计划、预算、决策方案、合同等书面资料,借以查明资料及经济业务的公允性、正确性、合法性、合规性,从中发现错弊或疑点,收集书面证据的一种审查方法。审阅法主要是审阅会计凭证、会计账簿和财务报表。

对原始凭证的审阅,主要看原始凭证上反映的经济业务是否符合规定,还要看凭证上记载的抬头、日期、数量、单价、金额等方面的字迹是否清晰、数字是否相符。如有不符合规定的情况或有涂改字迹、数字的情况,就有可能存在舞弊行为。除此之外,还要审阅原始凭证的单位名称、地址和图章,审查凭证的各项手续是否完备。

对记账凭证的审阅,主要审阅记账凭证是否附有合法的原始凭证;记账凭证的记载是否符合会计制度的规定,是否依据会计原理,所记账户名称和会计分录是否正确,有无错用账户或错记方向的情况。

对账簿的审阅,主要是审阅明细记录的内容是否真实、正确,其账户对应关系是否正确、合理,有无错误或舞弊,特别是注意审阅应收应付账款、材料成本差异、预提费用、待摊费用、管理费用、制造费用、销售费用、财务费用等容易掩盖错弊和经常反映会计转账事项的账簿。

对财务报表的审阅,主要是审阅报表项目是否按制度规定编制,其对应关系是否正确,有关合计数是否相符,并按各报表之间有关项目的勾稽关系核对相关的数据是否一致,审阅各项目是否合理、合规、合法,有无违反财经纪律的现象、有无异常变化现象。除此之外,对计划资料、合同和其他有关经济资料也应审阅,以便掌握情况,发现问题,获取证据。

在实际工作中,可以把审阅法与核对法结合起来加以运用。

2. 核对法

核对法是指对凭证、账簿和报表等书面资料之间的有关数据进行相互对照检查,借以查明证证、账证、账账、账表、表表之间是否相符,从而取得有无错弊的书面证据的一种复核查对的方法。在审查会计资料时,一般要做以下工作:

(1)核对原始凭证的数量、单价、金额和合计数是否正确无误。

(2)核对记账凭证与其所附原始凭证是否相符,原始凭证的合计数与记账凭证的合计数是否相符,原始凭证的张数与金额是否相符。

(3)核对记账凭证是否已记入有关明细账和总账。

(4)核对各明细账户的余额合计数与总账中有关账户的余额是否相符。

(5)核对总账各账户的期初余额、本期发生额和期末余额的计算是否正确,各账户的借方余额合计与贷方余额合计是否平衡。

(6)核对财务报表的数字是否与总账余额或明细账余额相符。

(7)核对银行对账单、客户往来清单等外来对账单是否与本单位有关账项的记载相符。

(8)核对资产负债表、利润表、现金流量表和所有者权益变动表的数字计算是否正确无误。

(9)核对资产负债表、利润表、现金流量表、所有者权益变动表之间的相关数字是否相符。

(10)核对账卡上所反映的实物余额是否与实际存在的实物数额相符。

通过上述详细核对,可以发现会计资料中存在的差错和问题,然后再进一步分析其性质。

有的可能是一般工作的差错，有的则可能是违法乱纪行为，应依据问题的性质及其严重程度进行处理。

(二)检查有形资产

检查有形资产也称盘点法或监盘，是指注册会计师对资产实物进行的审查，主要是通过现场监督被审计单位各种实物资产及现金、有价证券等的盘点，并进行适当的抽查。

1. 盘点法

盘点可分为直接盘点和监督盘点、突击盘点和通知盘点等。

(1)直接盘点和监督盘点。直接盘点是指由注册会计师到现场亲自盘点，证实书面资料同有关财产物资是否相符。如果相符，可以认定书面资料如实地反映了企业的财产状况。盘点以前，应先审查有关账目的记录是否正确，然后才可进行盘点。盘点时，应有被审计单位的经管人员在场，做好盘点记录，并由被审计单位的经管人员及注册会计师签字盖章。一般对于数量较小的贵重财产物资可用直接盘点。监督盘点是指由注册会计师参加被审计单位的财产盘点，但并不亲自动手，而是在一旁监督。对库存现金、有价证券等，注册会计师通常不采用直接盘点，而采用监督盘点。

(2)突击盘点和通知盘点。突击盘点是指注册会计师在事先不通知被审计单位有关人员的情况下突击组织盘点工作。突击盘点有利于发现盘点对象在一般情况下的状况。突击盘点一般可用于库存现金、有价证券、贵重物资的检查。通知盘点是指注册会计师在预先通知被审计单位有关人员的情况下组织盘点工作。财务报表审计主要是确定账实的一致性，因而在盘点时多采用通知盘点，让被审计单位做好准备工作。

【例 5—1】 注册会计师 A 负责对甲公司 2015 年度财务报表进行审计。在对甲公司 2015 年 12 月 31 日的存货进行监盘时，发现部分存货的财务明细账、仓库明细账、实物监盘三者的数量不一致，相关资料如表 5—1 所示。

表 5—1　　甲公司 2015 年 12 月 31 日存货监盘情况

序号	存货名称	财务明细账数量	仓库明细账数量	实物监盘数量
1	a 产品	35 套	30 套	30 套
2	b 产品	27 套	25 套	27 套
3	c 材料	1 600 千克	1 600 千克	1 700 千克
4	d 材料	1 200 千克	1 200 千克	1 000 千克

要求：(1)根据监盘结果，假定不考虑舞弊以及财务明细账串户登记、仓库明细账串户登记的情况，逐项分析存货数量差异可能存在的主要原因。

(2)针对存货的财务明细账数量与实物监盘数量不一致情况，简要说明应该实施哪些必要的审计程序。

【解答】(1)产生存货数量差异可能存在的主要原因是：

①对于 a 产品，产生的差异可能是财务部门少记已经发出的存货；

②对于 b 产品，产生的差异可能是入库时仓库少记，出库时仓库多记；

③对于 c 材料，产生的差异可能是外单位委托代销存货或已经销售存货未发出；

④对于 d 材料，产生的差异可能是存货部分损耗或存货已经委托外单位销售。

(2)注册会计师应当查明原因，实施包括函证、检查出库单和入库单等程序，并建议被审计单位调整报表，做到账实相符。

2. 调节法

调节法是指注册会计师在检查某一账项时，为了验证其数据资料的真实正确性而对其进行调节的方法，一般运用于银行存款的余额审计和各种实物资产截止日实存量的确定。由于实际审计工作中，审计的目标是要验证财务报表截止日的账簿、报表记录的正确性，通过盘点取得的实物证据，形式可靠、来源可靠，成为审计准则规定的、必需的审计方法。由于种种因素的限制，注册会计师的盘点可能安排在报表截止日之前或之后进行，这就需要将盘点得到的实存量调节为报表截止日的实存量，从而进一步验证截止日账簿记录结果的正确性。

(1)盘点日在被查日(截止日)之后

被查日存量＝盘点日存量＋被查日至盘点日发出量－被查日至盘点日收入量

(2)盘点日在被查日(截止日)之前

被查日存量＝盘点日存量＋被查日至盘点日收入量－被查日至盘点日发出量

需要注意的是，为了使调节计算的结果具有与注册会计师盘点得到的实物证据相同的证明力，注册会计师在计算前必须实施亲自或监督盘点，对被查日至盘点日收入量、发出量采取一定方法确认后，才能通过上述公式计算求得被查日的实存量，以此验证账簿记录的正确性。

【例5－2】 2015年1月10日，注册会计师对被审计单位存货进行检查。经查发现该企业2014年12月31日甲材料账面结存5 000件，2015年1月10日盘点结存4 800件。2015年1月10日购进入库2 000件，生产领用出库1 500件。

要求：被审计单位2014年12月31日实际库存甲材料的实存数应为多少？

【解答】被审计单位2014年12月31日实际库存甲材料的实存数应为：

结账日存量＝盘点日存量＋结账日至盘点日发出量－结账日至盘点日收入量

＝4 800＋1 500－2 000＝4 300(件)

即2014年12月31日实际库存应为4 300件，而账面库存5 000件，说明账实不符，企业多计库存700件，应进一步查明原因并说明其对财务报表的影响程度。

(三)观察

观察是指注册会计师察看被审计单位相关人员正在从事的活动或执行的程序，以获取证据的方法，如实地观察被审计单位的经营场所、实物资产和有关业务活动及其内部控制的执行情况等。观察提供的审计证据仅限于观察发生的时点，并且在相关人员已知被观察时，其从事的活动或执行的程序可能与日常做法不同，从而影响注册会计师对真实情况的了解。

例如，注册会计师审查某企业的固定资产，通过盘点发现账实不符。后在观察企业环境时，发现有一新建职工俱乐部大楼，注册会计师回忆和再次审阅固定资产明细分类账，并无新建或增加业务，属于账外资产。经查询有关人员得知，俱乐部大楼是以该企业管理费用项下的修理费用列支的。这样运用观察取证的方法，发现账外固定资产以及管理费用开支不实的问题，从而取得了实地观察证据，认定固定资产少计、管理费用多计、混淆资本性支出和收益性支出的错误。

(四)询问

询问是指注册会计师以书面或口头方式，向被审计单位内部或外部的知情人员获取财务信息和非财务信息，并对答复进行评价的过程。这一程序对注册会计师了解被审计单位的经营活动、发现和分析被审计单位经营活动的例外情况和异常变动特别重要。

（五）函证

函证是指注册会计师为了获取影响财务报表或相关披露认定的项目的信息，通过直接来自第三方对有关信息和现存状况的声明，获取和评价审计证据的过程。函证是应收账款审计时最重要的实质性审计程序，通过函证，可获得客户对被审计单位所报告的应收账款余额的确认。另外，还可向银行发询证函来证实银行存款余额的正确性等。

（六）重新计算

重新计算是指注册会计师以人工方式或使用计算机辅助审计技术，对被审计单位的记录或文件中的数据计算准确性进行核对。注册会计师的计算并不一定按照被审计单位原先的计算形式和顺序进行。在计算过程中，注册会计师不仅要注意计算结果是否正确，而且还要对某些其他可能的差错（如计算结果的过账和转账有误等）予以关注。例如，注册会计师往往要对会计凭证和账簿中的数字进行计算，以验证其是否正确。值得注意的是，通过重新计算证实的证据，其使用范围有一定的局限性，因为输出结果的正确合理性依赖于输入数据的正确合理性，所以要结合考虑数据计量的内容来评价输出结果的正确合理性。

（七）重新执行

重新执行是指注册会计师以人工方式或使用计算机辅助审计技术，对被审计单位内部控制组成部分的程序重新独立执行。例如，注册会计师利用被审计单位的银行存款日记账和银行对账单，重新编制银行存款余额调节表，并与被审计单位编制的银行存款余额调节表进行比较。

（八）分析程序

分析程序是指注册会计师通过研究不同财务数据之间以及财务数据与非财务数据之间的内在关系，对财务信息作出评价。

1. 分析程序的目的

（1）用作风险评估程序，以了解被审计单位及其环境，识别那些可能表明财务报表存在重大错报风险的异常变化，进而评估重大错报风险。

例如，注册会计师根据对被审计单位及其环境的了解，得知本期在生产成本中占较大比重的原材料成本大幅上升。因此，注册会计师预期在销售收入未有较大变化的情况下，由于销售成本的上升，毛利率应下降。但是，注册会计师通过分析程序发现，本期与上期的毛利率变化不大。注册会计师可能据此认为销售成本存在重大错报风险。

（2）用作实质性程序，以收集审计证据，直接识别重大错报风险，从而适当减少细节测试的工作量，节约审计成本，降低审计风险。实质性分析程序通常适用于一段时期内存在稳定的、可预期的大量交易，它不是必须实施的程序，并不适用于所有的财务报表认定。

（3）在审计结束或临近结束时对财务报表进行总体复核，目的是确定财务报表整体是否与其对被审计单位的了解一致。

2. 分析程序可使用的方法

分析程序常用的具体方法有比较分析法、比率分析法、趋势分析法等。

（1）比较分析法。主要是指通过相同项目的本期实际指标与计划指标，或与上期实际指标，或与同类企业的同期指标进行对比分析，揭示其差异，借以检查有无异常或超预期情况。

【例 5－3】 某项审计工作中，注册会计师计算得到客户的有关财务数据，并将其与行业平均数进行比较，如表 5－2 所示。

表 5—2　**客户的相关数据**

指标 \ 数据	客户数据		行业平均数据	
	2014 年	2015 年	2014 年	2015 年
存货周转率	3.4	3.5	3.3	3.9
毛利率(%)	26.3	26.4	26.2	27.3

【分析】 单看客户的财务数据，表明客户的经营状况是相当稳定的，没有任何陷入不良经营状况的迹象。然而，与同行业平均数据比较，该企业的经营状况有所下降，在 2014 年，该公司存货周转率和毛利率好于同行业平均水平，但在 2015 年这种微弱的优势已不复存在。虽然从这两个指标很难判断企业存在严重的经营问题，但通过比较可以给注册会计师提供了解企业经营的有用信息，如企业的市场份额在缩小、产品价格不再具有竞争优势、经营中可能发生非正常成本支出，或者存货项目存在严重的跌价现象。

(2)比率分析法。主要是结合其他有关信息，将同一报表内部或不同报表间的相关项目联系起来，通过计算比率，反映数据之间的关系，用以评价被审计单位的财务信息。

例如，应收账款周转率反映赊销收入与应收账款平均余额之间的比率，这一比率变小，可能说明应收账款回收速度放慢，需要计提更多的坏账准备，也可能说明本期赊销收入与期末应收账款余额存在错报。

当财务报表项目之间的关系稳定并可直接预测时，比率分析法最为适用。

比率分析法所涉及的内容通常可以分为五个方面：流动性（如流动比率、速动比率）；资产营运能力比率（如存货周转率、应收账款周转率）；负债比率（如资产负债率、产权比率）；盈利能力比率（如销售毛利率、营业利润率）；生产能力比率（如原材料成本占收入的比例、人工成本占收入的比例、人均收入、人均成本）。

(3)趋势分析法。主要是通过对比两期或连续数期的财务数据或非财务数据，确定其增减变动的方向、数额或幅度，以掌握有关数据的变动趋势或发现异常的变动，如将本期数据与上期数据进行比较、多个会计期间数据进行比较。

当被审计单位处于经营环境稳定状态时，趋势分析法最为适用；当被审计单位业务经营环境变化较大或会计政策变更较大时，趋势分析法就不适用。

例如，ABC 服装公司 2015 年全年供产销形势很稳定，1～11 月份平均营业额在 120 万元左右，12 月份营业额为 200 万元。12 月份营业额比前 11 个月平均营业额增长 66.67%，在全年供产销形势很稳定的情况下，12 月份营业额的巨幅增长是不正常的，可能存在年底虚增营业收入的问题。

三、审计证据与获取审计证据的方法之间的关系

注册会计师必须通过各种方法检验主要的会计资料，获取充分、适当的审计证据，以便对财务报表发表审计意见。一种方法可以获取多种审计证据，而一种审计证据也可由多种方法获得，两者不是一一对应的关系。因此，在审计证据的收集过程中，要综合考虑多种因素，收集当时条件下最为妥当的审计证据。审计证据的类型与审计取证方法之间的关系如表 5—3 所示。

表 5－3　　审计证据的类型与审计取证方法之间的关系

证据类型＼取证方法	检查记录或文件	检查有形资产	观察	询问	函证	重新计算	重新执行	分析程序
实物证据		√	√					
书面证据	√				√	√		√
口头证据				√				
环境证据			√				√	√

第三节　审计工作底稿

一、审计工作底稿概述

(一)审计工作底稿的概念

审计工作底稿是审计人员对制订的审计计划、实施的审计程序、获取的相关审计证据,以及得出的审计结论所作出的记录,它所反映的内容是从审计计划开始,经过审计实施阶段,一直到审计完成阶段的审计工作轨迹。审计工作底稿可以以纸质、电子或其他介质等形式存在。在实务中,为便于复核,审计人员可以将以电子或其他介质形式存在的审计工作底稿通过打印等方式,转换成纸质形式的审计工作底稿,并与其他纸质形式的审计工作底稿合并归档,同时单独保存这些以电子或其他介质形式存在的审计工作底稿。

审计工作底稿通常包括总体审计策略、具体审计计划、分析表、问题备忘录、重大事项概要、询证函回函、管理层声明书、核对表、有关重大事项的往来信件(包括电子邮件),以及对被审计单位文件记录的摘要或复印件等。此外,审计工作底稿还包括业务约定书、管理建议书、项目组内部或与被审计单位举行的会议记录、与其他人士(如注册会计师、内审人员、律师、专家等)的沟通文件及错报汇总等。但是,审计工作底稿通常不包括已被取代的审计工作底稿的草稿或财务报表的草稿、对不全面或初步思考的记录、存在印刷错误或其他错误而作废的文本,以及重复的文件记录等。由于这些草稿、错误的文本或重复的文件记录不直接构成审计结论和审计意见的支持性证据,因此,审计人员通常无需保留这些记录。

审计工作底稿是审计人员在整个审计过程中形成的全部资料的载体,是审计人员作出审计判断的依据,在一定程度上也能够反映出审计人员工作的基本内容。审计工作底稿形成于审计工作的全过程,从审计人员承接审计业务开始,包括制订审计计划,按照审计程序贯彻、实施审计计划,一直到送出审计报告为止。在此过程中,审计人员可以自己编制、编写审计工作底稿,也可以通过其他方面取得审计工作底稿,但是必须经审计人员审查认可才允许作为自己的工作底稿。例如,会计年度工作更换了审计人员,对于原有审计人员提供的审计资料,应该由审计负责人审核后再作为审计工作底稿。

审计工作底稿的内容必须是真实的,也就是说,除了审计人员自己所做的记录必须是审计工作的真实反映、不得有虚假成分之外,还应该详细审核从外部取得的资料,以便尽可能地保证其真实性。审计工作底稿的内容应该与审计意见紧密相关,按照一般的规律,最终的审计结论应该依赖于审计工作底稿的内容进行职业判断,所以审计工作底稿的全部内容应该围绕着审计计划和审计结论编制。

（二）审计工作底稿的作用

审计工作底稿的作用在一部分人看来是无关紧要的，他们认为有没有审计工作底稿都无所谓，它只不过是审计工作的书面记录。审计工作人员只要将审计工作底稿收集齐全，工作过程记录得科学与否并不重要。其实不然，审计工作底稿在整个审计工作中有非常重要的作用。概括起来，审计工作底稿在整个审计工作中的作用主要表现在以下几个方面：

1. 审计工作底稿是审计质量控制及监督的基础

审计工作底稿可以清晰地映射出全部审计工作的轨迹，因此无论是会计师事务所的合伙人、审计工作负责人，还是其他一些外部监督者，如注册会计师协会对于审计质量进行控制或者监督时，无一不是将审计工作底稿作为最重要的依据。在审计实务中，审计报告在最后定稿之前要由合伙人或者审计工作负责人审查工作底稿，以便对审计工作质量进行控制和监督。可以说，审计工作底稿是评价和考核审计工作人员的专业能力及其工作业绩，并且明确其审计责任的重要依据。审计工作底稿的质量高低直接反映整个审计工作的质量。

2. 审计工作底稿是形成审计意见、做出审计结论的直接依据

在审计工作底稿中汇集的各式各样的审计证据以及审计工作中职业判断的记录是支持审计结论最有力的资料。审计人员在审计工作底稿的制作过程中实际上已经形成或者说初步形成审计意见，因此审计工作底稿对于审计结论的形成起着极为重要的作用。有些人认为，审计证据是形成审计意见的客观依据，审计工作底稿有没有、是否完整并不重要，这种观点是错误的，审计工作底稿是审计证据的载体，同时也是系统化的审计证据的表现形式，在形成审计意见的过程中，审计工作底稿是直接的依据。

3. 审计工作底稿是考核和评价审计人员专业能力及工作业绩的重要依据，也是能否解除审计责任的重要依据

审计人员的责任是按照审计准则的规定，实施必要的审计程序，发表客观、公正的意见，作出审计结论。审计工作底稿应该能够反映审计人员的工作状况和工作业绩，反映审计人员执行审计工作程序的实际情况，反映其工作态度和工作水平，同时也可以作为解除审计人员审计责任的重要依据。

4. 审计工作底稿是解决因为更换审计人员而需要衔接不同会计期间、不同审计人员的重要参考资料

由于种种原因，同一个被审计单位可能在不同的会计期间会有不同的审计人员，这样就可能因为新来的审计人员不熟悉情况，加大了审计工作量。有了审计工作底稿就可以大大节省审计工作时间，保持审计工作的连续性。因此可以说，科学编制的审计工作底稿往往是后续审计可以借鉴的、极为重要的参考资料。

（三）审计工作底稿的种类

审计工作底稿的种类划分涉及如何选择分类标志，对审计工作底稿进行何种分类的问题。这个问题比较复杂，到目前为止在审计实务界和理论界都还没有达成共识。例如，从审计工作底稿编制形成的过程来看，审计工作底稿可以由审计人员自己编制形成，也可以由被审计单位或者其他方面提供。通过审计人员自己编制形成的审计工作底稿，可以分成在审计计划阶段编制的工作底稿、在审计实施阶段编制的工作底稿以及在审计报告阶段编制的工作底稿三类。但是，由于三个阶段并不是绝对的，有些资料可能涉及几个不同的阶段，这种分类往往界限不好划分。通过被审计单位和其他方面取得工作底稿，应该经过审计人员的审核，注明其来源并

且作出相应的记录才能归档。除了这种分类外，按照中国注册会计师审计准则，对每项具体审计业务，注册会计师应当将审计工作底稿归整为审计档案，因此，还可以对审计工作底稿按照保管要求进行分类，将其划分为永久性档案和当期档案。这一分类主要是基于具体实务中对审计档案使用的时间而划分的。

1. 永久性档案

永久性档案是指那些记录内容相对稳定、具有长期使用价值，并对以后审计工作具有重要影响和直接作用的审计档案，主要包括以下内容：

(1)审计项目管理。例如，被审计单位地址、主要联系人、职位、电话；参与项目的其他审计人员或专家的姓名和地址；审计业务约定书原件；各期审计档案清单（如对各期财务报表审计业务，记录共有几本审计档案、存档地点等）等。

(2)被审计单位背景资料。例如，组织结构、各投资方简介、管理层和财务人员（名单、职责）、董事会成员清单、历史发展资料、业务介绍、关联方资料、会计手册、员工福利政策等。

(3)法律事项资料。例如，有关设立、经营的文件的复印件（如公司章程、批准证书、营业执照、税务登记证等），验资报告，历次董事会会议记录，影响财务报表的重要合同、协议等文件的复印件（如所得税减免批准证明、银行借款合同和担保协议等），有关土地、建筑物、厂房和设备等资产文件的复印件（如资产评估报告、土地使用权证、房产证等），分支机构的资料，所投资企业的资料等。

2. 当期档案

当期档案是指那些记录内容经常变化、主要供当期审计使用和下期审计使用的审计档案，具体包括以下内容：

(1)沟通和报告相关工作底稿，包括审计报告和经审计的财务报表、与主审注册会计师的沟通和报告、与治理层的沟通和报告、与管理层的沟通和报告、管理建议书等。

(2)审计完成阶段工作底稿，包括审计工作完成核对表、管理层声明书原件、重大事项概要、错报汇总、被审计单位财务报表和试算平衡表、有关列报的工作底稿（如现金流量表、关联方和关联交易的披露等）、财务报表所属期间的董事会会议纪要、总结会会议纪要等。

(3)审计计划阶段工作底稿，包括总体审计策略和具体审计计划、对内部审计职能的评价、对外部专家的评价、对服务机构的评价、被审计单位提交资料清单、主审人员的指示、前期审计报告和经审计的财务报表、预备会会议纪要等。

(4)其他工作底稿，包括特定项目审计程序表，如舞弊、持续经营、对法律法规的考虑、关联方等；进一步审计程序工作底稿，包括有关控制测试工作底稿、有关实质性测试工作底稿；合并财务报表的工作底稿等。

二、审计工作底稿的内容与复核

(一)审计工作底稿的基本内容

在审计工作实务中，社会审计组织、政府审计机关和内部审计机构各自使用自己的审计工作底稿，因此审计工作底稿的形式多种多样。但是，不管审计工作底稿的表现形式如何，通常要包括下列全部或部分要素：

1. 被审计单位名称

审计人员应当在审计工作底稿上注明被审计单位的全称，并且该名称应当是审计期间被审计单位对外公开使用的名称，如公章上的名称。

2. 审计项目名称

每一张审计工作底稿都应该将具体的审计项目名称写清楚，如是审查销售收入的入账情况还是对固定资产实施审计。

3. 审计项目时点或期间

审计工作底稿上应该记录审计工作的时间，对于资产负债表项目应标明发生的时点，而对于利润表项目则应该注明发生的期间。

4. 审计过程记录

审计工作底稿是审计人员进行审计工作的轨迹，是审计工作中对审计程序实施的全过程进行的详细记录。在审计工作底稿中需要记录特定项目或事项的识别特征，对某一个具体项目或事项而言，其识别特征通常具有唯一性，这种特性可以使其他人员根据识别特征在总体中识别该项目或事项；需要考虑编制重大事项概要，将其作为审计工作底稿的组成部分，以有效地复核和检查审计工作底稿，并评价重大事项的影响；需要记录与管理层、治理层和其他人员对重大事项的讨论，包括讨论的内容、时间、地点和参加人员。

5. 审计结论

审计人员恰当地记录审计结论非常重要。审计人员需要根据所执行的审计程序和获取的审计证据得出结论，并以此作为对被审计事项形成审计意见的基础。在记录审计结论时需要注意，在审计工作底稿中记录的审计程序和审计证据是否足以支持所得出并记录的审计结论。

6. 审计标识及其说明

审计工作底稿中可使用各种审计标识，但应说明其含义，并保持前后一致。以下是审计人员在审计工作底稿中经常使用的审计标识：

∧：纵加核对

<：横加核对

B：与上年结转数核对一致

T：与原始凭证核对一致

G：与总分类账核对一致

S：与明细账核对一致

T/B：与试算平衡表核对一致

C：已发询证函

C\：已收回询证函

7. 索引号及编号

通常，审计工作底稿需要注明索引号及顺序编号，相关审计工作底稿之间需要保持清晰的勾稽关系。在实务中，审计人员可以按照所记录的审计工作的内容层次进行编号。例如，固定资产汇总表的编号为C1，按类别列示的固定资产明细表的编号为C1－1，以及列示单个固定资产原值及累计折旧的明细表编号，包括房屋建筑物（编号为C1－1－1）、机器设备（C1－1－2）、运输工具（C1－1－3）等。相互引用时，需要在审计工作底稿中交叉注明索引号。

例如，固定资产的原值、累计折旧及净值的总额应分别与固定资产明细表的数字互相勾稽。以下是从固定资产汇总表工作底稿（见表5－4）及固定资产明细表工作底稿（见表5－5）中节选的部分，以作为相互索引的示范。

表 5—4　　固定资产汇总表(工作底稿索引号:C1)(节选)

工作底稿索引号	固定资产	20×5 年 12 月 31 日	20×4 年 12 月 31 日
C1—1	原值	×××G	×××
C1—1	累计折旧	×××G	×××
	净值	×××T/B∧	×××B∧

表 5—5　　固定资产明细表(工作底稿索引号:C1—1)(节选)

工作底稿索引号	固定资产	期初余额	本期增加	本期减少	期末余额
	原值				
C1—1—1	1. 房屋建筑物	×××		×××	×××S
C1—1—2	2. 机器设备	×××	×××		×××S
C1—1—3	3. 运输工具	×××			×××S
C1—1—4	4. 其他设备	×××			×××S
	小计	×××B∧	×××∧	×××∧	×××<C1∧
	累计折旧				
C1—1—1	1. 房屋建筑物	×××			×××S
C1—1—2	2. 机器设备	×××	×××		×××S
C1—1—3	3. 运输工具	×××			×××S
C1—1—4	4. 其他设备	×××			×××S
	小计	×××B∧	×××∧	×××∧	×××<C1∧
	净值	×××B∧			×××C1∧

注:"∧"纵加核对相符;"＜"横加核对相符。

8. 编制者姓名及编制日期

为了明确审计责任和便于查阅有关事项,审计工作底稿上应该写明编制者的姓名以及编制工作底稿的日期,如果为了在现场时减少工作量而采用了简写签名,应该在工作底稿中加以说明。

9. 复核者姓名及复核日期

审计工作底稿一般是经过多层次的复核后才出具审计报告书的,为了明确责任,复核者也应该签名并且写明复核日期,如果是多级复核,则应该分别签名。

如果审计工作底稿是直接取自第三者,那么应该由审计人员审核后注明来自何方,存放入档。审计人员认为比较重要的问题,也可以在审计工作底稿中特别注明,以便提醒使用者注意。

(二)审计工作底稿的复核

一张审计工作底稿往往由一名专业人员独立完成,编制者对有关资料的引用、对有关事项的判断、对会计数据的加计复算等都可能出现误差,因此在审计工作底稿编制完成后,通过一定的程序,经过多层次的复核显得十分必要。

1. 项目组成员实施的复核

《中国注册会计师审计准则第1121号——历史财务信息审计的质量控制》规定，由项目组内经验较多的人员（包括项目合伙人）复核经验较少的人员的工作时，复核人员应当考虑：

(1)审计工作是否已按照法律法规、相关职业道德要求和审计准则的规定执行；

(2)重大事项是否已提请进一步考虑；

(3)相关事项是否已进行适当咨询，由此形成的结论是否得到记录和执行；

(4)是否需要修改已执行审计工作的性质、时间安排和范围；

(5)已执行的审计工作是否支持形成的结论，并已得到适当记录；

(6)获取的审计证据是否充分、适当，足以支持审计结论；

(7)审计程序的目标是否已经实现。

为了监督审计业务的进程，并考虑助理人员是否具备足够的专业技能和胜任能力，以执行分派的审计工作，了解审计指令及按照总体审计策略和具体审计计划执行工作，有必要对执行业务的助理人员进行适当的督导和复核。

复核人员应当知悉并解决重大的会计和审计问题，考虑其重要程度并适当修改总体审计策略和具体审计计划。此外，项目组成员与客户的专业判断分歧应当得到解决，必要时，应考虑寻求恰当的咨询。

复核工作应当由至少具备同等专业胜任能力的人员完成，复核时应考虑是否已按照具体审计计划执行审计工作，审计工作和结论是否予以充分记录，所有重大事项是否已得到解决或在审计结论中予以反映，审计程序的目标是否已实现，审计结论是否与审计工作的结果一致并支持审计意见。

复核范围因审计规模、审计复杂程度以及工作安排的不同而存在显著差异。有时由高级助理人员复核低层次助理人员执行的工作，有时由项目经理完成，并最终由项目合伙人复核。如上所述，对工作底稿实施的复核必须留下证据，一般由复核者在相关审计工作底稿上签名并写明日期。

2. 项目质量控制复核

《中国注册会计师审计准则第1121号——历史财务信息审计的质量控制》规定，注册会计师在出具审计报告前，会计师事务所应当指定专门的机构或人员对审计项目组执行的审计实施项目质量控制复核。

项目合伙人有责任采取以下措施：

(1)确定会计师事务所已委派项目质量控制复核人员；

(2)与项目质量控制复核人员讨论在审计过程中遇到的重大影响，包括项目质量控制复核中识别的重大事项；

(3)在项目质量控制复核完成后，才能出具审计报告。

项目质量控制复核应当客观评价下列事项：

(1)项目组作出的重大判断；

(2)在准备审计报告时得出的结论。

会计师事务所采用制衡制度，以确保委派独立的、有经验的审计人员作为其所熟悉行业的项目质量控制复核人员。复核范围取决于审计项目的复杂程度以及未能根据具体情况出具审计报告的风险。许多会计师事务所不仅对上市公司审计进行项目质量控制复核，也会联系审计客户的组合，对那些高风险或涉及公众利益的审计项目实施项目质量控制复核。

三、审计工作底稿的保管

(一)审计工作底稿保管的重要意义

审计工作底稿对于明确审计责任、评价审计工作质量都具有重要作用。在市场经济条件下,审计报告是对被审计单位财务状况及其经营成果的一种客观、公正的认定。如果有人对审计报告提出意见,甚至提出诉讼,那么就需要重新查阅审计工作底稿。例如,在2001年的“安然事件”中,当时为世界五大会计师事务所之一的安达信为妨碍司法调查,竟然销毁了数以千计的审计工作底稿。这说明根据审计工作底稿可以判断审计人员是否按照审计程序进行审计工作,审计工作底稿可以成为区分审计责任和会计责任的重要依据。

同时,对于以后的会计年度来说,本期的工作底稿可以为以后年度的审计工作提供参考资料,帮助新的审计人员提高工作效率。特别是更换年度审计人员时,保存完整的审计工作底稿可以帮助新的审计工作人员很快进入角色,因此所有的审计单位都应该妥善保管审计工作底稿。

(二)审计工作底稿的保管方法及期限

从长远来看,审计工作底稿应该长期保存,很多国际知名的会计师事务所都花费很大的财力和人力保管审计工作底稿,有的将审计工作底稿按照3年、5年分类全部保存,有的在审计工作底稿保存5年之后全部拍成缩微胶片保存。按照《中国注册会计师审计准则第1131号——审计工作底稿》的要求,注册会计师应当按照会计师事务所质量控制政策和程序的规定,及时将审计工作底稿归整为最终审计档案。审计工作底稿的归档期限为审计报告日后60天内。如果注册会计师未能完成审计业务,审计工作底稿的归档期限为审计业务中止后的60天内。

在完成最终审计档案的归整工作后,注册会计师不得在规定的保存期限届满前删除或废弃审计工作底稿。删除审计工作底稿主要是指删除整张原审计工作底稿,或以涂改、覆盖等方式删减原审计工作底稿中的全部或部分记录内容;废弃审计工作底稿主要是指将原审计工作底稿从审计档案中抽取出来,使审计档案中不再包含原来的底稿。

会计师事务所应当自审计报告日起,对审计工作底稿至少保存10年。如果注册会计师未能完成审计业务,会计师事务所应当自审计业务中止之日起,对审计工作底稿至少保存10年。值得注意的是,对于连续审计的情况,当期归整的永久性档案虽然包括以前年度获得的资料(有可能是10年以前),但由于其作为本期档案的一部分,并作为支持审计结论的基础,因此,注册会计师对于这些当期有效的档案,应视为当期取得并保存10年。如果这些资料在某一个审计期间被替换,被替换资料可以从被替换的年度起至少保存10年。

(三)审计工作底稿的保密与归属权

审计工作底稿的内容涉及被审计单位的内部管理、主要客户、技术经济指标等方面的商业秘密,对政府预算审计而言,有些审计工作底稿可能涉及国家机密事项。因此,审计单位和审计人员都十分注意审计工作底稿的保密事项。但是,根据我国的具体情况,在下列情形下允许有关人员查阅审计工作底稿而不被视为泄密。

(1)被审计单位涉及法律方面的纠纷,法院、检察院或公安局等部门按照法律程序履行了手续,审计单位可以允许他们查阅审计工作底稿,或者进行复印,但是不允许取走审计工作底稿。

(2)注册会计师协会或者上级审计部门对于进行审计的注册会计师或者审计人员的业务

质量进行检查、复查等业务监督活动。注册会计师协会是注册会计师的行业自律性组织，它可以通过对注册会计师的工作底稿进行检查或进行行业监督。根据《审计法》的规定，社会审计机构审计的单位依法属于审计机关监督对象的，审计机关按照国务院的规定，有权对该社会审计机构出具的相关审计报告进行核查。因此，对于注册会计师协会和国家审计部门检查审计工作底稿不属于泄密。

(3)因为更换审计单位和审计人员，新接手的审计人员查阅审计工作底稿不属于泄密范围。这时审计工作底稿可以帮助新任审计人员尽快熟悉情况，节省工作时间。

(4)实行联合审计需要查阅审计工作底稿。经过被审计单位同意，审计工作需要两个或两个以上的审计单位共同进行，这时应该允许参与审计的单位共同查阅和使用审计工作底稿。

保管审计工作底稿的审计单位允许其他单位查阅审计工作底稿，并不是允许随意处置审计工作底稿。一般来说，审计工作底稿不允许离开保管单位，经过批准可以复印或摘录，但是不能拿走审计工作底稿原件。同时，对于查阅方由于使用审计工作底稿不当而产生的任何不良后果，保管单位应该声明不负任何责任。

关于审计工作底稿的所有权归属是一个十分重要的问题，有很多人认为工作底稿应该属于编制审计工作底稿的审计人员，这种看法是不对的。审计工作底稿的所有权应该属于审计单位，属于会计师事务所。这是因为根据我国注册会计师法的规定，只有会计师事务所才能承接审计业务并且实施审计业务，注册会计师个人不允许从事审计业务，审计业务约定书的签订者也是会计师事务所。在具体执行审计业务时，如果属于联合审计，审计工作底稿的所有权应该属于签订审计业务约定书的会计师事务所，而不是参与方的会计师事务所。

本章小结

审计证据是注册会计师表明审计意见、作出审计结论的依据，是审计工作的核心，是整个审计工作的关键所在。审计证据具有充分性和适当性的特点。审计证据按其表现形态分类，可分为实物证据、书面证据、口头证据和环境证据四大类。获取审计证据的总体程序包括风险评估程序、控制测试和实质性程序，具体程序包括检查记录或文件、检查有形资产、观察、询问、函证、重新计算、重新执行和分析程序。

审计工作底稿是指注册会计师在执行审计业务过程中形成的全部审计工作记录和获取的资料。审计工作底稿是审计证据的载体，是注册会计师作出审计结论和提出审计意见的直接依据。审计工作底稿经过分类、汇集归档后，就形成了审计档案。审计档案是会计师事务所进行审计工作的重要的历史资料，应当妥善地进行保管。

本章思考题

1. 审计证据有哪些基本类型？
2. 简述收集审计证据的具体方法。
3. 什么是分析程序？
4. 审计工作底稿应该包括哪些内容？
5. 审计工作底稿如何复核和保管？

第六章　审计计划、重要性与审计风险

【学习目标】

1. 理解审计计划的作用、内容、编制及审核；

2. 掌握重要性的定义及适用范围、运用，编制审计计划时和评价审计结果时对重要性的考虑。

【导入案例】

美国联区金融集团审计案

美国联区金融集团是一家从事金融服务的企业，公司有可公开交易的债券上市，美国证券交易委员会要求它定期提供财务报表。经过7年的发展，联区金融集团租赁公司的雇员已超过4万名，在全国各地设有10个分支机构，未收回的应收租赁款接近4亿美元，占合并总资产的35%。

1981年底，联区金融集团租赁公司进攻型市场策略的弊端开始显现出来，债务拖欠率日渐升高，该公司不得不采用多种非法手段来掩饰其财务状况已经恶化的事实。美国证券交易委员会指控联区金融集团租赁公司没有对应收租赁款计提充足的坏账准备金。1981年，坏账准备金计提为2%。事实上，截至1982年9月，该公司应收账款中拖欠期超过90天的金额已高达20%以上。对坏账准备金缺乏应有的控制所引起的一个直接后果是，财务报表中该账户的金额被严重低估。

美国证券交易委员会对塔奇·罗丝会计师事务所在联区金融集团租赁公司1981年度审计中的表现极为不满。联邦机构指责该年度的审计"没有进行充分的计划和监督"。美国证券交易委员会宣称，事务所在编制联区金融集团租赁公司1981年度的审计计划及设计审计程序时，没有充分考虑存在于该公司的大量审计风险因素。事实上，美国证券交易委员会发现，1981年度的审计计划"大部分是以前年度审计计划的延续"。该审计计划缺陷如下：

塔奇·罗丝会计师事务所没有对超期应收租赁款账户的内部会计控制加以测试。由于审计计划没有测试公司的会计制度是否能准确地确定应收租赁款的超期时间，审计人员无法判断从客户那里获取的账龄汇总表是否准确。

塔奇·罗丝会计师事务所的审计计划只要求测试一小部分(8%)未收回的应收租赁款。

由于把大部分注意力集中在金额超过5万美元、拖欠期达120天的应收租赁款上，塔奇·罗丝会计师事务所忽略了相当部分无法收回的应收租赁款。

尽管审计计划要求对客户坏账核销政策进行复核，但并没有要求外勤审计人员去确定该政策是否被实际执行。据美国证券交易委员会称，某些无法收回的应收租赁款挂账多达几年。

塔奇·罗丝会计师事务所无视该公司审计的复杂性以及非同寻常的高风险性，该公司的会计主管后来作证说，塔奇·罗丝会计师事务所分派了一些对租赁行业少有涉猎，或缺乏经验甚至一无所知的审计人员来执行审计。

最后，美国证券交易委员会决定对该事务所进行惩罚。

思考题：本案例中，注册会计师在审计计划工作中存在哪些问题和不足？你认为应如何予以改进？

第一节　审计计划

计划审计工作对于注册会计师顺利完成审计工作和控制审计风险具有非常重要的意义。合理的审计计划有助于注册会计师关注重点审计领域、及时发现和解决潜在问题及恰当地组织和管理审计工作，以使审计工作更加有效。同时，充分的审计计划还可以帮助注册会计师对项目组成员进行恰当分工和指导监督，并复核其工作，有助于协调其他注册会计师和专家的工作。在计划审计工作时，注册会计师需要进行初步业务活动、制定总体审计策略和制订具体审计计划。在此过程中，需要做出很多关键决策，包括确定可接受的审计风险水平和重要性、配置项目人员等。

一、初步业务活动

（一）初步业务活动的目的

注册会计师在计划审计工作前需要开展初步业务活动，以实现以下三个主要目的：第一，具备执行业务所需的独立性和能力；第二，不存在因管理层诚信问题而影响注册会计师保持该项业务意愿的事项；第三，与被审计单位之间不存在对业务约定条款的误解。

（二）初步业务活动的内容

注册会计师在本期审计业务开始时应当开展下列初步业务活动：一是针对保持客户关系和具体审计业务实施相应的质量控制程序；二是评价遵守相关职业道德要求的情况；三是就审计业务约定条款达成一致意见。

二、审计业务约定书

审计业务约定书是指会计师事务所与被审计单位签订的，用以记录和确认审计业务的委托与受托关系、审计目标和范围、双方的责任以及报告的格式等事项的书面协议。注册会计师应当在审计业务开始前与被审计单位就审计业务约定条款达成一致意见，并签订审计业务约定书，以避免双方对审计业务的理解产生分歧。

（一）审计业务约定书的作用

（1）审计业务约定书可以促进签约双方的了解，尤其是促使委托人了解被审计单位的会计责任和需要提供的合作；

(2)审计业务约定书是鉴定签约双方责任和义务履行情况的依据；

(3)审计业务约定书是表明签约双方各自责任的依据。

(二)审计业务约定书的主要内容

审计业务约定书的具体内容可能因被审计单位的不同而存在差异，但应当包括下列主要方面：

(1)财务报表审计的目标。财务报表审计的目标是注册会计师通过执行审计工作，对财务报表是否按照适用的会计准则和相关会计制度的规定编制，是否在所有重大方面公允地反映被审计单位的财务状况、经营成果和现金流量发表审计意见。

(2)管理层对财务报表的责任。在被审计单位治理层的监督下，按照适用的会计准则和相关会计制度的规定编制财务报表是被审计单位管理层的责任。

(3)管理层编制财务报表采用的会计准则和相关会计制度。

(4)审计范围。审计范围是指为实现财务报表审计目标，注册会计师根据审计准则和职业判断实施的恰当的审计程序的总和。

(5)执行审计工作的安排，包括出具审计报告的时间要求。

(6)审计报告格式和对审计结果的其他沟通形式。

(7) 由于测试的性质和审计的其他固有限制，以及内部控制的固有局限性，不可避免地存在着某些重大错报可能仍然未被发现的风险。

(8)管理层为注册会计师提供必要的工作条件和协助。

(9)注册会计师不受限制地接触任何与审计有关的记录、文件和所需要的其他信息。

(10)管理层对其作出的与审计有关的声明予以书面确认。

(11)注册会计师对执业过程中获知的信息保密。

(12)审计收费，包括收费的计算基础和安排。在签订审计业务约定书前，注册会计师应当与委托人商定审计收费。在确定收费时，注册会计师应当考虑以下因素：审计服务所需的知识和技能，所需专业人员的数量、水平和经验；每一专业人员提供服务所需的时间；提供审计服务所需承担的责任；各地有关审计收费标准的规定。

(13)违约责任。

(14)解决争议的方法。

(15)签约双方法定代表人或其授权代表的签字盖章，以及签约双方加盖的公章等。

(三)审计业务约定书的续签、变更及归档

注册会计师可以与被审计单位签订长期审计业务约定书。对于连续审计，注册会计师应当考虑是否需要根据具体情况修改业务约定的条款，以及是否需要提醒被审计单位注意现有的业务约定条款。但如果出现下列情况，则应当考虑重新签订审计业务约定书：

(1)有迹象表明被审计单位误解审计目标和范围；

(2)需要修改约定条款或增加特别条款；

(3)高级管理人员、董事会或所有权结构近期发生变动；

(4)被审计单位业务的性质或规模发生重大变化；

(5)法律法规的规定；

(6)管理层编制财务报表采用的会计准则和相关会计制度发生变化。

在完成审计业务前，如果被审计单位要求注册会计师将审计业务变更为保证程度较低的鉴证业务或相关服务，注册会计师应当考虑变更业务的适当性。如果没有合理的理由，注册会计师不应当同意变更业务。如果不同意变更业务，被审计单位又不允许继续执行原审计业务，注册会计师应当解除业务约定，并考虑是否有义务向被审计单位董事会或股东会等方面说明解除业务约定的理由。审计业务约定书是审计工作底稿的组成部分，应当归档并妥善保管。

三、审计计划

审计计划是指注册会计师为完成各项审计业务，达到预期的审计目标，在具体执行审计程序之前编制的工作计划。会计师事务所在与委托人签订审计业务约定书后，下一步工作就是制订审计计划。

（一）审计计划的作用

审计计划工作是一项持续的过程，通常注册会计师在前一期审计工作结束后即开始开展本期的审计计划工作，直到本期审计工作结束为止。在执行审计计划的过程中，情况会不断发生变化，常常会产生预期计划与实际不一致的情况，这便需要在整个审计工作的准备和实施阶段对审计计划进行补充和修订。审计计划工作十分重要，很多关键决策往往在这个阶段作出，如可接受的审计风险水平和重要性的确定、项目人员的配置等。一般而言，审计计划具有以下几个方面的作用：

(1)通过制订和实施审计计划，可使审计人员能根据具体情况收集充分、适当的审计证据。一般情况下，审计人员在审计计划的指导下，实施审计程序，收集审计证据，编制审计工作底稿，并据以发表审计意见。审计计划越周详，审计人员越能收集充分、适当的审计证据。

(2)通过制订审计计划，可以保持合理的审计成本，提高审计工作的效率和质量。例如，通过审计计划，审计项目负责人可以全面了解审计工作的整体安排和各项审计步骤的具体时间安排，适当掌握好审计工作的进程。助理审计人员也可以通过审计计划，明确自己在审计过程的各个阶段应做的工作、要求以及时间安排等，从而有利于做好审计工作。又如，审计项目负责人可以通过预先的计划安排，使所有参加审计工作的人员有一个合理分工、搭配，从而能协调一致地完成审计工作。

(3)通过制订审计计划，可以避免与被审计单位之间的误解。注册会计师和会计师事务所在执行审计业务时要保持良好的信誉以及最大限度地减轻自身的法律责任，最基本的一点是要收集充分、适当的审计证据。在会计师事务所已具备工作质量和信誉良好的条件下，保持成本的合理性，有助于事务所增强竞争能力，以便稳定客户，避免与被审计单位之间发生误解，这对于同被审计单位保持良好的关系、对于以合理的成本优质地完成工作都很重要。例如，如果会计师事务所通知被审计单位，审计将于4月30日之前结束，但实际由于工作人员计划不周而未能如期完成审计任务，那么被审计单位可能会对会计师事务所不满，甚至可能控告其违约。

因此，对任何一个审计项目、对任何一家会计师事务所而言，不论其业务繁简，也不论其规模大小，审计计划都是至关重要的，只不过审计计划在不同情况下的繁简、粗略程度不同而已。

（二）审计计划的内容

1. 总体审计策略及其内容

审计计划分为总体审计策略和具体审计计划两个层次。总体审计策略用以确定审计范围、时间和方向，并指导制订具体审计计划。在制定总体审计策略时，注册会计师应当考虑以下主要事项：被审计单位组成部分的分布、采用的会计准则和相关会计制度、特定行业的报告要求、审计业务的报告目标、审计计划的时间安排、所需沟通的性质、确定适当的重要性水平、初步识别可能存在较高的重大错报风险的领域、初步识别重要的组成部分和账户余额、评价是否需要针对内部控制的有效性获取审计证据等。总体审计策略的主要内容有以下四个方面：

(1)向具体审计领域调配的资源，包括向高风险领域分派有适当经验的项目组成员，就复杂的问题利用专家工作等。

(2)向具体审计领域分配资源的数量，包括安排到重要存货存放地观察存货盘点的项目组成员的数量、对其他注册会计师工作的复核范围、对高风险领域安排的审计时间预算等。

(3)何时调配这些资源，包括是在期中审计阶段还是在关键的截止日期调配资源等。

(4)如何管理、指导、监督这些资源的利用，包括预期何时召开项目组预备会和总结会、预期项目负责人和经理如何进行复核、是否需要实施项目质量控制复核等。

2. 具体审计计划及其内容

虽然编制总体审计策略的过程通常在具体审计计划之前，但是两项计划活动并不是孤立的、不连续的过程，而是有内在紧密联系的，对其中一项的决定可能会影响甚至改变对另外一项的决定。例如，注册会计师在了解被审计单位及其环境的过程中，注意到被审计单位对主要业务的处理依赖复杂的自动化信息系统，因此计算机信息系统的可靠性及有效性对其经营、管理、决策以及编制可靠的财务报告具有重大影响。对此，注册会计师可能会在具体审计计划中制定相应的审计程序，并相应调整总体审计策略的内容，作出利用信息风险管理专家的工作的决定。

从内容及编制要求看，具体审计计划比总体审计策略更加详细，其内容包括风险评估程序、计划实施的进一步审计程序和其他审计程序。

(1)风险评估程序。风险评估程序是指为了解被审计单位及其环境而实施的程序，目的是为了识别和评估财务报表重大错报风险。

(2)计划实施的进一步审计程序。进一步审计程序的计划包括对各类交易、账户余额和列报实施的具体审计程序的性质、时间和范围，抽取的样本量等。随着审计工作的推进，对审计程序的计划会一步步深入，并贯穿于整个审计过程。因此，为达到编制具体审计计划的要求，注册会计师需要在完成风险评估程序的基础上，识别和评估重大错报风险，并针对评估的认定层次的重大错报风险，计划实施进一步审计程序的性质、时间和范围。具体审计程序则是对进一步审计程序的总体方案的延伸和细化，它通常包括控制测试和实质性程序的性质、时间和范围。

(3)其他审计程序。计划的其他审计程序可以包括上述进一步程序的计划中没有涵盖的、根据审计准则的要求注册会计师应当执行的既定程序。例如，阅读含有已审财务报表的文件中的其他信息、寻求与被审计单位律师直接沟通等。

(三)审计计划的编制

审计计划应由审计项目负责人编制。审计计划应形成书面文件，并在审计工作底稿中加以记录。

在编制总体审计策略时，时间预算是一个十分重要的内容。时间预算是就执行审计程序的每一步骤需要的人员和工作时间所做的计划。时间预算既是合理确定审计收费的依据，又是衡量审计工作进度、判断审计人员工作效率的依据。在执行审计业务的过程中，时间预算并不是一成不变的，当出现新问题或审计环境发生变化时，会影响原定的时间预算，就应重新规划必需的时间，进而修改时间和收费预算。因工作时间增减致使会计师事务所应收取的审计费用发生变化时应立即通知被审计单位，取得被审计单位的理解。如因被审计单位会计记录不完整，或因发生特殊情况而无法在时间预算内完成审计工作时，为保证审计工作的质量，不得随意缩短或省略审计程序来适应时间预算。典型的时间预算详见表6—1。

表6—1　　**时间预算表**　　单位：小时

耗用时间 / 审计项目	去年实际耗用时间	本年预算	本年实际				本年实际与预算差异	差异说明
			总时数	其中				
				张××	李××	王××		
现金	10	8	7	7			−1	
应收账款	40	35	36	8	28		+1	
存货	50	45	43	13	10	20	−2	
固定资产	15	13	14		4	10	+1	
应付账款	20	15	17	6	11		+2	
……	…	…	…	…	…	…	…	
总　计								

如时间预算与实际耗用时间存在较大差异，审计人员应在"差异说明"栏内说明产生差异的原因。

对于具体审计计划，在实际工作中，一般是通过编制审计程序表的方式体现的。典型的审计程序表详见表6—2。

表6—2　　**审计程序表**

××公司　　总页次：　　索引号：

20××年12月31日　　编制人：　　日期：

××账户　　复核人：　　日期：

步骤	审计程序	执行人	日期	工作底稿索引
1				
2				
3				
4				
5				
…				

根据审计准则的规定，注册会计师可以在保持职业谨慎的前提下，就计划审计工作的基本情况与被审计单位治理层和管理层进行沟通。例如，沟通的内容可以包括审计的时间安排和总体策略、审计工作中受到的限制及治理层和管理层对审计工作的额外要求等。但是，制定总体审计策略和制订具体审计计划仍然是注册会计师的责任。

（四）审计计划的审核

编制完成的审计计划，应当经会计师事务所的有关业务负责人审核和批准。在审核总体审计策略时，应特别注意以下事项：

(1)审计目的、审计范围及重点审计领域的确定是否恰当。

(2)时间预算是否合理。

(3)审计小组成员的选派和分工是否恰当。

(4)对被审计单位的内部控制系统的信赖程度是否恰当。

(5)对审计重要性的确定和审计风险的评估是否恰当。

(6)对专家、内部审计人员及其他审计人员工作的利用是否恰当。

在审核具体审计计划时，应特别注意以下主要事项：

(1)审计程序能否达到审计目标。

(2)审计程序是否适合各审计项目的具体情况。

(3)重点审计领域中各审计项目的审计程序是否恰当。

(4)重点审计程序的制定是否恰当。

对审核中发现的问题，应及时进行相应的修改、补充和完善，并在审计工作底稿中加以记录。审计工作结束后，审计项目负责人还应就审计计划的执行情况，特别是对审计重点领域所做的审计程序的执行情况进行复核，找出并分析产生差异的原因，以便将来制订更行之有效的审计计划。

第二节 重要性

审计重要性是审计学的一个基本概念。审计重要性概念的运用贯穿于整个审计过程。在计划审计工作时，注册会计师应当考虑导致财务报表发生重大错报的原因，并应当在了解被审计单位及其环境的基础上确定一个可接受的重要性水平，即首先为财务报表层次确定的重要性水平，以发现在金额上重大的错报。同时，注册会计师还应当评估各类交易、账户余额以及列报认定层次的重要性，以便确定进一步审计程序的性质、时间和范围，将审计风险降至可接受的低水平。在确定审计意见类型时，注册会计师也会考虑重要性水平。

一、重要性的定义及适用范围

(一)重要性的定义

各国现有的审计重要性准则对重要性所作的定义大多沿用会计准则的定义。国际会计准则委员会(International Accounting Standards Committee，IASC)对重要性的定义是："如果信息的错报或漏报会影响使用者根据财务报表采取的经济决策，信息就具有重要性。"美国财务会计准则委员会(Financial Accounting Standards Board，FASB) 对重要性的定义是："一项会计信息的错报或漏报是重要的，指在特定环境下，一个理性的人依赖该信息所作的决策可能因为这一错报或漏报得以变化或修正。"英国会计准则委员会(Accounting Standards Board，ASB)对重要性的定义是："错报或漏报可能影响到财务报表使用者的决策即为重要性。重要性可能在整个财务报表范围内单个财务报表或财务报表的单个项目中加以考虑。"由此可以看出，各国对重要性的认识是基本一致的，即信息的错报或漏报可能影响到财务报表使用者的决策就是重要性。

在我国，会计准则也要求企业会计核算必须遵循重要性原则，但并未对重要性作出明确的定义，仅规定对于重要的经济业务应单独反映，对不重要的经济业务可以合并反映。在会计实务中，重要性原则的运用随处可见。例如，在确定合并财务报表的合并范围时，如果子公司的资产总额、销售收入及当期净利润按照有关标准得出的比例均在10%以下，根据重要性原则，该子公司可以不纳入合并范围。可以预见，随着市场经济的发展和会计准则的完善，我国会计准则将会对重要性原则作出全面的规定。

我国审计准则对重要性的定义是："重要性取决于在具体环境下对错报金额和性质的判断。如果一项错报单独或连同其他错报可能影响财务报表使用者依据财务报表作出的经济决策，则该项错报是重要的。"理解这一定义，必须注意以下几点：

(1)重要性概念是针对财务报表而言的。判断一项业务重要与否，应视其在财务报表中的错报对财务报表使用者所作决策的影响程度而定。若一项业务在报表中的错报足以改变或影响报表使用者的判断，则该项业务就是重要的，否则就是不重要的。

(2)重要性概念必须从财务报表使用者的角度来考虑，因为财务报表是为了满足财务报表使用者的信息需求而编制的。财务报表的使用者包括企业的投资者、债权人、政府、社会公众等。他们需要利用财务报表提供的信息作出各种经济决策。这里，财务报表使用者是指具有一定理解能力并能够理性地作出判断和决策的使用者。

(3)重要性的判断离不开特定的环境。不同企业面临不同的环境，因而判断重要性的标准也不相同。例如，某一金额对某个企业的财务报表来说是重要的，对另一个企业的财务报表而言则可能并不重要；而对某一特定企业而言，重要性也会随时间的不同而改变。

(二)重要性的适用范围

审计人员在执行财务报表审计时，包括对企业以及实行企业化管理的事业单位的年度和非年度财务报表进行的审计，应当运用重要性原则。

审计人员在执行其他鉴证业务如盈利预测审核等，涉及重要性原则的运用时，除非其他法规和准则有特定要求，应当参照重要性原则办理。

二、重要性的运用

(一)运用重要性原则的一般要求

对重要性的评估是审计人员的一种专业判断。在确定审计程序的性质、时间和范围及评价审计结果时，审计人员对运用重要性原则的一般要求，可以从以下几个方面来理解：

(1)对重要性的评估需要运用专业判断。前已述及，重要性的判断离不开特定的环境。实际上，影响重要性的因素很多，不同企业的重要性不同，同一企业在不同时期的重要性也不同。审计人员在对某一企业进行审计时必须根据该企业面临的环境，并考虑其他因素，才能合理确定重要性水平。但不同的审计人员在确定同一企业财务报表的重要性水平时，得出的结果可能不同，甚至相去甚远，其原因是不同审计人员对影响重要性的各种因素的判断存在差异。所以说，审计人员需要运用专业判断来评估重要性。

(2)审计人员在审计过程中应当运用重要性原则。在审计过程中运用重要性原则基于这样的考虑：一是为了提高审计效率。由于社会经济环境的发展变化，企业规模的扩大，企业组织结构日趋复杂，详细审计已经不可能，在抽样审计下，审计人员为作出抽样决策，不得不涉及重要性问题。二是为了保证审计质量。抽样审计下，审计人员对未查部分是否正确要承担一定的风险，而风险的大小与重要性的判断有关。因此，审计人员为保证审计质量，必须对重要性作出恰当的判断。

(3)审计人员应当合理运用重要性原则。如果重要性原则运用不当，则往往导致审计成本过大，从而浪费人力和时间；或审计风险过大，得出错误的审计结论。应该说，后一种情况更为可怕，错误的审计结论往往使审计人员陷入法律诉讼的困境。

(4)在审计过程中,需要运用重要性原则的情形有两种:一是在确定审计程序的性质、时间和范围时。重要性被看作审计所允许的可能或潜在的未发现错报的限度,即审计人员在运用审计程序检查财务报表的错报时所允许的误差范围;二是评价审计结果时。重要性被看作某一错报或汇总的错报是否影响到财务报表使用者判断和决策的标志。

(二)金额和性质的考虑

审计人员在运用重要性原则时,应当考虑错报的金额和性质。也就是说,重要性具有数量和质量两个方面的特征。一般来说,金额大的错报比金额小的错报更重要;但在许多情况下,某项错报从量的方面看并不重要,从其性质方面考虑,却可能是重要的。例如:

(1)涉及舞弊与违法行为的错报。因为舞弊与违法行为反映了管理当局或其他人员的诚实和可信性存在问题。对于财务报表使用者而言,蓄意错报比相同金额的笔误更重要。

(2)可能引起履行合同义务的错报。如某项错报使得企业的营运资金增加了几万元,从数量上看并不重要,但这项错报使营运资金从低于贷款合同规定的营运资金数变为稍稍高于贷款合同规定的营运资金数,影响了贷款合同所规定的义务,所以是重要的。

(3)影响收益趋势的错报或漏报。在其他情况下认为是不重要的错报,如果影响到收益变动的趋势,则应引起注意。例如,某项错报使收益每年递增1%的趋势变为本年收益下降1%,使盈利变为亏损等,就具有重要性。

(4)不期望出现的错报。一般情况下,如果发现现金和股本账户存在错报,就应当引起高度重视。

小金额错报的累计,可能会对财务报表产生重大影响,审计人员对此应当予以关注。单独地看,一笔小金额的错报无论是在性质上还是在数量上都是不重要的。但财务报表是一个整体,如果企业每个星期均出现同样的小金额错报,原本几百元的错报全年累计起来,就有可能成为上万元的错报;企业许多账户或交易均存在小金额的错报,所有账户或交易累计起来,就有可能变成大金额的错报,在这种情况下,必然会对财务报表产生重大影响。所以,审计人员应当对此予以充分的关注。

(三)两个层次重要性的考虑

审计人员应当考虑财务报表层次与相关账户和交易层次的重要性。这就意味着,审计人员在审计过程中必须从两个层次来考虑重要性:

(1)财务报表层次。由于审计的目的是对财务报表的合法性、公允性发表审计意见,因此,审计人员必须考虑财务报表层次的重要性,只有这样,才能得出财务报表是否合法、公允的整体性结论。

(2)账户和交易层次。由于财务报表所提供的信息来源于各账户或各交易,审计人员只有通过验证各账户和各交易才能得出财务报表是否合法、公允的整体性结论,因此还必须考虑账户和交易层次的重要性。

(四)重要性与审计风险之间的关系

在计划审计工作时,审计人员应当考虑导致财务报表发生重大错报的原因。审计人员应当在了解被审计单位及其环境的基础上确定重要性,并随着审计过程的推进,评价对重要性的判断是否仍然合理。审计人员应当对各类交易、账户余额、列报认定层次的重要性进行评估,以有助于确定进一步审计程序的性质、时间和范围,将审计风险降至可接受的水平。

审计人员应当考虑重要性水平与审计风险之间存在的反向关系:重要性水平越高,审计风险越低;重要性水平越低,审计风险越高。审计人员应当保持应有的职业谨慎,合理确定重要性水平。这可以从三个方面来理解：

(1)审计人员应当考虑重要性与审计风险之间的关系。因为审计风险的高低往往取决于对重要性的判断，如果审计人员确定的重要性水平较低，审计风险就会增加，所以，审计人员必须通过执行有关审计程序来降低审计风险。

(2)重要性水平与审计风险之间呈反向关系。也就是说，重要性水平越高，审计风险越低；反之，重要性水平越低，审计风险越高。这里，重要性水平的高低指的是金额的高低，一般地，4 000元的重要性水平比 2 000 元的重要性水平高。在理解两者之间的关系时必须注意，重要性水平是审计人员从财务报表使用者的角度进行判断的结果。如果重要性水平是 4 000 元，则意味着低于 4 000 元的错报不会影响到财务报表使用者的判断与决策，审计人员仅需要通过执行有关审计程序查出高于 4 000 元的错报；如果重要性水平是 2 000 元，则金额在 2 000 至4 000元之间的错报仍然会影响到财务报表使用者的判断与决策，审计人员需要通过执行有关审计程序查出金额在 2 000～4 000 元之间的错报。显然，重要性水平为 4 000 元时的审计风险要比重要性水平为 2 000 元时的审计风险低。

(3)审计人员应当保持应有的职业谨慎，合理确定重要性水平。由于重要性水平与审计风险之间存在反向关系，如果原本 4 000 元的错报才会影响财务报表使用者的判断和决策，但审计人员将重要性水平确定为 2 000 元，这时审计人员就会扩大审计程序的范围或追加审计程序，而实际上没有必要，只能是浪费时间和人力。如果原本 2 000 元的错报就会影响财务报表使用者的判断或决策，但审计人员将重要性水平确定为 4 000 元，这时审计人员所执行的审计程序比本应当执行的审计程序要少、审计范围要小，这会导致审计人员得出错误的审计结论。所以，重要性水平偏高或偏低均对审计人员不利，审计人员应当保持应有的职业谨慎，合理确定重要性水平。

三、编制审计计划时对重要性的评估

(一)对重要性评估的总体性要求

在编制审计计划时，应当对重要性水平作出初步判断，以确定所需审计证据的数量。重要性水平越低，应当获取的审计证据越多。这是对重要性评估所作的总体性要求，可以从以下几个方面来理解：

(1)编制审计计划时必须对重要性水平作出初步判断。在编制审计计划时，审计人员应当对审计重要性、审计风险进行适当评估。

(2)初步判断的目的是确定所需审计证据的数量。重要性是影响审计证据充分性的一个十分重要的因素。因此，审计人员在编制审计计划时应当根据所确定的重要性水平，合理确定所需的审计证据，并据此决定审计程序的性质、时间和范围。

(3)重要性水平与审计证据之间呈反向关系。也就是说，重要性水平越低，应获取的审计证据越多。例如，为合理保证存货账户的错报不超过 10 000 元所需收集的审计证据，比为了保证该账户错报不超过 20 000 元所需收集的审计证据要多。在理解这一关系时必须注意，重要性水平不同于重要的审计项目。审计项目越重要，所需收集的审计证据越多，例如，存货占资产总额的 30%时，比占 20%时需要更多的审计证据。

(二)对重要性水平作出初步判断时应考虑的因素

审计人员应当综合考虑以下主要因素，并结合其审计经验，对重要性水平作出初步判断：

(1)以往的审计经验。以往审计中所运用的重要性水平如果较为适当，可以作为本年度确定重要性水平的重要依据。审计人员一定要小心谨慎地审计，以免涉及法律诉讼。如果企业管理当局有权自由处理会计事项，审计人员则必须从严确定重要性水平。

(2)被审计单位的经营规模及业务性质。企业的规模不同，其重要性水平也有所不同。规模大的企业，其重要性水平的绝对值一般比规模小的企业要大，但相对值一般要比规模小的企业小。企业所处行业的性质对重要性水平也有较大影响，因为不同行业的企业，其会计核算的工作组织以及所遵循的会计规范均存在较大的差异。

(3)内部控制与审计风险的评估结果。如果内部控制较为健全，可信赖程度高，可以将重要性水平定得高一些，以节约审计成本。由于重要性水平与审计风险之间呈反向关系，如果审计风险评估为高水平，则意味着重要性水平较低，应收集较多的审计证据，以降低审计风险。

(4)财务报表各项目的性质及其相互关系。财务报表各项目的重要程度是存在差别的，财务报表使用者对某些报表项目要比另外一些报表项目更为关心。一般而言，财务报表使用者十分关心流动性较高的项目，因此，审计人员应当从严确定重要性水平。由于财务报表各项目之间是相互联系的，审计人员在确定重要性水平时必须考虑这种相互联系。

(5)财务报表各项目的金额及其波动幅度。财务报表项目的金额及其波动幅度可能成为财务报表使用者作出反应的信号，因此，审计人员在确定重要性水平时，应当深入研究这些金额及其波动幅度。

(三)财务报表层次重要性水平的确定

确定财务报表层次重要性水平的内容包括：

(1)判断基础和计算方法。审计人员应当合理选用重要性水平的判断基础，可采用固定比率、变动比率等确定财务报表层次的重要性水平。判断基础通常包括资产总额、净资产、营业收入、净利润等，审计人员应当合理选用。例如，被审计单位净利润接近零时，不应将净利润作为重要性水平的判断基础；被审计单位净利润波动幅度较大时，不应将当年的净利润作为重要性水平的判断基础，而应选择近年的平均净利润；被审计单位属于劳动密集型企业时，不应将资产总额、净资产作为重要性水平的判断基础。

计算重要性水平的方法有固定比率法和变动比率法两种。

固定比率法，即在选定判断基础后，乘以一个固定百分比，求出财务报表层次的重要性水平。但对于这个百分比是多少，世界各国的审计准则都没有作出规定，也无法作出规定。以下是实务中用来判断重要性水平的一些指南：

①税前净利润的5%～10%(净利润较小时用10%，较大时用5%)。

②资产总额的0.5%～1%。

③净资产的1%。

④营业收入的0.5%～1%。

变动比率法的基本原理：规模越大的企业，允许的错报金额比率就越小，一般是根据资产总额或营业收入两者中较大的一项确定一个变动百分比。

(2)财务报表层次重要性水平的选取。如果同一期间各财务报表的重要性水平不同，审计人员应当取其最低者作为财务报表层次的重要性水平。审计人员应当首先对每张财务报表确定一个重要性水平。例如，将利润表的重要性水平确定为100万元，将资产负债表的重要性水平确定为200万元。但由于财务报表彼此相互关联，并且许多审计程序经常涉及两个以上的报表，比如，用以确定年底赊销是否正确地记录在适当期间的审计程序，不仅为资产负债表上的应收账款提供审计证据，而且为利润表上的销售提供审计证据。因此，在编制审计计划时，应使用被认为对任何一张财务报表都重要的最小错报总体水平，也就是说，审计人员应当选择最低的重要性水平作为财务报表层次的重要性水平。

(3)财务报表尚未编制完成时重要性水平的确定。在编制审计计划时，如果被审计单位尚未完成财务报表的编制，审计人员应当根据期中财务报表推算为年度财务报表，或者根据被审计单位经营环境和经营情况变动对上年度财务报表作出必要修正，以确定财务报表层次的重要性水平。审计人员通常在资产负债表日之前对重要性水平作出初步判断，此时，尚无法取得年末财务报表的数据，因此，应当根据期中财务报表或上年度财务报表进行推算或作必要修正，得出年末财务报表数据，并据此确定财务报表层次的重要性水平。

(四)账户或交易层次重要性水平的确定

审计人员在制定账户或交易的审计程序前，可将财务报表层次的重要性水平分配至各账户或各类交易，也可单独确定各账户或各类交易的重要性水平。对于账户或交易层次的重要性水平的确定，既可以采用分配的方法，也可以采用不分配的方法。

审计人员在确定各账户或各类交易的重要性水平时，应当考虑以下主要因素：

(1)各账户或各类交易的性质及错报的可能性。

(2)各账户或各类交易重要性水平与财务报表层次重要性水平的关系。

无论是否采用分配的方法，审计人员均应考虑上述因素。对于重要的账户或交易，审计人员应当从严确定重要性水平；对于出现错报可能性较大的账户或交易，可以将重要性水平定得高一些。在采用分配方法时，各账户或交易层次的重要性水平之和应当等于财务报表层次的重要性水平。

以下举例说明账户或交易层次重要性水平的确定方法。

[例 6—1]

(1)分配的方法。采用分配方法时，分配的对象一般是资产负债表账户。假设某公司总资产的构成详见表 6—3，审计人员初步判断的财务报表层次的重要性水平为资产总额的 1%，即 140 万元，即资产账户可容忍的错报为 140 万元。现审计人员按这一重要性水平分配给各资产账户，详见表 6—3。

表 6—3 重要性水平的分配 单位：万元

项 目	金 额	甲方案	乙方案
现金	700	7	2.8
应收账款	2 100	21	25.2
存货	4 200	42	70
固定资产	7 000	70	42
总 计	14 000	140	140

在表 6—3 中，甲方案是按 1%进行同比例分配，一般来说，这并不可行，审计人员必须对其进行修正。由于应收账款和存货错报的可能性较大，故分配较高的重要性水平，以节省审计成本，如乙方案。假定审计存货后，仅发现错报 40 万元，且审计人员认为所执行的审计程序已经足够，则可将剩下的 30 万元再分配给应收账款。

(2)不分配的方法。这里介绍两种不分配的方法：一种方法是某著名国际会计师事务所采用的方法。假设财务报表层次的重要性水平为 100 万元，则可根据各账户或各类交易的性质及错报的可能性，将各账户或交易的重要性水平确定为财务报表层次重要性水平的20%～50%。审计时，只要发现该账户或交易的错报超过这一水平，就建议被审计单位调整。最后，编制未调整事项汇总表，若未调整的错报超过100万元，就应建议被审计单位调整。另一种方法是境外某会计师事务所采用的方法。该会计师事务所规定，各账户或交易的重要性水平为财务报表层次重要性水平的1/6～1/3。假设财务报表层次的重要性水平为90万元，应收账款的重要性水平为这一金额的1/3，存货为1/5，应付账款为1/5，则其重要性水平的金额分别为30万元、18万元和18万元。

必须指出，在实际工作中，往往很难预测哪些账户可能发生错报，也无法事先确定审计成本的大小，所以重要性水平的确定是一个非常困难的专业判断过程。

四、评价审计结果时对重要性的考虑

（一）评价审计结果时所运用的重要性水平

审计人员评价审计结果时所运用的重要性水平，可能与编制审计计划时所确定的重要性水平初步判断数不同，如前者大大低于后者，审计人员应当重新评估所执行的审计程序是否充分。这可以从以下两个方面理解：

（1）评价审计结果时所运用的重要性水平可能不同于编制审计计划时确定的重要性水平。这可能是因为环境的变化，或者是审计人员对被审计单位了解程度的加深。例如，审计人员在会计期间结束前编制审计计划，只能根据预测的财务状况和经营成果来确定重要性水平。如果实际财务状况和经营成果大不相同，则审计人员所评估的重要性水平也必须加以改变。此外，审计人员在编制审计计划时，可能有意地规定重要性水平低于将用于评价审计结果的重要性水平，这样通常可以减少未被发现错报的可能性，并且能给审计人员提供一个安全边际。

（2）如果评价审计结果时所运用的重要性水平大大低于编制审计计划时确定的重要性水平，审计人员应当重新评估所执行的审计程序是否充分。因为原来较高的重要性水平，意味着较低的审计风险，所需执行的审计程序和所需收集的审计证据相对较少；而现在评价审计结果时所运用的重要性水平比原来有所降低，则审计风险相应增加，这就要求执行更多的审计程序，收集更多的审计证据。

（二）错报的汇总

审计人员在评价审计结果时，应当汇总已发现但未调整的错报，以考虑其金额与性质是否对财务报表的反映产生重大影响。审计人员在汇总尚未调整的错报时，应当包括已发现的和推断的错报，并考虑期后事项与或有事项是否已进行适当处理。这就是说，在完成审计工作时，为确定被审计单位的财务报表是否合法、公允，审计人员应当汇总尚未调整的错报，并将其与财务报表层次的重要性水平相比较。汇总时，应当包括：

（1）已发现的错报。即通过对账户或交易实施详细的实质性测试所确认的未调整错报。

（2）推断的错报。即通过审计抽样或分析程序所估计的未调整的错报。

必须指出，审计人员在汇总时，也可能包括前期尚未调整的错报。一般地，如果前期未调整的错报尚未消除，且导致本期财务报表严重失实，审计人员在汇总时，就应将其包括进来。此外，在汇总时，审计人员还应考虑期后事项与或有事项是否已进行适当处理。

（三）汇总数超过重要性水平的处理

如果尚未调整的错报的汇总数超过重要性水平，审计人员应当考虑扩大实质性测试范围或提请被审计单位调整财务报表，以降低审计风险。即当汇总数超过重要性水平时，为降低审计风险，审计人员应当考虑采用两种措施：一是扩大实质性测试范围，以进一步确认汇总数是否重要；二是提请被审计单位调整财务报表，以使汇总数低于重要性水平。

如果被审计单位拒绝调整财务报表或扩大实质性测试范围，尚未调整的错报的汇总数仍超过重要性水平，审计人员应当发表保留意见或否定意见。这意味着当被审计单位拒绝调整财务报表，或仅部分调整财务报表，尚未调整的错报的汇总数并未得到实质性的减少时，或者当审计人员扩大实质性测试范围后，尚未调整的错报的汇总数仍然超过财务报表层次的重要性水平时，审计人员就应当考虑其发表的审计意见的类型。一般地，如果尚未调整的错报的汇总数可能影响到某个财务报表使用者的决策，但财务报表的反映就其整体而言是公允的，审计人员应当发表保留意见。如果尚未调整的错报非常重要，可能影响到大多数甚至全部财务报表使用者的决策时，审计人员应当发表否定意见。

(四)汇总数接近重要性水平的处理

如果尚未调整的错报的汇总数接近重要性水平，由于该汇总数连同尚未发现的错报可能超过重要性水平，审计人员应当实施追加审计程序，或提请被审计单位进一步调整已发现的错报，以降低审计风险。被审计单位财务报表的错报，除已发现的错报及推断的错报之外，还可能存在其他错报。当汇总数接近重要性水平时，如考虑该种错报，汇总数可能会超过重要性水平，审计风险就会增加，为降低审计风险，审计人员应当实施追加审计程序，或提请被审计单位进一步调整财务报表。

下面举例说明注册会计师评价尚未更正错报汇总数的影响的几种情形，具体如表 6—4 所示。

表 6—4　注册会计师评价尚未更正错报汇总数的影响

情形	汇总错报	重要性水平	措　施	拒绝调整后
小于	50 万元	100 万元	提请调整	无保留意见
接近	90 万元	100 万元	追加审计程序；提请调整	视追加程序之后发现的错报情况而定
超过	150 万元	100 万元	扩大测试范围；提请调整	保留或否定意见
大大超过	600 万元	100 万元	扩大测试范围；提请调整	否定意见

第三节　审计风险

审计人员应当通过计划和实施审计工作，获取充分、适当的审计证据，将审计风险降至可接受的水平。

一、审计风险的组成要素及其相互关系

风险是指发生伤害、毁损、损失的可能性。审计风险是指财务报表存在重大错报而审计人员发表不恰当审计意见的可能性。

在传统风险导向审计时期，审计风险包括固有风险、控制风险和检查风险。它们之间的关系可用下列公式表示：

审计风险＝固有风险×控制风险×检查风险

固有风险是指假定不存在相关内部控制时，某一账户或交易类别单独或连同其他账户、交易类别产生重大错报的可能性。

控制风险是指某一账户或交易类别单独或连同其他账户、交易类别产生错报，而未能被内部控制防止、发现或纠正的可能性。

检查风险是指某一账户或交易类别单独或连同其他账户、交易类别产生错报，而未能被实质性测试发现的可能性。

在经营风险导向审计时代，审计风险取决于重大错报风险和检查风险。它们之间的关系可用下列公式表示：

审计风险＝重大错报风险×检查风险

审计人员应当实施审计程序，评估重大错报风险，并根据评估结果设计和实施进一步审计程序，以确定和控制检查风险，最终将审计风险控制在可接受的水平。所谓重大错报风险，是指财务报表在审计前存在重大错报的可能性。

审计人员应当考虑已识别但未更正的单独或累积的错报是否对财务报表整体产生重大影响。审计人员应当关注财务报表的重大错报，但没有责任发现对财务报表整体不产生重大影响的错报。在设计审计程序以确定财务报表整体是否存在重大错报时，审计人员应当从财务报表层次以及各类交易、账户余额、列报认定层次考虑重大错报风险。

财务报表层次的重大错报风险通常与控制环境有关，并与财务报表整体存在广泛联系，可能影响多项认定，但难以界定某类交易、账户余额、列报的具体认定。审计人员应当评估财务报表层次的重大错报风险，并根据评估结果确定总体应对措施，这些措施包括向项目组分派更有经验或具有特殊技能的审计人员、利用专家的工作或提供更多的督导等。

审计人员应当评估认定层次的重大错报风险，并根据既定的审计风险水平和评估的认定层次重大错报风险确定可接受的检查风险水平。在既定的审计风险水平下，可接受的检查风险水平与认定层次重大错报风险的评估结果呈反向关系。评估的重大错报风险越高，可接受的检查风险越低；评估的重大错报风险越低，可接受的检查风险越高。审计人员应当获取认定层次充分、适当的审计证据，以便在完成审计工作时，能够以可接受的审计风险对财务报表整体发表审计意见。

检查风险取决于审计程序设计的合理性以及执行的有效性。审计人员应当合理设计审计程序的性质、时间和范围，并有效执行审计程序，以控制检查风险。

二、评估重大错报风险

（一）识别和评估两个层次的重大错报风险

审计人员应当识别和评估财务报表以及各类交易、账户余额、列报认定层次的重大错报风险。在识别和评估重大错报风险时，注册会计师应当实施下列审计程序：

(1)在了解被审计单位及其环境的整个过程中识别风险，并考虑各类交易、账户余额、列报。

(2)将识别的风险与认定层次可能发生错报的领域相联系。

(3)考虑识别的风险的重大性。

(4)考虑识别的风险导致财务报表发生重大错报的可能性。

审计人员应当利用实施风险评估程序获取的信息，包括在评价控制设计和确定其是否得到执行时获取的审计证据，作为支持风险评估结果的审计证据。审计人员应当根据风险评估结果，确定实施进一步审计程序的性质、时间和范围。

下列事项和情况可能表明被审计单位存在重大错报风险，审计人员应当关注：

(1)在经济不稳定的国家或地区开展业务；

(2)在高度波动的市场环境中开展业务；

(3)在严厉、复杂的监管环境中开展业务；

(4)持续经营和资产流动性出现问题，包括重要客户流失；

(5)融资能力受到限制；

(6)行业环境发生变化；

(7)供应链发生变化；

(8)开发新产品或提供新服务，或进入新的业务领域；

(9)开辟新的经营场所；

(10)发生重大收购、重组或其他非经常性事项；

(11)拟出售分支机构或业务分部；

(12)复杂的联营或合资；

(13)运用表外融资、特殊目的实体及其他复杂的融资协议；

(14)重大的关联方交易；

(15)缺乏具备胜任能力的会计人员；

(16)关键人员变动；

(17)内部控制薄弱；

(18)信息技术战略与经营战略不协调；

(19)信息技术环境发生变化；

(20)安装与财务报告有关的新的重大信息技术系统；

(21)经营活动或财务报告受到监管机构的调查；

(22)以往存在重大错报或本期期末出现重大会计调整；

(23)发生重大的非常规交易；

(24)按照管理层特定意图记录的交易；

(25)应用新颁布的会计准则或相关会计制度；

(26)会计计量过程复杂；

(27)事项或交易在计量时存在重大不确定性；

(28)存在未决诉讼和或有负债。

审计人员应当确定，识别的重大错报风险是与特定的某类交易、账户余额、列报的认定相关，还是与财务报表整体广泛相关，进而影响多项认定。财务报表层次的重大错报风险很可能源于薄弱的控制环境。薄弱的控制环境带来的风险可能对财务报表产生广泛影响，难以限于某类交易、账户余额、列报，审计人员应当采取总体应对措施。在评估重大错报风险时，审计人员应当将所了解的控制与特定认定相联系。控制与认定直接或间接相关；关系越间接，控制对防止或发现并纠正认定错报的效果越小。审计人员可能识别出有助于防止或发现并纠正特定认定发生重大错报的控制。在确定这些控制是否能够实现上述目标时，审计人员应当综合考虑控制活动和其他要素。

(二)需要特别考虑的重大错报风险

作为风险评估的一部分,审计人员应当运用职业判断,确定哪些识别的风险是需要特别考虑的重大错报风险。在确定哪些风险是特别风险时,审计人员应当在考虑识别出的控制对相关风险的抵消效果前,根据风险的性质、潜在错报的重要程度以及发生的可能性,判断风险是否属于特别风险。在确定风险的性质时,审计人员应当考虑下列事项:

(1)风险属于舞弊风险的可能性;

(2)风险与近期经济环境、会计处理方法和其他方面的重大变化的相关性;

(3)交易的复杂程度;

(4)风险涉及重大的关联方交易的可能性;

(5)财务信息计量的主观程度,特别是对不确定事项的计量存在较大区间;

(6)风险涉及异常或超出正常经营过程的重大交易的可能性。

特别风险通常与重大的非常规交易和判断事项有关。非常规交易是指由于金额或性质异常而不经常发生的交易。由于非常规交易具有下列特征,与重大非常规交易相关的特别风险可能导致更高的重大错报风险:

(1)管理层更多地介入会计处理;

(2)数据收集和处理涉及更多的人工成分;

(3)复杂的计算或会计处理方法;

(4)非常规交易的性质可能使被审计单位难以对由此产生的特别风险实施有效控制。

由于下列原因,与重大判断事项相关的特别风险可能导致更高的重大错报风险:

(1)对涉及会计估计、收入确认等方面的会计原则存在不同的理解;

(2)所要求的判断可能是主观和复杂的,或需要对未来事项作出假设。

对于特别风险,审计人员应当评价相关控制的设计情况,并确定其是否已经得到执行。与重大非常规交易或判断事项相关的风险很少受到日常控制的约束,审计人员应当了解被审计单位是否针对该特别风险设计和实施了控制。如果管理层未能实施控制以恰当应对特别风险,审计人员应当认为内部控制存在重大缺陷,并考虑其对风险评估的影响。

(三)仅通过实质性程序无法应对的重大错报风险

作为风险评估的一部分,如果认为仅通过实质性程序获取的审计证据无法将认定层次的重大错报风险降至可接受的最低水平,审计人员应当评价被审计单位针对这些风险设计的控制,并确定其执行情况。在被审计单位对日常交易采用高度自动化处理的情况下,审计证据可能仅以电子形式存在,其充分性和适当性通常取决于自动化信息系统相关控制的有效性,审计人员应当考虑仅通过实施实质性程序不能获取充分、适当的审计证据的可能性。

如果认为仅通过实施实质性程序不能获取充分、适当的审计证据,审计人员应当考虑依赖相关控制的有效性。

(四)对重大错报风险评估的修正

审计人员对认定层次重大错报风险的评估应以获取的审计证据为基础,并可能随着不断获取审计证据而作出相应的变化。如果通过实施进一步审计程序获取的审计证据与初始评估获取的审计证据相矛盾,审计人员应当修正风险评估结果,并相应修改原计划实施的进一步审计程序。

三、检查风险的评估基础

如前所述,审计风险要素之间存在着密切关系。重大错报风险的水平,决定着审计人员可接受的检查风险水平。评估的重大错报风险水平越高，审计人员可接受的检查风险水平也就越低；反之亦然。

鉴于重大错报风险的评估对检查风险有直接影响，重大错报风险的水平越高，审计人员就应实施越详细的实质性测试程序，并着重考虑其性质。例如，针对存货和产品销售成本项目，除实施分析程序外，还应对其余额（金额）进行实质性测试，以将检查风险降至可接受的水平。

四、检查风险对确定实质性测试性质、时间和范围的影响

不论重大错报风险的评估结果如何，审计人员都应当对各重要账户或交易类别进行实质性测试。然而，审计人员实施的实质性测试，其性质、时间和范围的决定最终取决于根据重大错报风险水平所确定的可接受的检查风险。可接受的检查风险水平与实质性测试的性质、时间和范围的关系详见表6—5。

表6—5　　检查风险与实质性测试的性质、时间和范围的关系

实质性测试 / 可接受的检查风险	性质	时间	范围
高	分析程序和交易测试为主	期中审计为主	较小样本　较少证据
中	分析程序、交易测试以及余额测试结合运用	期中审计、期末审计和期后审计结合运用	适中样本　适量证据
低	余额测试为主	期末审计和期后审计为主	较大样本　较多证据

五、检查风险与审计意见的类型

检查风险不仅影响审计人员所实施的实质性测试的性质、时间和范围，而且影响审计人员所发表审计意见的类型。如果经过实施有关实质性测试后，审计人员仍认为与某一重要账户或交易类别的认定有关的检查风险不能降至可接受的水平，那么，审计人员就应当发表保留意见或无法表示意见。这是因为如果不能将重要账户或交易类别的检查风险降至可接受的水平，审计人员将难以确定有多少重大错报无法通过实质性测试予以发现，财务报表的部分或全部认定是否合法、公允也难以确定。在这种情况下，最明智的做法是发表保留意见或无法表示意见。

本章小结

审计计划是指注册会计师为完成各项审计业务，达到预期的审计目标，在具体执行审计程序之前编制的工作计划。在计划审计工作时，注册会计师需要进行初步业务活动、制定总体审计策略和制订具体审计计划。

重要性是指被审计单位财务报表中错报或漏报的严重程度，这一程度在特定情况下可能影响财务报表使用者的判断或决策。重要性具有数量和质量两个方面的特征。在审计过程中，注册会计师对重要性原则的运用：一是在确定审计程序的性质、时间和范围时；二是在评价审计结果时，而且必须从财务报表层和交易层两个层次来考虑。

重大错报风险是指财务报表在审计前存在重大错报的可能性。在经营风险导向审计时

代,审计风险取决于重大错报风险和检查风险。审计人员应当实施审计程序,评估重大错报风险,并根据评估结果设计和实施进一步审计程序,以确定和控制检查风险,最终将审计风险控制在可接受的水平。

本章思考题

1. 简述审计计划的概念和作用。
2. 理解重要性的定义时应注意哪些方面?
3. 账户余额、各类交易和列报层次重要性水平的确定应考虑的因素有哪些?
4. 怎样理解审计风险的重要性与审计风险的关系?
5. 如何理解审计风险的要素及其相互关系?

第七章　内部控制

【学习目标】

1. 理解内部控制系统的含义、内容等基本理论；
2. 掌握内部控制的五要素的基本内容；
3. 掌握如何了解内部控制以及如何确定控制测试的性质、时间和范围。

【导入案例】

巴林银行倒闭案

1763年，弗朗西斯·巴林爵士在伦敦创建了世界上第一家商业银行——巴林银行。由于经营灵活、富于创新，巴林银行在国际金融界获得了巨大的成功。从巴拿马运河的开掘，到1803年美国从法国手中购买路易斯安那州等所用资金均来自巴林银行。20世纪初，巴林银行还荣幸地得到一个客户——英国皇室。巴林家族先后获得了5个世袭爵位，这也是一个世界纪录。1995年，巴林银行宣告破产。这一破产事件是由该行在新加坡的期货公司发生的巨额亏损引发的。1989年，里森到巴林银行工作。1992年，巴林总部决定派他到新加坡分行成立期货与期权交易部，并出任总经理。里森重新设了一个“错误账号(88888)”以记录较小的金额错误。同年7月，里森手下的一名交易员误将一笔本为卖出的日经指数期货合约买进，损失了2万英镑，里森当天并没有向总部汇报，而是将其记入了88888账户。同年9月，里森的一位好友乔治误将100份应卖出的期货(800万英镑)买进，里森将损失作了同样的处理。为弥补手下员工的失误，里森决定铤而走险，直接从事期货交易。1993年7月，他曾将88888账户亏损的600万英镑转为略有盈余。但由于计算机系统问题，里森后来的交易出现了亏损，亏损最高时一天达到170万英镑。1994年7月，里森损失5 000万英镑。1995年1月18日，日本神户大地震，日经指数暴跌，2月，里森的损失高达8.6亿英镑(巴林银行的股份资金为4.7亿英镑)，最终将巴林银行送上了绝路。

思考题：从内部控制的角度分析巴林银行倒闭的主要原因有哪些？

第一节　内部控制概述

一、内部控制的含义

内部控制是被审计单位为了合理保证财务报告的可靠性、经营的效率和效果以及对法律法规的遵守，由治理层、管理层和其他人员设计与执行的政策及程序。可以从以下几个方面理解：

1. 内部控制的目标

(1)保证财务报告的可靠性，这一目标与管理层履行财务报告编制责任密切相关；

(2)保证经营的效率和效果，即经济有效地使用企业资源，以最优方式实现企业的目标；

(3)保证遵守适用的法律法规的要求，即在法律法规的框架下从事经营活动。

2. 内部控制的责任主体

设计和实施内部控制的责任主体是治理层、管理层和其他人员，组织中的每一个人都对内部控制负有责任。

内部控制的目标旨在合理保证财务报告的可靠性、经营的效率和效果以及对法律法规的遵守。注册会计师审计的目标是对财务报表是否不存在重大错报发表审计意见，尽管要求注册会计师在财务报表审计中考虑与审计相关的内部控制，但目的并非对被审计单位内部控制的有效性发表意见。因此，注册会计师需要了解和评价的内部控制只是与财务报表审计相关的内部控制，并非被审计单位所有的内部控制。

与审计相关的控制，包括被审计单位为实现财务报告可靠性目标设计和实施的控制。注册会计师应当运用职业判断，考虑一项控制单独或连同其他控制是否与评估重大错报风险以及针对评估的风险设计和实施进一步审计程序有关。

二、内部控制的发展

内部控制是从内部牵制发展而来的，经历了较长的发展阶段，逐步形成了科学的体系。

(一)内部牵制阶段

20世纪40年代以前，人们习惯用内部牵制这一概念，其主要特点是：以任何个人或部门不能单独控制任何一项或一部分业务权力的方式进行组织上的责任分工。一般来说，内部牵制的执行大致可分为以下四类：一是实物牵制。例如，把保险柜的钥匙交给两个以上工作人员持有。如果不同时使用这两把以上的钥匙，保险柜就打不开。二是机械牵制。例如，保险柜的门若非按正确程序操作就打不开。三是体制牵制。采用双重控制预防错误和舞弊的发生。四是簿记牵制。定期将明细账与总账进行核对。在现代内部控制理论中，内部牵制仍占有重要地位，成为有关组织机构控制和职务分离控制的基础。

(二)内部控制阶段

20世纪40年代末，内部控制这一概念得到了重视。1949年，美国注册会计师协会的审计程序委员会在《内部控制：一种协调制度要素及其对管理当局和独立注册会计师的重要性》的报告中，对内部控制首次作出权威性定义："内部控制包括组织机构的设计和企业内部采取的所有相互协调的方法与措施，以保护企业财产、检查会计信息的准确性、提高经营效率和推动企业坚持执行既定的管理政策和规章制度。”这一范围广泛的定义及其相应的解释，在当时被普遍认为是对理解内部控制这一概念的重大贡献，因为在此之前内部控制概念从未受到如此的重视。

（三）会计控制和管理控制阶段

1958 年，美国注册会计师协会下属的审计程序委员会发布的《审计程序公告第 29 号》对内部控制定义重新进行表述，将内部控制划分为会计控制和管理控制。会计控制包括组织规划的所有方法和程序，这些方法和程序与财产安全以及财务记录可靠性有直接的联系。会计控制包括授权与批准制度、从事财务记录和审核与从事经营或财产保管职务分离的控制、财产的实物控制和内部审计。管理控制包括但不限于确保交易由管理当局授权的组织结构、程序及有关记录。内部管理控制包括组织规划的所有方法和程序，这些方法和程序主要与经营效率和贯彻管理方针有关，通常只与财务记录有间接关系。管理控制一般包括统计分析、时效研究即工作节奏研究、业绩报告、员工培训计划和质量控制。

（四）内部控制结构阶段

20 世纪 80 年代以后，西方会计、审计界研究的重点逐步从内部控制一般含义向具体内容深化。1988 年美国注册会计师协会发布《审计准则公告第 55 号》，从 1990 年 1 月起取代 1972 年发布的《审计准则公告第 1 号》。该公告首次以“内部控制结构”代替“内部控制”，指出“企业的内部控制结构包括为提供取得企业特定目标的合理保证而建立的各种政策和程序”。内部控制结构是指为了对实现特定公司目标提供合理保证而建立的一系列政策和程序构成的有机整体，包括控制环境、会计系统及控制程序三个部分。

(1)控制环境，反映董事会、管理者、业主和其他人员对控制的态度和行为。具体包括管理哲学和经营作风、组织结构、董事会及审计委员会的职能、人事政策和程序、确定职权和责任的方法、管理者监控和检查工作时所用的控制方法。

(2)会计系统，规定各项经济业务的确认、归集、分类、分析、登记和编报方法。一个有效的会计系统包括以下内容：鉴定和登记一切合法的经济业务；对各项经济业务进行适当分类，作为编制财务报表的依据；计量经济业务的价值以使其货币价值能够在财务报表中记录；确定经济业务发生的时间，以确保它记录在适当的会计期间；在财务报表中恰当地表述经济业务及有关的揭示内容。

(3)控制程序，指管理层制定的政策和程序，以保证达到一定的目的。它包括经济业务和活动的批准权；明确各员工的职责分工；充分的凭证、账单设置和记录；资产和记录的接触控制；业务的独立审核等。

（五）内部控制整合框架阶段

进入 20 世纪 90 年代，人们对内部控制的研究进入了一个全新的阶段。1992 年，美国反对虚假财务报告委员会下属的由美国会计学会、美国注册会计师协会、美国国际内部审计师协会、美国财务经理协会和美国管理会计学会等组织参与的发起组织委员会(COSO)发布报告《内部控制——整合框架》，即“COSO 报告”，该报告具有广泛的适用性。1996 年，美国注册会计师协会发布《审计准则公告第 78 号》，并从 1997 年 1 月起取代 1988 年发布的《审计准则公告第 55 号》，将内部控制定义为：由一个企业的董事会、管理层和其他人员实现的过程，旨在为下列目标提供合理保证：(1)财务报告的可靠性；(2)经营的效果和效率；(3)符合适用的法律和法规。审计准则将内部控制划分为五种要素，分别是：控制环境、风险评估、控制活动、信息与沟通、监控。这五种要素使内部控制成为一个整体。

(1)控制环境，构成一个单位的氛围，影响内部管理人员控制其他要素的基础，包括员工的诚实性和道德观、员工的胜任能力、董事会或审计委员会、管理哲学和经营方式、组织结构、授予权利和责任的方式以及人力资源政策和实施。

(2)风险评估，指管理层识别并采取相应的行动来管理对经营、财务报告、符合性目标有影响的内部或外部风险，包括风险识别和风险分析。

(3)控制活动，指对所确认的风险采取必要的措施，以保证单位目标得以实现的政策和程序，包括业绩评价、信息处理、实物控制和职责分离。

(4)信息与沟通，指为了使职员执行其职责，企业必须识别、捕捉、交流外部和内部信息。沟通是使员工了解其职责，保持对财务报告的控制，包括使员工了解在会计准则中他们的工作如何与他人相联系，如何对上级报告例外情况。沟通的方式有政策手册、财务报告手册、备查簿，以及口头交流或管理示例等。

(5)监控，指评价内部控制质量的进程，即对内部控制改革、运行及改进活动进行评价、监督和控制，包括内部审计以及与单位外部人员、团体进行交流。

上述五种要素实际上内容广泛，相互关联。控制环境是其他控制要素的基础，在规划控制活动时，必须对企业可能面临的风险进行细致的了解和评估；而风险评估和控制活动必须借助企业内部信息有效的沟通；最后，实施有效的监控以保障内部控制的实施质量。

(六)内部控制整合框架——风险管理阶段

2004年4月，美国COSO委员会在广泛吸收各国理论界和实务界研究成果的基础上，颁布了《企业风险管理框架》。该框架在1992年COSO的内部控制整合框架报告的基础上建立企业风险管理框架，将企业管理的重心由内部控制转向风险管理。相对于内部控制整合框架而言，新的COSO报告增加了一个观念即风险组合观，一个目标即战略目标，两个概念即风险偏好和风险容忍度，三个要素即目标制定、事项识别和风险反应。企业风险管理包括八个相互关联的要素，各要素贯穿在企业的管理过程之中。

(1)内部环境。企业的内部环境是其他所有风险管理要素的基础，为其他要素提供规则和结构。内部环境包含的内容很多，包括企业员工的价值观、人员的胜任能力和发展计划、管理者的经营模式、权限和职责的分配方式等。董事会是内部环境的重要组成部分，对其他内部环境要素具有重要的影响。企业的管理者也是内部环境的一部分，其职责是建立企业风险管理理念。

(2)目标制定。管理者根据企业确定的任务或预期制定企业的战略目标，选择战略并确定其他与之相关的目标，进而在企业内层层分解和落实。而企业风险管理就是给企业管理者提供一个适当的过程，既能够帮助制定企业的目标，又能够将目标与企业的任务或预期联系在一起，并且保证制定的目标与企业的风险偏好相一致。企业的目标包括战略目标、经营目标、报告目标以及合法性目标。

(3)事项识别。不确定性的存在，即管理者不能确切地知道某一事项是否会发生、何时发生或者事项发生后的结果，使得企业的管理者需要对这些事项进行识别。而潜在事项对企业可能有正面、负面的影响或者两者同时存在。

(4)风险评估。管理者应从两个方面对风险进行评估：风险发生的可能性和影响。风险发生的可能性是指某一特定事项发生的可能性，影响则是指事项的发生将会带来的影响。对于风险的评估应从企业战略和目标的角度进行：首先，应对企业的固有风险进行评估；其次，管理者应在对固有风险采取有关管理措施的基础上，对企业的剩余风险进行评估。

(5)风险反应。风险反应可以分为规避风险、减少风险、共担风险和接受风险四类。规避风险是指采取措施退出会给企业带来风险的活动。减少风险是指降低风险发生的可能性、降低风险的影响或两者同时降低。共担风险是指通过转嫁风险或与他人共担风险,降低风险发生的可能性或降低风险对企业的影响。接受风险则是不采取任何行动而接受可能发生的风险及其影响。

(6)控制活动。控制活动是帮助保证风险反应方案得到正确执行的相关政策和程序。控制活动是企业为实现其商业目标而执行的过程的一部分,通常包括两个要素:确定应该作出什么样的政策以及影响该政策的一系列程序。

(7)信息和沟通。来自企业内部和外部的相关信息必须以一定的格式和时间间隔进行确认、捕捉和传递,以保证企业的员工能够执行各自的职责。有效的沟通包括企业内自上而下、自下而上以及横向的沟通,还包括将相关信息与企业外部相关方的有效沟通和交换等。

(8)监控。对企业风险管理的监控是指评估风险管理要素的内容和运行以及一段时期的执行质量的一个过程。企业可以通过两种方式对风险管理进行监控——持续监控和个别评估。持续监控和个别评估都是用来保证企业的风险管理在企业内各管理层面和各部门持续得到执行。

三、内部控制的局限性

审计人员在确定内部控制的可信赖程度时,应当保持应有的职业谨慎,充分关注内部控制在实践中所固有的局限性。

(1)内部控制的设置和运行受制于成本效益原则。

(2)内部控制一般仅针对常规业务活动而设置。

(3)即使是设置完善的内部控制,也可能因有关人员的疏忽、误解和判断错误而失效。

(4)内部控制可能因有关人员相互勾结、内外串通而失效。

(5)内部控制可能因执行人员滥用职权或屈从于外部压力而失效。

(6)内部控制可能因经营环境、业务性质的改变而削弱或失效。

正是由于内部控制具有上述一些固有的局限性,因此,审计中总是存在一定的控制风险,即在审计风险模型中,控制风险始终大于零。这就要求审计人员注意,不论被审计单位内部控制多么健全有效,都应当选择适当的方法对被审计单位重要的财政收支、财务收支活动进行实质性审查,即内部控制测评不能代替实质性审查。

第二节 内部控制要素

2008年中国财政部、证监会、审计署、银监会、保监会联合发布《企业内部控制基本规范》,提出内部控制要素有五大类:(1)控制环境;(2)被审计单位的风险评估过程;(3)与财务报告相关的信息系统和沟通;(4)控制活动;(5)对控制的监督。

一、控制环境

(一)控制环境的含义

控制环境包括治理职能和管理职能,以及治理层和管理层对内部控制及其重要性的态度、认识和措施。控制环境设定了被审计单位的内部控制基调,影响员工对内部控制的认识和态度。良好的控制环境是实施有效内部控制的基础。防止或发现并纠正舞弊和错误是被审计单位治理层和管理层的责任。在评价控制环境的设计和实施情况时,注册会计师应当了解管理层在治理层的监督下是否营造并保持了诚实守信和合乎道德的文化,以及是否建立了防止或发现并纠正舞弊错误的恰当控制。实际上,在审计业务承接阶段,注册会计师需要对控制环境作出初步了解和评价。

(二)对诚信和道德价值观念的沟通与落实

诚信和道德价值观念是控制环境的重要组成部分,影响到重要业务流程的内部控制设计和运行。内部控制的有效性直接依赖于负责创建、管理和监控内部控制的人员的诚信和道德价值观念。被审计单位是否存在道德行为规范,以及这些规范如何在被审计单位内部得到沟通和落实,决定了是否能产生诚信和道德的行为。对诚信和道德价值观念的沟通与落实,既包括管理层如何处理不诚实、非法或不道德行为,也包括在被审计单位内部,通过行为规范以及高层管理人员的身体力行,对诚信和道德价值观念的营造和保持。

例如,管理层在行为规范中指出,员工不允许从供货商那里获得超过一定金额的礼品,超过部分都必须报告和退还。尽管该行为规范本身并不能绝对保证员工都照此执行,但至少意味着管理层已对此进行明示,它连同其他程序,构成一个有效的预防机制。

注册会计师在了解和评估被审计单位诚信和道德价值观念的沟通与落实时,考虑的主要因素包括:(1)被审计单位是否有书面的行为规范并向所有员工传达;(2)被审计单位的企业文化是否强调诚信和道德价值观念的重要性;(3)管理层是否身体力行,高级管理人员是否起表率作用;(4)对违反有关政策和行为规范的情况,管理层是否采取适当的惩罚措施。

(三)对胜任能力的重视

胜任能力是指具备完成某一职位的工作所应有的知识和能力。管理层对胜任能力的重视包括对于特定工作所需的胜任能力水平的设定,以及对达到该水平所必需的知识和能力的要求。注册会计师应当考虑主要管理人员和其他相关人员是否能够胜任承担的工作和职责,例如,财务人员是否对编报财务报表所适用的会计准则和相关会计制度有足够的了解并能正确运用。

注册会计师在就被审计单位对胜任能力的重视情况进行了解和评估时,考虑的主要因素包括:

(1)财务人员以及信息管理人员是否具备与被审计单位业务性质和复杂程度相称的、足够的胜任能力,在发生错误时,是否通过调整人员或系统来加以处理;

(2)管理层是否配备足够的财务人员以适应业务发展和有关方面的需要;

(3)财务人员是否具备理解和运用会计准则所需的技能。

(四)治理层的参与程度

被审计单位的控制环境在很大程度上受治理层的影响。治理层的职责应在被审计单位的章程和政策中予以规定。治理层(董事会)通常通过其自身的活动,并在审计委员会或类似机构的支持下,监督被审计单位的财务报告政策和程序。因此,董事会、审计委员会或类似机构应关注被审计单位的财务报告,并监督被审计单位的会计政策以及内部、外部的审计工作和结果。治理层的职责还包括监督用于复核内部控制有效性的政策和程序设计是否合理、执行是否有效。

治理层对控制环境影响的要素有:治理层相对于管理层的独立性、成员的经验和品德、治理层参与被审计单位经营的程度和收到的信息及其对经营活动的详细检查、治理层采取措施的适当性，包括提出问题的难度和对问题的跟进程度，以及治理层与内部审计人员和注册会计师的互动等。

注册会计师在对被审计单位治理层的参与程度进行了解和评估时，考虑的主要因素包括：

(1)董事会是否建立了审计委员会或类似机构；

(2)董事会、审计委员会或类似机构是否与内部审计人员以及注册会计师有联系和沟通，联系和沟通的性质以及频率是否与被审计单位的规模和业务复杂程度相匹配；

(3)董事会、审计委员会或类似机构的成员是否具备适当的经验和资历；

(4)董事会、审计委员会或类似机构是否独立于管理层；

(5)审计委员会或类似机构举行会议的数量和时间是否与被审计单位的规模和业务复杂程度相匹配；

(6)董事会、审计委员会或类似机构是否充分地参与了监督编制财务报告的过程；

(7)董事会、审计委员会或类似机构是否对经营风险的监控有足够的关注，进而影响被审计单位和管理层的风险评估过程；

(8)董事会成员是否保持相对的稳定性。

(五)管理层的理念和经营风格

管理层负责企业的运作以及经营策略和程序的制定、执行与监督。控制环境的每个方面在很大程度上都受管理层采取的措施和做出决策的影响，或在某些情况下受管理层不采取某些措施或不做出某种决策的影响。在有效的控制环境下，管理层的理念和经营风格可以创造一个积极的氛围，促进业务流程和内部控制的有效运行，同时创造一个减少错报发生可能性的环境。在管理层以一个或少数几个人为主时，管理层的理念和经营风格对内部控制的影响尤为突出。

管理层的理念包括管理层对内部控制的理念，即管理层对内部控制以及对具体控制实施环境的重视程度。管理层对内部控制的重视，有助于控制的有效执行，并减少特定控制被忽视或规避的可能性。控制理念反映在管理层制定的政策、程序及所采取的措施中，而不是反映在形式上。因此，要使控制理念成为控制环境的一个重要特质，管理层必须告知员工内部控制的重要性。同时，只有建立适当的管理层控制机制，控制理念才能产生预期的效果。

衡量管理层对内部控制重视程度的重要标准，是管理层收到有关内部控制缺陷及违规事件的报告时是否做出适当反应。管理层及时下达纠弊措施，表明他们对内部控制的重视，也有利于加强企业内部的控制意识。

此外，了解管理层的经营风格也很有必要，管理层的经营风格可以表明管理层所能接受的业务风险的性质。例如，管理层是否经常投资于风险特别高的领域或者在接受风险方面极为保守，不敢越雷池一步。注册会计师应考虑的问题包括：管理层是否谨慎从事，只有在对方案的风险和潜在利益进行仔细研究分析后才能进一步采取措施。了解管理层的经营风格有助于注册会计师判断哪些因素影响管理层对待内部控制的态度，哪些因素影响在编制财务报表时所做的判断，特别是在作出会计估计以及选用会计政策时。这种了解也有助于注册会计师进一步认识管理层的能力和经营动机。注册会计师对管理层的能力和诚信越有信心，就越有理由信赖管理层提供的信息和作出的解释及声明；相反，如果对管理层经营风格的了解加重了注册会计师的怀疑，注册会计师就会加大职业怀疑的程度，从而对管理层的各种声明产生疑问。因此，了解管理层的经营风格对注册会计师评估重大错报风险有着重要的意义。注册会计师

在了解和评估被审计单位管理层的理念和经营风格时,考虑的主要因素包括:

(1)管理层是否对内部控制包括信息技术的控制给予了适当的关注;

(2)管理层是否由一个或几个人所控制,董事会、审计委员会或类似机构对其是否实施了有效监督;

(3)管理层在承担和监控经营风险方面是风险偏好者还是风险规避者;

(4)管理层在选择会计政策和做出会计估计时是倾向于激进还是保守;

(5)管理层对于信息管理人员以及财会人员是否给予了适当的关注;

(6)对于重大的内部控制和会计事项,管理层是否征询注册会计师的意见,或者经常在这些方面与注册会计师存在不同意见。

(六)组织结构及职权与责任的分配

被审计单位的组织结构为计划、运作、控制及监督经营活动提供了一个整体框架。通过集权或分权决策,可在不同部门间进行适当的职责划分,建立适当层次的报告体系。组织结构将影响权利、责任和工作任务在组织成员中的分配。被审计单位的组织结构在一定程度上取决于被审计单位的规模和经营活动的性质。

注册会计师应当考虑被审计单位组织结构中是否采用向个人或小组分配控制职责的方法,是否建立了执行特定职能(包括交易授权)的授权机制,是否确保每个人都清楚地了解报告关系和责任。注册会计师还需审查对分散经营活动的监督是否充分。有效的权责分配制度有助于形成整体的控制意识。

注册会计师应当关注组织结构及权责分配方法的实质而不是仅仅关注其形式。相应地,注册会计师应当考虑相关人员对政策与程序的整体认识水平和遵守程度,以及管理层对其实施监督的程度。

注册会计师对组织结构的审查,有助于其确定被审计单位的职责划分应该达到何种程度,也有助于其评价被审计单位在这方面的不足会对整体审计策略产生的影响。

信息系统处理环境是注册会计师对组织结构及权责分配方法进行审查的一个重要方面。注册会计师应当考虑信息系统职能部门的结构安排是否明确了职责分配,授权和批准系统变化的职责分配,以及是否明确程序开发、运行及使用者之间的职责划分。

注册会计师在对被审计单位组织结构和职权与责任的分配进行了解和评估时,考虑的主要因素包括:

(1)在被审计单位内部是否有明确的职责划分,是否将业务授权、业务记录、资产保管和维护以及业务执行的责任尽可能地分离;

(2)数据处理和管理的职责划分是否合理;

(3)是否已针对授权交易建立适当的政策和程序。

(七)人力资源政策与实务

政策与程序(包括内部控制)的有效性,通常取决于执行人。因此,被审计单位员工的能力与诚信是控制环境中不可缺少的因素,人力资源政策与实务涉及招聘、培训、考核、咨询、晋升和薪酬等方面。被审计单位是否有能力招聘并保留一定数量既有能力又有责任心的员工在很大程度上取决于其人事政策与实务。例如,如果招聘录用标准要求录用最合适的员工,包括强调员工的学历、经验、诚信和道德,这表明被审计单位希望录用有能力并值得信赖的人员。被审计单位有关培训方面的政策应显示员工达到的工作表现和业绩水准,通过定期考核的晋升政策表明被审计单位希望具备相应资格的人员承担更多的职责。

注册会计师在对被审计单位人力资源政策与实务进行了解和评估时，考虑的主要因素包括：

(1)被审计单位在招聘、培训、考核、咨询、晋升、薪酬、补救措施等方面是否都有适当的政策和实务(特别是在会计、财务和信息系统方面)；

(2)是否有书面的员工岗位职责手册，或者在没有书面文件的情况下，对于工作职责和期望是否做了适当的沟通和交流；

(3)人力资源政策与实务是否清晰，并且定期发布和更新；

(4)是否设定适当的程序，对分散在各地区和海外的经营人员建立与沟通人力资源政策和程序。

综上所述，注册会计师应当对控制环境的构成要素获取足够的了解，并考虑内部控制的实质及其综合效果，以了解管理层和治理层对内部控制及其重要性的态度、认识以及所采取的措施。

在评价控制环境各个要素时，注册会计师应当考虑控制环境的各个要素是否得到执行。因为管理层也许建立了合理的内部控制，却未有效执行。例如，管理层已建立正式的行为守则，实际操作中却没有对不遵守该守则的行为采取措施。又如，管理层要求信息系统建立安全措施，却没有提供足够的资源。

在确定构成控制环境的要素是否得到执行时，注册会计师应当考虑将询问与其他风险评估程序相结合以获取审计证据。通过询问管理层和员工，注册会计师可以了解管理层如何就业务规程和道德价值观念与员工进行沟通；通过观察和检查，注册会计师可以了解管理层是否建立了正式的行为守则，在日常工作中行为守则是否得到遵守，以及管理层如何处理违反行为守则的情形。

控制环境对重大错报风险的评估具有广泛影响，注册会计师应当考虑控制环境的总体优势是否为内部控制的其他要素提供了适当的基础，并且未被控制环境中存在的缺陷所削弱。

注册会计师在评估重大错报风险时，存在令人满意的控制环境是一个积极的因素。虽然令人满意的控制环境并不能绝对防止舞弊，但有助于降低发生舞弊的风险。有效的控制环境还能为注册会计师相信在以前年度和期中所测试的控制将继续有效运行提供一定基础。相反，控制环境中存在的弱点可能削弱控制的有效性。例如，注册会计师在进行风险评估时，如果认为被审计单位控制环境薄弱，则很难认定某一流程的控制是有效的。

控制环境本身并不能防止或发现并纠正各类交易、账户余额和披露认定层次的重大错报，注册会计师在评估重大错报风险时，应当将控制环境连同其他内部控制要素产生的影响一并考虑。例如，将控制环境与对控制的监督和具体控制活动一并考虑。

在小型被审计单位，可能无法获取以文件形式存在的有关控制环境要素的审计证据，特别是在管理层与其他人员的沟通不够正式却有效的情况下。例如，小型被审计单位可能没有书面的行为守则，却通过口头沟通和管理层的示范作用形成了强调诚信和道德行为重要性的文化。因此，管理层或业主兼经理的态度、认识和措施对注册会计师了解小型被审计单位的控制环境非常重要。

二、被审计单位的风险评估过程

(一)被审计单位风险评估过程的含义

任何经济组织在经营活动中都会面临各种各样的风险，风险对其生存和竞争能力会产生影响。很多风险并不为经济组织所控制，但管理层应当确定可以承受的风险水平，识别这些风险并采取一定的应对措施。

可能产生风险的事项和情形包括：

(1)监管及经营环境的变化。监管和经营环境的变化会导致竞争压力的变化以及重大的相关风险。

(2)新员工的加入。新员工可能对内部控制有不同的认识和关注点。

(3)新信息系统的使用或对原系统进行升级。信息系统的重大变化会改变与内部控制相关的风险。

(4)业务快速发展。快速的业务扩张可能会使内部控制难以应对，从而增加内部控制失效的可能性。

(5)新技术。将新技术运用于生产过程和信息系统可以改变与内部控制相关的风险。

(6)新生产型号、产品和业务活动。进入新的业务领域和发生新的交易可以带来新的与内部控制相关的风险。

(7)企业重组。重组会导致裁员以及管理职责的重新划分，将影响与内部控制相关的风险。

(8)发展海外经营。海外扩张或收购会带来新的并且往往是特别的风险，进而会影响内部控制，如外币交易的风险。

(9)新的会计准则。采用新的或变化了的会计准则会增大财务报告发生重大错报的风险。

风险评估过程的作用是识别、评估和管理影响被审计单位实现经营目标能力的各种风险。而针对财务报告目标的风险评估过程则包括识别与财务报告相关的经营风险，评估风险的重大性和发生的可能性，以及采取措施管理这些风险。例如，风险评估可能会涉及被审计单位如何考虑对某些交易给予记录的可能性，或者识别和分析财务报告中重大会计估计发生错报的可能性。与财务报告相关的风险也可能与特定事项和交易有关。

被审计单位的风险评估过程包括识别与财务报告相关的经营风险，以及针对这些风险所采取的措施。注册会计师应当了解被审计单位的风险评估过程和结果。

(二)对风险评估过程的了解

在评价被审计单位风险评估过程的设计和执行时，注册会计师应当确定管理层如何识别与财务报告相关的经营风险、如何估计该风险的重要性、如何评估风险发生的可能性，以及如何采取措施管理这些风险。如果被审计单位的风险评估过程符合其具体情况，了解被审计单位的风险评估过程和结果有助于注册会计师识别财务报表的重大错报风险。

注册会计师在对被审计单位整体层面的风险评估过程进行了解和评估时，考虑的主要因素包括：

(1)被审计单位是否已建立并沟通其整体目标，并辅以具体策略和业务流程层面的计划。

(2)被审计单位是否已建立风险评估过程，包括识别风险、估计风险的重大性、评估风险发生的可能性以及确定需要采取的应对措施。

(3)被审计单位是否已建立某种机制，识别和应对可能对被审计单位产生重大且普遍影响的变化。如在金融机构中建立资产负债管理委员会，在制造型企业建立期货交易的风险管理组等。

(4)会计部门是否建立了某种流程，以识别会计准则的重大变化。

(5)当被审计单位业务操作发生变化并影响交易记录的流程时，是否存在沟通渠道以通知会计部门。

(6)风险管理部门是否建立了某种流程，以识别经营环境包括监管环境发生的重大变化。

注册会计师可以通过了解被审计单位及其环境的其他方面信息，评价被审计单位风险评估过程的有效性。例如，在了解被审计单位的业务情况时发现了某些经营风险，注册会计师应当了解管理层是否也意识到这些风险以及如何应对。在对业务流程的了解中，注册会计师还会进一步获得被审计单位有关业务流程的风险评估过程的信息。例如，在销售循环中，如果发现了销售的截止性错报的风险，注册会计师应当考虑管理层是否也识别了该错报风险以及如何应对该风险。

注册会计师应当询问管理层识别出的经营风险，并考虑这些风险是否可能导致重大错报。

在审计过程中，如果发现与财务报表有关的风险因素，注册会计师可通过向管理层询问和检查有关文件，确定被审计单位的风险评估过程是否也发现了该风险。如果识别出管理层未能识别的重大错报风险，注册会计师应当考虑被审计单位的风险评估过程为何没有识别出这些风险，以及评估过程是否适合于具体环境。

(三)对小型被审计单位的考虑

小型被审计单位可能没有正式的风险评估过程。在这种情况下，管理层很可能通过亲自参与经营来识别风险。无论情况如何，注册会计师询问识别出的风险以及管理层如何应对这些风险，仍是必要的。

三、与财务报告相关的信息系统和沟通

(一)与财务报告相关的信息系统的含义

与财务报告相关的信息系统，包括用以生成、记录、处理和报告交易、事项和情况，对相关资产、负债和所有者权益履行经营管理责任的程序和记录。交易可能通过人工或自动化程序生成。记录包括识别和收集与交易、事项有关的信息。处理包括编辑、核对、计量、估价、汇总和调节活动，可以由人工或自动化程序来执行。报告是指用电子或书面形式编制财务报告和其他信息，供被审计单位用于衡量和考核财务及其他方面的业绩。

与财务报告相关的信息系统应当与业务流程相适应。业务流程是指被审计单位开发、采购、生产、销售、发送产品和提供服务，保证遵守法律法规记录信息等一系列活动。与财务报告相关的信息系统所生成信息的质量，对管理层能否做出恰当的经营管理决策以及编制可靠的财务报告具有重大影响。

与财务报告相关的信息系统通常包括下列职能：

(1)识别与记录所有的有效交易；

(2)及时、详细地描述交易，以便在财务报告中对交易做出恰当分类；

(3)恰当计量交易，以便在财务报告中对交易的金额做出准确记录；

(4)恰当确定交易生成的会计期间；

(5)在财务报表中恰当列报交易。

(二)对与财务报告相关的信息系统的了解

注册会计师应当从下列方面了解与财务报告相关的信息系统(包括相关业务流程)：

(1)在被审计单位经营过程中，对财务报表具有重大影响的各类交易；

(2)在信息技术和人工系统中，被审计单位的交易生成、记录、处理、必要的更正、结转至总账以及在财务报表中报告的程序；

(3)用以生成、记录、处理和报告(包括纠正不正确的信息以及信息如何结转至总账)交易的会计记录、支持性信息和财务报表中的特定账户;

(4)被审计单位的信息系统如何获取除交易以外的与财务报表相关的重大的事项和情况;

(5)用于编制被审计单位财务报表(包括作出的重大会计估计和披露)的财务报告过程;

(6)与会计分录相关的控制,这些分录包括用于记录非经常性的、异常的交易或调整的非标准会计分录。

自动化程序和控制降低了发生无意错误的风险,但是并没有消除个人凌驾于控制之上的风险,如某些高级管理人员可能篡改自动过入总分类账和财务报告系统的数据金额。当被审计单位运用信息技术进行数据的传递时,发生篡改可能不会留下痕迹或证据。

(三)与财务报告相关的沟通的含义

与财务报告相关的沟通包括使员工了解各自在与财务报告有关的内部控制方面的角色和职责、相互之间的工作联系,以及向适当级别的管理层报告例外事项的方式。

公开的沟通渠道有助于确保例外情况得到报告和处理。沟通可以采用政策手册、会计和财务报告手册及备忘录等形式进行,也可以通过发送电子邮件、口头沟通等方式来进行。

(四)对与财务报告相关的沟通的了解

注册会计师应当了解被审计单位内部如何对财务报告的岗位职责以及与财务报告相关的重大事项进行沟通,还应当了解管理层与治理层(特别是审计委员会)之间的沟通,以及被审计单位与外部(包括与监管部门)的沟通。具体包括:

(1)管理层就员工的职责和控制责任是否进行了有效的沟通;

(2)针对可疑的不恰当事项和行为是否建立了沟通渠道;

(3)组织内部沟通的充分性是否能够使人员有效地履行职责;

(4)对于与客户、供应商、监管者和其他外部人士的沟通,管理层是否及时采取适当的进一步行动;

(5)被审计单位是否受到某些监管机构发布的监管要求的约束;

(6)外部人士如客户和供应商在多大程度上获知被审计单位的行为守则。

四、控制活动

(一)相关控制活动的含义

控制活动是指有助于确保管理层的指令得以执行的政策和程序。包括与授权、业绩评价、信息处理、实物控制和职责分离等相关的活动。

1. 授权

注册会计师应当了解与授权有关的控制活动,包括一般授权与特别授权。一般授权是指管理层制定的、要求组织内部遵守的普遍适用于某类交易或活动的政策。特别授权是指管理层针对特定类别的交易或活动逐一设置的授权,或超过一般限制的常规交易的授权。

2. 业绩评价

注册会计师应当了解与业绩评价有关的控制活动,主要包括被审计单位分析评价实际业绩与预算(或预测、前期业绩)的差异,综合分析财务数据与经营数据的内在关系,将内部数据与外部信息来源相比较,评价职能部门、分支机构或项目活动的业绩,以及对发现的异常差异或关系采取必要的调查与纠正措施。

3. 信息处理

注册会计师应当了解与信息处理有关的控制活动，包括信息技术的一般控制和应用控制。

被审计单位通常执行各种措施，检查各种类型信息处理环境下交易的准确性、完整性和授权。信息处理控制可以是人工的、自动化的，或是基于自动流程的人工控制。信息处理控制分为两类，即信息技术一般控制和应用控制。

信息技术一般控制是指与多个应用系统有关的政策和程序，有助于保证信息系统持续恰当地运行（包括信息的完整性和数据的安全性），支持应用控制作用的有效发挥，通常包括数据中心和网络运行控制，系统软件的购置、修改及维护控制，接触或访问权限控制，应用系统的购置、开发及维护控制。例如，程序改变的控制、限制接触程序和数据的控制、与新版应用软件包实施有关的控制等都属于信息技术一般控制。

信息技术应用控制是指主要在业务流程层面运行的人工或自动化程序，与用于生成、记录、处理、报告交易或其他财务数据的程序相关，通常包括检查数据计算的准确性，审核账户和试算平衡表，设置对输入数据和数字序号的自动检查，以及对例外报告进行人工干预。

4. 实物控制

注册会计师应当了解实物控制，主要包括了解对资产和记录采取适当的安全保护措施，对访问计算机程序和数据文件设置授权，以及定期盘点并将盘点记录与会计记录相核对。例如，现金、有价证券和存货的定期盘点控制。实物控制的效果影响资产的安全，从而对财务报表的可靠性及审计产生影响。

5. 职责分离

注册会计师应当了解职责分离，主要包括了解被审计单位如何将交易授权、交易记录以及资产保管等职责分配给不同员工，以防范同一员工在履行多项职责时可能发生的舞弊或错误。当信息技术运用于信息系统时，职责分离可以通过设置安全控制来实现。

（二）对控制活动的了解

在了解控制活动时，注册会计师应当重点考虑一项控制活动单独或连同其他控制活动，是否能够以及如何防止或发现并纠正各类交易、账户余额和披露存在的重大错报。注册会计师的工作重点是识别和了解针对重大错报可能发生的领域的控制活动。如果多项控制活动能够实现同一目标，则注册会计师不必了解与该目标相关的每项控制活动。

注册会计师对被审计单位整体层面的控制活动进行的了解和评估，主要是针对被审计单位的一般控制活动，特别是信息技术一般控制。在了解和评估一般控制活动时考虑的主要因素包括：

(1)被审计单位的主要经营活动是否都有必要的控制政策和程序；

(2)管理层在预算、利润和其他财务及经营业绩方面是否都有清晰的目标，在被审计单位内部，是否对这些目标都加以清晰地记录和沟通，并且积极地对其进行监控；

(3)是否存在计划和报告系统，以识别与目标业绩的差异，并向适当层次的管理层报告该差异；

(4)是否由适当层次的管理层对差异进行调查，并及时采取适当的纠正措施；

(5)不同人员的职责应在何种程度上相分离，以降低舞弊和不当行为发生的风险；

(6)会计系统中的数据是否与实物资产定期核对；

(7)是否建立了适当的保护措施，以防止未经授权接触文件、记录和资产；

(8)是否存在信息安全职能部门负责监控信息安全政策和程序执行情况。

(三)对小型被审计单位的考虑

小型被审计单位控制活动依据的理念与较大型被审计单位相似,但是它们运行的正式程度不同。进一步地讲,在小型被审计单位中,由于某些控制活动由管理层执行,特定类型的控制活动可能变得并不相关。例如,只有管理层拥有批准赊销、重大采购的权力,才可以对重要账户余额和交易实施有力控制,减少或消除实施更具体的控制活动的必要性。

小型被审计单位通常难以实施适当的职责分离,注册会计师应当考虑小型被审计单位采取的控制活动(特别是职责分离)能否有效实现控制目标。

五、对控制的监督

(一)对控制的监督的含义

管理层的重要职责之一就是建立和维护控制并保证其持续有效运行,对控制的监督可以实现这一目标。监督是指适当的人员,在适当、及时的基础上,评估控制的设计和运行情况的过程。对控制的监督是指被审计单位评价内部控制在一段时间内运行有效性的过程。对控制的监督涉及及时评估控制的有效性并采取必要的补救措施。例如,管理层对是否定期编制银行存款余额调节表进行复核,内部审计人员评价销售人员是否遵守公司关于销售合同条款的政策,法律部门定期监控公司的道德规范和商务行为准则是否得以遵循等。监督对控制的持续有效运行十分重要。假如没有对银行存款余额调节表是否得到及时和准确的编制进行监督,该项控制可能无法得到持续的执行。

通常管理层通过持续的监督活动、单独的评价活动或两者相结合实现对控制的监督。持续的监督活动通常贯穿于被审计单位日常重复的活动中,包括常规管理和监督工作。例如,管理层在履行其日常管理活动时,取得内部控制持续发挥功能的信息。当业务报告、财务报告与他们获取的信息有较大差异时,会对有重大差异的报告提出疑问,并做必要的追踪调查和处理。

被审计单位可能使用内部审计人员或具有类似职能的人员对内部控制的设计和执行进行专门的评价,以查找内部控制的优点和不足,并提出改进建议。被审计单位也可能利用与外部有关各方沟通或交流所获取的信息监督相关的控制活动。在某些情况下,外部信息可以展示内部控制存在的问题和需要改进之处。例如,客户通过付款来表示其同意发票金额,或者认为发票金额有误而不付款。监管机构(如银行监管机构)会对影响内部控制运行的问题与被审计单位沟通。管理层也会考虑与注册会计师就内部控制进行沟通,通过与外部信息的沟通,可以发现内部控制存在的问题,以便采取纠正措施。

值得注意的是,上述用于监督活动的很多信息都由被审计单位的信息系统产生,这些信息可能会存在错报,从而导致管理层从监督活动中得出错误的结论。因此,注册会计师应当了解与被审计单位监督活动相关的信息来源,以及管理层认为信息具有可靠性的依据。如果拟利用被审计单位监督活动使用的信息(包括内部审计报告),注册会计师应当考虑该信息是否具有可靠的基础,是否足以实现审计目标。

(二)了解对内部控制的监督

注册会计师在对被审计单位整体层面的监督进行了解和评估时,考虑的主要因素包括:

(1)被审计单位是否定期评价内部控制。

(2)被审计单位人员在履行正常职责时,能够在多大程度上获得内部控制是否有效运行的证据。

(3)与外部的沟通能够在多大程度上证实内部产生的信息或者指出存在的问题。

(4)管理层是否采纳内部审计人员和注册会计师有关内部控制的建议。

(5)管理层是否及时纠正控制运行中的偏差。

(6)管理层根据监管机构的报告及建议是否及时采取纠正措施。

(7)是否存在协助管理层监督内部控制的职能部门(如内部审计部门)。如存在,对内部审计职能需进一步考虑的因素包括:①独立性和权威性;②向谁报告,例如,直接向董事会、审计委员会或类似机构报告,对接触董事会、审计委员会或类似机构是否有限制;③是否有足够的人员、培训和特殊技能,例如,对于复杂的、高度自动化的环境应使用有经验的信息系统审计人员;④是否坚持适用的专业准则;⑤活动的范围,例如,财务审计和经营审计工作的平衡,在分散经营情况下,内部审计的覆盖程度和轮换程度;⑥计划、风险评估和执行工作的记录及形成结论的适当性;⑦是否不承担经营管理责任。

(三)对小型被审计单位的考虑

小型被审计单位通常没有正式的持续监督活动,且持续的监督活动与日常管理工作难以明确区分,业主往往通过其对经营活动的密切参与来识别财务数据中的重大差异和错报,并对控制活动采取纠正措施。注册会计师应当考虑业主对经营活动的密切参与能否有效实现其对控制的监督目标。

第三节　内部控制测评

内部控制测评,是指审计人员通过调查了解被审计单位内部控制的设置和运行情况,并进行相关测试,对内部控制的健全性、合理性和有效性做出评价,以确定是否依赖内部控制和实质性审查的性质、范围、时间和重点的活动。

建立健全内部控制并保证其有效实施是被审计单位的责任。审计人员的责任是对内部控制的健全性和有效性进行评价。

一、内部控制测评的作用

(一)评价被审计单位内部控制的健全性和有效性,据以确定会计和其他经济信息的可依赖性

审计人员主要通过审查被审计单位的会计和其他经济信息资料来实施审计,而这些资料的可依赖性在相当大程度上受相关内部控制的重要影响。被审计单位内部控制健全有效,其产生的信息资料的可依赖性就高;反之就低。所以审计人员在开始审计时应先对被审计单位内部控制的健全性和有效性进行测评,以决定是否依赖内部控制。

(二)评估控制风险水平,据以确定对实质性审查的性质、范围、时间和重点的影响,为制定和修改审计方案提供科学依据

审计人员对被审计单位内部控制进行测评的过程,实质上也是对控制风险水平进行评估的过程。在审计准备阶段,审计人员根据控制风险水平初步评估结果以及已经评估的固有风险水平,计算出检查风险水平,据以确定将要实施的实质性审查的性质、范围、时间和重点,为编制审计方案提供科学依据。例如,可以将缺少内部控制的重要业务领域,内部控制设计不合理、控制目标不能实现的领域,以及内部控制没有发挥作用的领域确定为实质性审查重点领

域,并针对内部控制缺陷和可能产生的后果提出对应的检查措施,确定实质性审查的具体方法。

在审计实施阶段,审计人员通过实施内部控制测试,可以进一步了解被审计单位内部控制的实际执行情况和有效程度,并对控制风险水平进行再评价,如果再评价结果与准备阶段对控制风险水平的初步评估有出入,则需要对原来审计方案确定的审计程序和方法进行适当调整。

(三)减少审计工作量,节约审计成本,保证审计质量

由于被审计单位规模扩大,业务量增加,而审计资源有限,审计人员已不可能对被审计单位所有的交易事项进行详细的审查。而在测评内部控制的基础上,如果认为被审计单位内部控制值得依赖,则可以使用抽样的方法开展实质性审查,这样不但可以减少审查业务和凭证账册的数量,而且可以使审计抽样规模的确定更具科学性,增加审计判断的准确性,合理控制审计风险,从而减少审计工作量,节约审计成本。此外,通过将内部控制测评中发现的控制弱点作为重点审计领域,合理分配有限的审计资源,可以提高工作效率,并保证审计工作的质量。

(四)向被审计单位提出健全和加强内部控制的建议,帮助其提高经济效益

审计人员通过内部控制测评,获得了被审计单位内部控制设置和执行方面的信息,对于在测评中发现的内部控制的重要缺陷,通过与被审计单位的沟通,可以向被审计单位提出改进建议。这样有利于被审计单位进一步健全内部控制,保证内部控制被有效地执行,从而改进其管理水平,提高经济效益。

二、内部控制测评的步骤和方法

(一)调查了解内部控制,并做出相应记录

1. 调查了解内部控制的方法

(1)询问。不论是初次审计取得信息,还是更新以前年度审计所获得的信息,审计人员都可以采用询问的方法。询问有多种方式,既可以通过信函、调查问卷等书面方式,也可以通过面对面访谈、电话沟通等口头方式进行。询问的对象既包括被审计单位内部管理人员、财务人员或者其他工作人员,也可能涉及被审计单位外部主管部门、行业专家、供应商等。审计人员可以通过向不同层次的人员询问同一方面的内部控制问题,即实施相互印证式的询问,从侧面验证被询问者答复的真实性。

(2)检查。审计人员可以通过审查和翻阅被审计单位的相关文件、报告、内部管理手册、信息系统的技术文档和操作手册等,对被审计单位内部控制进行了解。如果实施的是连续审计,审计人员则可以先查阅以前年度的审计档案以获取相关信息,并关注被审计年度内部控制发生的一些新变化,从而更新相应的内部控制信息。此外,内部控制的执行过程中会产生大量的凭证和记录,如固定资产验收单、工时和工资记录、原始凭证(销售发票、支票、凭单等)和会计记录等。通过检查这些凭证和记录,审计人员一方面能更好地理解内部控制文件的内容,增加对内部控制各要素的了解;另一方面还可以获得内部控制执行情况的证据。

(3)观察。审计人员可以通过观察被审计单位有关业务活动及其场所、设施和有关内部控制的执行情况,加深对被审计单位内部控制的了解。观察可以加深对内部控制设置和执行情况的了解,也可以掌握被审计单位文件资料之外的重要信息。但为了将人为干扰减少到最低,审计人员应尽可能采取突击的方式进行观察,并充分考虑现场观察到的是否仅仅是表面现象。同时,应灵活运用询问、检查等其他方法印证观察的结果。

(4)追踪有关业务的处理过程。审计人员可以通过追踪一笔或者多笔交易的处理过程,来

取得对被审计单位相关控制环节的了解，或者印证已经取得的对内部控制的了解是否正确。此外，这种方法还可能获取部分内部控制运行有效性的审计证据。

2. 记录内部控制调查结果的方法

审计人员对于被审计单位内部控制的调查结果，应该以书面形式记录或描述出来。常用的方法有文字说明法、调查表法和流程图法。

(1)文字说明法。文字说明法是指将对被审计单位内部控制的调查结果，以简洁的文字加以叙述的方法。采用这种方法时，审计人员通常是沿着主要经济业务的运行顺序，用文字详细记述业务的整个处理过程，指出经过了哪些控制环节、编写了哪些文件记录，并指出有关凭证和记录的来源及去向，以及是否设置了审批、复核等关键的控制点。

文字说明法的优点是：

①可以对调查对象做出比较深入和具体的描述；

②使用范围广泛，不受企业类型的限制。

文字说明法的缺点是：

①难以用简明的语言描述内部控制系统的细节；

②对于规模较大、内部控制系统复杂的企业，用文字说明势必显得冗长、头绪繁多，不便于从总体上对内部控制系统做出全面评价；

③文字记录会因每个人的行文习惯和叙述风格不同而异，如果对某项控制环节表述不清或文字表达含糊，则很容易引发对某些控制内容的误解。

因此，文字说明法作为调查表法和流程图法的补充加以利用时效果较好。如果单独采用这种方法，则只限于内部控制系统比较简单且易于描述的小型企业。

(2)调查表法。调查表法是指审计人员利用事先设计好的、标准化格式的调查表来反映被审计单位内部控制状况的方法。这种方法需先由审计人员就每一个审计项目的内部控制提出一系列问题，然后要求企业有关人员就调查表中列出的问题逐项给予"是"或"否"的回答。

调查表应按照企业的业务特点分项目编制，不宜在一张表内描述一个企业中整个的内部控制。调查表中的"问题"应该针对企业为了确保会计记录的可靠性、资产的完整性和经营的有效性所必须采取的制度、组织、方法和手续等具体事项来设置，用回答"是"或"否"的方式来表明内部控制的状况。此外，对于"问题"的拟定，应尽量符合控制标准的要求，以保证调查的全面性和彻底性，避免遗漏和疏忽，遇有特殊情况应加以备注。

调查表法的优点是：

①调查范围明确，问题突出，容易发现被审计单位内部控制系统中存在的缺陷和薄弱环节；

②设计合理的标准调查表，可广泛适用于同类型单位，从而减少审计工作量；

③调查表可由若干人分别同时回答，有助于保证调查效果。

调查表法的缺点是：

①反映问题不全面，仅限于被调查事项的范围；

②调查表仅要求做出"是"或"否"的回答，难以反映审计事项的具体情况和存在问题的程度；

③标准格式的调查表缺乏弹性，难以适用于各类型企业，尤其是小型企业或特殊行业的企业，往往会因"不适用"的回答太多而影响调查效果。

因此，调查表比较适用于调查了解被审计单位的控制环境和各主要业务领域的控制点。

(3)流程图法。流程图法是指用特定的符号和图形来描述某项业务的整个处理过程，将凭证和记录的产生、传递、检查、保存及其相互关系，用图解的形式直观地表达出来的方法。

流程图法的优点是：

①可以将各项业务活动的职责分工、授权批准和复核验证等项控制措施与功能完整地显示出来，并且形象直观，能够突出现有的控制点，有助于审计人员全面了解内部控制系统的运行情况，及时识别系统中的不足之处；

②便于随时根据业务控制程序的变化对流程图做出修改。

流程图法的缺点是：

①由于缺少文字说明，较复杂的业务不易理解；

②绘制流程图需要一定的技术，尤其是较复杂的业务，绘制难度更大。

在审计实践中，上述三种方法并不相互排斥。对于不同的业务环节可以采用不同的描述方法。三种方法结合使用，往往比单一采用某一种方法效果更好。

(二)对内部控制进行初步评价，评估控制风险

审计人员在完成了对内部控制的调查了解之后，要对内部控制做出初步评价，以确定相应的审计应对措施。这些应对措施包括：评估对内部控制的依赖程度(即评估控制风险水平)，确定是否及如何测试相关内部控制的有效性。初步评价的内容包括健全性和合理性两个方面。

1. 健全性评价

主要是评价应有的控制环节是否设置齐全。一是要分析在内部控制系统中的关键点上是否都设立了强有力的内部控制(内部控制的强点)；二是要分析在内部控制系统中是否存在薄弱环节(内部控制的弱点)。

2. 合理性评价

主要是分析内部控制的布局是否合理，有无多余的和不必要的控制；有无把一般控制点误作为关键控制部位；控制职能是否划分清楚；人员间的分工和牵制是否恰当，既不分工过细，又能起到牵制作用。此外，还要考虑内部控制的成本和效益状况。

经过初步评价，审计人员认为存在下列情形之一的，应当测试相关内部控制的有效性：一是某项内部控制设计合理且预期运行有效，能够防止重要问题的发生；二是仅实施实质性审查不足以为发现重要问题提供适当、充分的审计证据。

审计人员决定不依赖某项内部控制的，可以对审计事项直接进行实质性审查。

如果被审计单位规模较小、业务比较简单的，内部控制测试所减少的实质性审查的工作量小于进行必要的内部控制测试的工作量，则进行内部控制测试就是不经济的。此时，审计人员不再对内部控制实施测试，而对审计事项直接进行实质性审查。

(三)如果决定依赖内部控制，才能实施内部控制测试

内部控制测试是为了确定内部控制的设计和执行是否有效而实施的审计程序。它是在调查了解内部控制设置状况的基础上，对其执行的有效性所进行的测试，因此也常被称为遵循性测试。

1. 内部控制测试的方式

内部控制测试可以采取两种方式：一是业务程序测试(简称业务测试)，即选择若干具体的典型业务，沿着业务处理过程检查业务处理程序中的各项内部控制是否得到执行。这种测试常被看成一种纵向的内部控制测试。二是功能测试，即针对某项控制的某个控制环节，选择若干时期的同类业务进行检查，查明该控制环节的处理程序在被审计期内是否按规定发挥了作

用。这种测试常被看成一种横向的内部控制测试。

2. 内部控制测试的范围

无论采用哪种方式的内部控制测试，在实施测试前，均需要恰当确定内部控制测试的范围。从理论上讲，内部控制测试的范围越大，所能提供的用以证明有关控制政策或控制执行有效性的证据就越充分。但在审计实务中，内部控制测试的范围并不是越大越好，它要受到审计效率和审计成本的制约。确定内部控制测试的抽查范围时，可选择以下两种方法：

(1)统计抽样法，即根据总体规模、预计总体错误率、审计结论的精确限度和审计结论的可靠性程度等因素，运用统计抽样公式来计算或查表以确定应该抽查的业务量。

(2)经验估计法，即凭经验按业务活动执行的次数多少来估计应该抽查的业务量。通常情况下，某项业务活动执行的次数越多，则该项业务发生差错的概率就越大。

由于每个审计人员对应收集的证据在数量和质量上的要求不同，致使内部控制测试的范围，即抽样规模的确定常常带有一定程度的主观性。但是，一般情况下，内部控制测试的范围直接受审计人员对控制风险估计水平的影响。例如，当审计人员初步评价控制风险为较高水平时，则表明内部控制的可依赖程度很低或者根本不能依赖，因此，审计人员可执行很小范围的内部控制测试，而执行更大范围的实质性审查。但如果将控制风险评价为较低水平，则表明内部控制的可依赖程度很高，因此，审计人员应执行更大范围的内部控制测试，并相应地减小实质性审查的范围。

3. 内部控制测试的方法

审计人员可以通过检查、询问、观察、重新操作等方法来测试内部控制是否得到有效执行。

(1)检查，即审计人员抽取一定数量的账表、凭证等书面文档和其他有关资料文件，检查其是否存在控制措施线索，以判断内部控制是否得到有效贯彻执行的方法。例如，被审计单位规定各项费用支出必须由发生此项支出的部门负责人核准并签字才予办理，审计人员就可通过检查费用支出凭证上是否有部门负责人的核准意见及签字，来判断在实际工作中是否执行了该批准控制手续。

(2)询问，即审计人员为了了解被审计单位各项业务操作是否符合控制要求，而向有关人员询问某些业务执行情况的方法。尽管询问通常不是审计证据的可靠来源，但对于了解控制的执行情况却十分有用。例如，审计人员通过询问出纳人员，来确定未经授权人员是否曾经被允许接近保险柜。

(3)观察，是指审计人员亲临现场观察有关人员执行业务的状况，以判明业务处理程序是否遵循了内部控制的规定。例如，审计人员前往材料仓库，察看储藏设施是否坚实可靠，材料到达时是否经过严格检验、正确登记并及时入库，库存材料存放是否井然有序等，即可证实上述控制措施是否切实得到执行。

应该注意的是，为了尽量避免人为干扰，确保观察结论的客观真实性，审计人员不应以一次观察的结果作为结论，而应选择在不同的时间进行多次观察，并且应尽可能地采用突击的方式进行观察。

(4)重新操作，是指审计人员按照被审计单位所规定的内部控制程序，选择若干笔业务独立地重新操作一遍，以复核验证与该业务有关的控制手续的遵循情况。

在被审计单位的控制活动中，有的虽然要利用凭证和记录，但这些凭证和记录上的内容并不能完全满足审计人员评价内部控制被有效执行与否的目的。例如，被审计单位规定由一位人员负责将销货发票与标准定价表核对，但此程序并未在销货发票中做出记载。在这种情况下，审计人员通常可以将销售单价与销货业务发生当日应遵循的价格表进行核对，即重复执行这一控制程序。如果未发现错误，就可以认为这一程序是按要求执行的。

（四）对内部控制进行再评价

对内部控制的再评价，是指在初步评价的基础上，根据内部控制测试的结果对控制风险水平做出进一步评价。由于内部控制测试只能查证内部控制的功能和可靠性，却不能直接查证由某项内部控制程序所产生的数据的真实性和正确性，因此，审计人员还需要根据内部控制测试的证据，对控制风险水平做出进一步的评价，以确定完成审计工作所需执行的实质性审查的范围和重点。

控制风险的水平，可以用高、中、低的概念来表示，也可以将控制风险量化为百分比来表示。

1. 低控制风险

此种情况表明内部控制健全且执行情况良好。在测试检查有关的经济业务与会计资料时，未发现任何差错或差错的发生率很低。因此，审计人员可以较多地依赖、利用内部控制，并相应地减少实质性审查的数量和范围。

2. 中等控制风险

此种情况表明内部控制比较健全，尚存在一定的薄弱环节或缺陷，它们在某种程度上会影响经济业务与会计资料的真实性和正确性。在测试检查有关的业务活动时，发现有一定程度的差错。因此，审计人员应有保留地信赖该企业的内部控制。为减少审计风险，应扩大实质性审查的深度和广度，适当增加财务报表项目检查的数量和范围。

3. 高控制风险

此种情况表明内部控制设置极不健全，或虽设计了良好的内部控制，却未予有效执行，从而导致经济业务和会计资料大部分失控。在测试检查有关的业务活动时，差错的发生非常频繁，差错发生率很高。因此，审计人员无法信赖该单位的内部控制。

此时，审计人员通常要对经济业务和财务报表项目实施较为详细的实质性审查，以获得支持审计结论的足够证据。

若审计人员认为内部控制完全不能预防或发现错误，就应将控制风险定为100%。内部控制越有效，控制风险就越低。

三、内部控制测评结果的利用

审计人员对被审计单位实施内部控制测评的结果在审计工作中的应用主要表现在两个方面：

（一）确定实质性审查的性质、范围、重点和方法

这是审计人员运用内部控制、实施内部控制测试的直接原因，也是制度基础审计模式的要求。

1. 确定实质性审查的性质

针对某项业务为了实现一个特定的具体审计目标，可以有多种不同的实质性审查措施可供选择，但究竟应采取何种实质性审查措施，需要视所审查业务的内部控制情况而定。具有不同控制措施和控制水平的业务活动，可供审计人员采取的实质性审查措施是有差别的。审计人员在评价内部控制的基础上，可以选择最有效和节约的方法去收集所需要的审计证据。

2. 确定实质性审查的范围

通常情况下，在控制评价所认定的失去控制和控制薄弱的业务系统或业务环节，包括初步评价认为控制不完善或较不完善以及控制测试后认为控制未得到执行或执行不力的系统和环节，固有风险较大的经济业务都应当纳入实质性审查的范围。

3. 确定实质性审查的重点

通常情况下，确定实质性审查重点领域时应考虑以下三个方面：一是缺少内部控制的重要业务领域；二是内部控制设置不合理、控制目标不能实现的领域；三是内部控制没有发挥作用的领域。

4. 确定实质性审查的方法

对于列入审计重点的项目，一般应采用详细审计的方法；对于列入审计范围的非重点业务，一般应采用抽样审计方法，选择较大规模的样本进行审查；对于未列入审计重点和审计范围的业务，一般可以选择较小规模的样本进行略查，或者不做检查。确定实质性审查的具体方法时，应当针对内部控制缺陷和可能产生的后果提出对应的检查措施，以核实相关的财政收支、财务收支和会计处理是否真实、合法。

（二）提出改进内部控制的建议

审计不仅要监督企业的经济活动，而且应该结合审计中发现的问题，向被审计单位提出改进财政收支或财务收支管理，以及改善经营管理的建议。在测试和评价被审计单位内部控制的基础上，审计人员可以根据在内部控制测评中发现的失控环节和控制薄弱环节，提出改进内部控制的建议。

本章小结

内部控制是被审计单位为了合理保证财务报告的可靠性、经营的效率和效果以及对法律法规的遵守，由治理层、管理层和其他人员设计与执行的政策及程序。内部控制由控制环境、被审计单位的风险评估过程、与财务报告相关的信息系统和沟通、控制活动、对控制的监督五个要素组成。

注册会计师可以通过询问、观察和检查等程序了解被审计单位及其环境，在每次审计时都应对内部控制进行充分的了解，确定报表层次和认定层次可能存在的重大错报风险，并评估重大错报风险的影响，针对认定层次的重大错报风险采取进一步审计程序，即实施控制测试和实质性程序，从而使审计风险降至可接受的水平。

在对内部控制进行了解和初步评价后，如果决定依赖内部控制，才会实施内部控制测试。内部控制测试是为了确定内部控制的设计和执行是否有效而实施的审计程序。它是在调查了解内部控制设置状况的基础上，对其执行的有效性所进行的测试。

本章思考题

1. 简述内部控制的五项要素的内容。
2. 简述了解内部控制的目的和程序。
3. 举例说明控制活动的具体内容。
4. 如何确定控制测试的时间和范围？

第八章　审计抽样

【学习目标】

1. 理解审计抽样的含义和分类；

2. 掌握审计抽样中样本的设计与选取、抽样结果的评价以及审计抽样在审计测试中的实际运用。

【导入案例】

斯特公司与厄特马斯特的贷款案

1924 年 3 月，斯特公司向厄特马斯特公司贷款 10 万美元，厄特马斯特公司是一家主要从事应收账款业务的金融公司。厄特马斯特公司过去曾和斯特公司发生过几笔小额业务往来，所以对斯特公司比较熟悉。但鉴于这次贷款的数额较大，厄特马斯特公司要求斯特公司出具一份经过审计的资产负债表。于是，斯特公司请著名的道奇与尼文会计师事务所对该公司 1923 年的资产负债表进行审计，签发了无保留意见的审计报告。斯特公司经过审计的资产负债表显示，它的总资产已超过了 250 万美元，且有近 100 万美元的净资产。在看了这份资产负债表和审计报告后，厄特马斯特公司向斯特公司提供了 10 万美元的贷款。随后，厄特马斯特公司又向其发放了两笔总计 65 000 美元的贷款。在同一时间内，斯特公司以同样的手法，从当地其他两家银行得到了超过 30 万美元的贷款。

对厄特马斯特公司和两家贷款给斯特公司的银行来说，不幸的事发生了：1925 年 1 月，斯特公司宣告破产，随后的法庭证词表明，就在资产负债表显示斯特公司拥有 100 万美元净资产的 1923 年底，公司已处于资不抵债的状态。斯特公司的一名会计以虚构公司巨额会计分录的方法，向审计人员隐瞒了公司濒临破产的事实。其中虚构的最大一笔会计分录是将超过 70 万美元的虚假销售收入记入“应收账款”账户的借方。

在斯特公司破产后，厄特马斯特公司为追回经济损失，起诉了道奇与尼文会计师事务所。厄特马斯特公司宣称：事务所在对斯特公司进行审计时，不仅麻痹大意，而且还存在欺诈行为。

厄特马斯特公司的律师陈述：道奇与尼文会计师事务所的审计人员应该很轻易地查出斯特公司在 1923 年 12 月 31 日的资产负债表中虚增了 70 万美元应收账款项目这一事实。这个虚构事项如果被纠正，将使斯特公司报告的净资产减少近70%，那么厄特马斯特公司也就不可能贷给斯特公司如此大额的款项了。

道奇与尼文会计师事务所的律师为此项疏忽辩护说，审计主要是"抽样测试"，而不是对所有账目进行详细检查。所以，有17张假发票未包含在被检查的200多张发票之内是不足为奇的。法庭对此裁决指出：虽然通常审计工作是建立在以抽样为基础的原则上的，但鉴于该笔12月份大额销售收入性质可疑，道奇与尼文会计师事务所有责任对其进行特别检查。最终道奇与尼文会计师事务所承担了一定的法律责任。

思考题：你认为法院的裁决合理吗？抽样时应如何降低审计风险呢？

第一节　审计抽样概述

一、审计抽样的含义

审计抽样是指审计人员从审计对象总体中选取一定数量的样本进行测试，并根据测试结果，推断总体特征的一种审计方法，包括统计抽样方法和非统计抽样方法。

现代审计广泛采用审计抽样方法有其现实基础和理论依据：一是随着社会经济的发展，被审计单位的规模不断扩大、经济活动日益繁杂，详细审计会耗费大量的时间和人力、物力、财力，而且企业的内部控制越来越健全与完善，审计的主要目标已经不再仅是"查错防弊"，因此为了提高效率、降低成本，审计人员开始采用抽样技术。二是概率论和数理统计理论的发展，为审计抽样提供了科学的理论依据，正是这一数学理论基础的引入，使得审计抽样真正走上了科学化的道路。

科学运用审计抽样方法，对提高审计效率、降低审计成本、防范审计风险具有重要意义。审计抽样可用于内部控制测试和实质性审查，但它并不适用于这些测试中的所有程序。比如，审计抽样可在检查和函证中被广泛运用，但通常不用于询问、观察和分析。审计抽样通常不适用于下列情况：

(1)检查总体的完整性。

(2)抽样单位较少。

(3)总体中的每笔业务金额均超过重要性水平。

(4)可接受检查风险过低或要求审计检查保证程度过高。

(5)有特殊风险或需要特别关注的事项。

(6)使用审计抽样不符合成本效益原则。

二、审计抽样的分类

(一)抽样风险和非抽样风险

在获取审计证据时，注册会计师应当运用职业判断，评估重大错报风险，并设计进一步的审计程序，以确保将审计风险降至可接受的低水平。在使用审计抽样时，审计风险既可能受到抽样风险的影响，又可能受到非抽样风险的影响。抽样风险和非抽样风险通过影响重大错报风险的评估和检查风险的确定而影响审计风险。

1. 抽样风险

抽样风险，是指注册会计师根据样本得出的结论，可能不同于如果对整个总体实施与样本相同的审计程序得出的结论的风险。抽样风险是由抽样引起的，与样本规模和抽样方法相关。

控制测试中的抽样风险包括信赖过度风险和信赖不足风险。信赖过度风险是指推断的控制有效性高于其实际有效性的风险，也可以说，尽管样本结果支持注册会计师计划内部控制的程度，但实际偏差率不支持该信赖程度的风险。信赖过度风险与审计的效果有关。如果注册会计师评估的控制有效性高于其实际有效性，从而导致评估的重大错报风险水平偏低，注册会计师可能不适当地减少从实质性程序中获取的证据，因此审计的有效性下降对于注册会计师而言，信赖过度风险更容易导致注册会计师发表不恰当的审计意见，因而更应予以关注。相反，信赖不足风险是指推断的控制有效性低于其实际有效性的风险，也可以说，尽管样本结果不支持注册会计师计划信赖内部控制的程度，但实际偏差率支持该信赖程度的风险。信赖不足风险与审计的效率有关。当注册会计师评估的控制有效性低于其实际有效性时，评估的重大错报风险水平高于实际水平，注册会计师可能会增加不必要的实质性程序。在这种情况下，审计效率可能降低。

在实施细节测试时，注册会计师也要关注两类抽样风险：误受风险和误拒风险。误受风险是指注册会计师推断某一重大错报不存在而实际上存在的风险。如果账面金额实际上存在重大错报而注册会计师认为其不存在重大错报，注册会计师通常会停止对该账面金额继续进行测试，并根据样本结果得出账面金额无重大错报的结论。与信赖过度风险类似，误受风险影响审计效果，容易导致注册会计师发表不恰当的审计意见，因此注册会计师更应予以关注。误拒风险是指注册会计师推断某一重大错报存在而实际上不存在的风险。与信赖不足风险类似，误拒风险影响审计效率。如果账面金额不存在重大错报而注册会计师认为其存在重大错报，注册会计师会扩大细节测试的范围并考虑获取其他审计证据，最终注册会计师会得出恰当的结论。在这种情况下，审计效率可能降低。

也就是说，无论在控制测试还是在细节测试中，抽样风险都可以分为两种类型：一类是影响审计效果的抽样风险，包括控制测试的信赖过度风险和细节测试中的误受风险；另一类是影响审计效率的抽样风险，包括控制测试中的信赖不足风险和细节测试中的误拒风险。

2. 非抽样风险

非抽样风险，是指注册会计师由于任何与抽样风险无关的原因而得出错误结论的风险。注册会计师即使对某类交易或账户余额的所有项目实施审计程序，也可能仍未能发现重大错报或控制失效。在审计过程中，可能导致非抽样风险的原因包括下列情况：

(1)注册会计师选择的总体不适合测试目标。

(2)注册会计师未能适当地定义误差（包括控制偏差或错报），导致注册会计师未能发现样本中存在的偏差或错报。

(3)注册会计师选择了不适于实现特定目标的审计程序。

(4)注册会计师未能适当地评价审计发现的情况。

(5)其他原因。

非抽样风险是由人为错误造成的，因而可以降低、消除或防范。虽然注册会计师未能量化非抽样风险，但通过采取适当的质量控制政策和程序，对审计工作进行适当的指导、监督和复核，以及对注册会计师实务适当改进，可以将非抽样风险降至可以接受的水平。注册会计师也可以通过仔细设计其审计程序尽量降低非抽样风险。

(二)统计抽样和非统计抽样

注册会计师在运用审计抽样时,既可以使用统计抽样方法,也可以使用非统计抽样方法,这取决于注册会计师的职业判断。统计抽样,是指同时具备下列特征的抽样方法:(1)随机选取样本项目;(2)运用概率论评价样本结果,包括计量抽样风险。不同时具备这两个特征的抽样方法为非统计抽样。一方面,即使注册会计师严格按照随机原则选取样本,如果没有对样本结果进行统计评估,就不能认为使用了统计抽样;另一方面,基于非随机抽样的统计评估也是无效的。

注册会计师应当根据具体情况并运用职业判断,确定使用统计抽样或非统计抽样方法,以最有效率地获取审计证据。注册会计师在统计抽样与非统计抽样方法之间进行选择时主要考虑成本效益。统计抽样的优点在于能够客观地计量抽样风险,并通过调整样本规模精确地控制风险,这是与非统计抽样最重要的区别。另外,统计抽样还有助于注册会计师高效地设计样本,计量所获取证据的充分性,以及定量评价样本结果。但统计抽样又可能发生额外的成本。首先,统计抽样需要特殊的专业技能,因此使用统计抽样需要增加额外的支出对注册会计师进行培训。其次,统计抽样要求单个样本项目符合统计要求,这些也可能需要支出额外的费用。非统计抽样如果设计适当,也能提供与统计抽样方法同样有效的结果。注册会计师使用非统计抽样时,也必须考虑抽样风险并将其降至可接受水平,但无法精确地测定抽样风险。

第二节　审计抽样的步骤

注册会计师实施审计抽样的目标是为得出有关抽样总体的结论提供合理的基础。注册会计师在控制测试和细节测试中实施审计抽样,主要分为以下三个阶段。

一、样本设计阶段

在设计审计样本时,注册会计师应当考虑审计程序的目的和抽样总体的特征。审计抽样中样本设计阶段的工作主要包括以下几个步骤:

(一)确定测试目标

审计抽样必须紧紧围绕审计测试的目标展开,因此确定测试目标是样本设计阶段的第一项工作。一般而言,控制测试是为了获取关于某项控制运行是否有效的证据,而细节测试的目的是确定某类交易或账户余额的金额是否正确,获取与存在的错报有关的证据。

(二)定义总体与抽样单元

1. 总体

在实施抽样之前,注册会计师必须仔细定义总体,确定抽样总体的范围。总体可以包括构成某类交易或账户余额的所有项目,也可以只包括某类交易或账户余额中的部分项目。例如,如果应收账款中没有单个重大项目,注册会计师直接对应收账款账面余额进行抽样,则总体包括构成应收账款期末余额的所有项目。如果注册会计师已使用选取特定项目的方法将应收账款中的单个重大项目挑选出来单独测试,只对剩余的应收账款余额进行抽样,则总体只包括构成应收账款期末余额的部分项目。

注册会计师应当确保总体的适当性和完整性。也就是说,注册会计师所定义的总体应具备下列两个特征:

(1)适当性。注册会计师应确定总体适合于特定的审计目标,包括适合于测试的方向。例如,在控制测试中,如果要测试用以保证所有发运商品都已开单的控制是否有效运行,注册会计师从已开单的项目中抽取样本不能发现误差,因为该总体不包含那些已发运但未开单的项目。为发现这种误差,将所有已发运的项目作为总体通常比较适当。又如,在细节测试中,如果注册会计师的目标是测试应付账款的高估,总体可以定义为应付账款明细表。但在测试应付账款的低估时,将被审计单位的供货商对账单作为总体,比将应付账款明细表作为总体更适当。后来支付的证明、未付款的发票、未付款的验收报告等也可以作为总体,它们都能提供低估应付账款的证据。

(2)完整性。在实施审计抽样时,注册会计师需要实施审计程序,以获取有关总体的完整性的审计证据。注册会计师应当从总体项目内容和涉及时间等方面确定总体的完整性。

例如,如果注册会计师从档案中选取付款证明,除非确信所有的付款证明都已归档,否则注册会计师不能对该期间的所有付款证明得出结论。又如,如果注册会计师对某一控制活动在财务报告期间是否有效运行得出结论,总体应包括来自整个报告期间的所有相关项目。

2. 抽样单元

抽样单元,是指构成总体的个体项目。抽样单元可能是实物项目,可能是货币单元。在定义抽样单元时,注册会计师应使其与审计测试目标保持一致。注册会计师在定义总体时通常都指明了适当的抽样单元。

3. 分层

如果总体项目存在重大的变异性,注册会计师可以考虑将总体分层。分层,是指将总体划分为多个子总体的过程,每个子总体由一组具有相同特征(通常为货币金额)的抽样单元组成。分层可以降低每一层中项目的变异性,从而在抽样风险没有成比例增加的前提下减小样本规模,提高审计效率。注册会计师应当仔细界定子总体,以使每一抽样单元只能属于一个层。

在实施细节测试时,注册会计师通常根据金额对总体进行分层。这使注册会计师能够将更多的审计资源投向金额较大的项目,而这些项目最有可能包含高估错报。例如,为了函证应收账款,注册会计师可以将“应收账款”账户按其金额大小分为三层,即账户金额在 100 000 元以上的、账户金额为 5 000～100 000 元的、账户金额在5 000元以下的,然后根据各层的重要性分别采取不同的选样方法。对于金额在 100 000 元以上的“应收账款”账户,应进行全部函证;对于金额在 5 000～100 000 元以及 5 000 元以下的“应收账款”账户,则可采用适当的选样方法选取进行函证的样本。同样,注册会计师也可以根据表明更高错报风险的特定特征对总体分层,例如,在测试应收账款计价中的坏账准备时,注册会计师可以根据账龄对应收账款余额进行分层。

(三)定义误差构成条件

注册会计师必须事先准确定义构成误差的条件,否则执行审计程序时就没有识别误差的标准。在控制测试中,误差是指控制偏差,注册会计师要仔细定义所要测试的控制及可能出现偏差的情况;在细节测试中,误差是指错报,注册会计师要确定哪些情况构成错报。

(四)确定审计程序

注册会计师必须确定能够实现测试目标的审计程序组合。例如,如果注册会计师的审计目标是通过测试某一阶段的适当授权证实交易的有效性,审计程序就是检查特定人员已在某文件上签字以示授权的书面证据。注册会计师预计样本中每一张文件上都有适当的签名。

二、选取样本阶段

(一)确定样本规模

样本规模是指从总体选取样本项目的数量。在审计抽样中，如果样本规模过小，就不能反映出审计对象总体的特征，注册会计师就无法获取充分的审计证据，其审计结论的可靠性就会大打折扣，甚至可能得出错误的审计结论。因此，注册会计师应当确定足够的样本规模，以将抽样风险降至可接受的低水平；相反，如果样本规模过大，则会增加审计工作量，造成不必要的时间和人力上的浪费，加大审计成本，降低审计效率，就会失去审计抽样的意义。影响样本规模的因素主要包括：

1. 可接受的抽样风险

可接受的抽样风险与样本规模成反比。注册会计师愿意接受的抽样风险越低，样本规模通常越大；反之，注册会计师愿意接受的抽样风险越高，样本规模越小。

2. 可容忍误差

可容忍误差是指注册会计师在认为测试目标已实现的情况下准备接受的总体最大误差。在控制测试中，它指可容忍偏差率。可容忍偏差率，是指注册会计师设定的、偏离规定的内部控制程序的比率，注册会计师试图对总体中的实际偏差率不超过该比率获取适当水平的保证。在细节测试中，它指可容忍错报。可容忍错报，是指注册会计师设定的货币金额。注册会计师试图对总体中的实际错报不超过该货币金额获取适当水平的保证。

3. 预计总体误差

预计总体误差是指注册会计师根据以前对被审计单位的经验或实施风险评估程序的结果而估计总体中可能存在的误差。预计总体误差越大，可容忍误差也应当越大；但预计总体误差不应超过可容忍误差。在既定的可容忍误差下，预计总体误差越大，表明审计风险越高，所需的样本规模越大。

4. 总体变异性

总体变异性是指总体的某一特征(如金额)在各项目之间的差异程度。在控制测试中，注册会计师在确定样本规模时一般不考虑总体变异性。在细节测试中，注册会计师确定适当的样本规模时要考虑特征的变异性。总体项目的变异性越低，通常样本规模越小。注册会计师可以通过分层，将总体分为相对同质的组，以尽可能降低每一组中变异性的影响，从而减小样本规模。

5. 总体规模

除非总体非常小，一般而言，总体规模对样本规模的影响几乎为零。注册会计师通常将抽样单元超过 5 000 个的总体视为大规模总体。对大规模总体而言，总体的实际容量对样本规模几乎没有影响。对小规模总体而言，审计抽样比其他选择测试项目的方法的效率低。

注册会计师在控制测试和细节测试中确定的样本规模受到以下因素的影响，如表 8－1 所示。

表 8－1　　影响样本规模的因素

影响因素	控制测试	细节测试	与样本规模的关系
可接受的抽样风险	可接受的信赖过度风险	可接受的误受风险	反向变动
可容忍误差	可容忍偏差率	可容忍错报	反向变动

续表

影响因素	控制测试	细节测试	与样本规模的关系
预计总体误差	预计总体偏差率	预计总体错报	同向变动
总体变异性	—	总体变异性	同向变动
总体规模	总体规模	总体规模	影响很小

(二)选取样本

不管使用统计抽样或非统计抽样，在选取样本项目时，注册会计师都应当使总体中的每个抽样单元有被选取的机会。在统计抽样中，注册会计师选取样本项目时每个抽样单元被选取的概率是已知的。在非统计抽样中，注册会计师根据判断选取样本项目。由于抽样的目的是为注册会计师得出有关总体的结论提供合理的基础，因此，注册会计师通过选择具有总体典型特征的样本项目，从而选出有代表性的样本以避免偏向是很重要的。选取样本的基本方法，包括使用随机数表或计算机辅助审计技术选样、系统选样和随意选样。

1. 使用随机数表或计算机辅助审计技术选样

使用随机数表或计算机辅助审计技术选样又称随机数选样。使用随机数选样需以总体中的每一项都有不同的编号为前提。注册会计师可以使用计算机生成的随机数，如电子表格程序、随机数码生成程序、通用审计软件程序等计算机程序产生的随机数，也可以使用随机数表获得所需的随机数。

随机数是一组从长期来看出现概率相同的数码，且不会产生可识别的模式。随机数表也称乱数表，它是由随机生成的从 0～9 共 10 个数字所组成的数表，每个数字出现的次数是大致相同的，它们表现在表中的顺序是随机的。表 8－2 就是 5 位随机数表的一部分。

表 8－2　　　　随机数表

行＼列	1	2	3	4	5	6	7	8	9	10
1	32044	69037	29655	92114	81034	40582	01584	77184	85762	46505
2	23821	96070	82592	81642	08971	07411	09037	81530	56195	98425
3	82383	94987	66441	28677	95961	78346	37916	09416	42438	48432
4	68310	21792	71635	86089	38157	95620	96718	79554	50209	17705
5	94856	76940	22165	01414	01413	37231	05509	37489	56459	52983
6	95000	61958	83430	98250	70030	05436	74814	45978	09277	13827
7	20764	64638	11359	32556	89822	02713	81293	52970	25080	33555
8	71401	17964	50940	95753	34905	93566	36318	79530	51105	26952
9	38464	75707	16750	61371	01523	69205	32122	03426	14489	02086
10	59442	59247	74955	82835	98378	83513	47870	20795	01352	89906

应用随机数表选样的步骤如下：

(1)对总体项目进行编号，建立总体中的项目与表中数字的一一对应关系。一般情况下，编号可利用总体项目中原有的某些编号，如凭证号、支票号、发票号等。在没有事先编号的情况下，注册会计师需按一定的方法进行编号。如由 40 页、每页 50 行组成的应收账款明细表，可采用 4 位数字编号，前两位由 01～40 的整数组成，表示该记录在明细表中的页数，后两位数字由 01～50 的整数组成，表示该记录的行次。这样，编号 0534 表示第 5 页第 34 行的记录。所需使用的随机数的位数一般由总体项目数或编号位数决定。如前例中可采用 4 位随机数表，也可以使用 5 位随机数表的前 4 位数字或后 4 位数字。

(2)确定连续选取随机数的方法。即从随机数表中选择一个随机起点和一个选号路线，随机起点和选号路线可以任意选择，但一经选定就不得改变。从随机数表中任选一行或任何一列开始，按照一定的方向(上下左右均可)依次查找，符合总体项目编号要求的数字，即为选中的号码，与此号码相对应的总体项目即为选取的样本项目，一直到选足所需的样本量为止。例如，从前述应收账款明细表的 2 000 个记录中选择 10 个样本，总体编号规则如前所述，即前两位数字不能超过 40，后两位数字不能超过 50。如从表 8－2 第一行第一列开始，使用前 4 位随机数，逐行向右查找，则选中的样本为编号 3204，0741，0903，0941，3815，2216，0141，3723，0550，3748 的 10 个记录。

随机数选样不仅使总体中每个抽样单元被选取的概率相等，而且使相同数量的抽样单元组成的每种组合被选取的概率相等。这种方法在统计抽样和非统计抽样中均适用。由于统计抽样要求注册会计师能够计量实际样本被选取的概率，这种方法尤其适用于统计抽样。

2. 系统选样

系统选样也称等距选样，是指按照相同的间隔从审计对象总体中等距离地选取样本的一种选样方法。采用系统选样法，首先要计算选样间距，确定选样起点，然后再根据间距顺序地选取样本。选样间距的计算公式如下：

选样间距＝总体规模÷样本规模

例如，如果销售发票的总体范围是 652～3 152，设定的样本量是 125，那么选样间距为 20 [(3 152－652)÷125]。注册会计师必须从 0～19 中选取一个随机数作为抽样起点。如果随机选择的数码是 9，那么第一个样本项目是发票号码为 661(652 ＋9)的那一张，其余的 124 个项目是 681(661＋20)，701(681＋20)……依此类推，直至第 3141 号。

系统选样方法的主要优点是使用方便，比其他选样方法节省时间，并可用于无限总体。此外，使用这种方法时，对总体中的项目不需要编号，注册会计师只要简单数出每一个间距即可。但是，使用系统选样方法要求总体必须是随机排列的，否则容易发生较大的偏差，造成非随机的、不具代表性的样本。如果测试项目的特征在总体内的分布具有某种规律性，则选择样本的代表性就可能较差。

3. 随意选样

在这种方法中，注册会计师选取样本不采用结构化的方法。尽管不使用结构化的方法，注册会计师也要避免任何有意识的偏向或可预见性(如回避难以找到的项目，或总是选择或回避每页的第一个或最后一个项目)，从而试图保证总体中的所有项目都有被选中的机会。在使用统计抽样时，运用随意选样是不恰当的。

(三)对样本实施审计程序

注册会计师应当针对选取的每个项目，实施适合具体目的的审计程序。对选取的样本项目实施审计程序旨在发现并记录样本中存在的误差。如果审计程序不适用于选取的项目，注册会计师应当针对替代项目实施该审计程序。如果在测试付款授权时选取了一张作废的支票，并确信支票已按照适当程序作废因而不构成偏差，注册会计师需适当选择替代项目进行检查。

注册会计师通常对每一样本项目实施适合于特定审计目标的审计程序。有时，注册会计师可能无法对选取的抽样单元实施计划的审计程序(如由于原始单据丢失等原因)。注册会计师对未检查项目的处理取决于未检查项目对评价样本结果的影响。如果注册会计师对样本结果的评价不会因为未检查项目可能存在错报而改变，就不需对这些项目进行检查。如果未检查项目可能存在的错报会导致该类交易或账户余额存在重大错报，注册会计师就要考虑实施替代程序，为形成结论提供充分的证据。例如，对应收账款的积极式函证没有收到回函时，注册会计师可以审查期后收款的情况，以证实应收账款的余额。注册会计师也要考虑无法对这些项目实施检查的原因是否会影响计划的重大错报风险评估水平或对舞弊风险的评估。如果未能对某个选取的项目实施设计的审计程序或适当的替代程序，注册会计师应当将该项目视为控制测试中对规定的控制的一项偏差或细节测试中的一项错报。

三、评价样本结果

(一)分析样本误差

注册会计师应当调查识别出所有偏差或错报的性质和原因，并评价其对审计程序的目的和审计的其他方面可能产生的影响。无论是统计抽样还是非统计抽样，对样本结果的定性评估和定量评估一样重要。使样本的统计评价结果在可以接受的范围内，注册会计师也应对样本中的所有误差(包括控制测试中的控制偏差和细节测试中的金额错报)进行定性分析。

如果注册会计师发现许多误差具有相同的特征，如交易类型、地点、生产线或时期等，则应考虑该特征是不是引起误差的原因，是否存在其他尚未发现的、具有相同特征的误差，此时，注册会计师应将具有该共同特征的全部项目划分为一层，并对层中的所有项目实施审计程序，以发现潜在的系统误差。同时，注册会计师仍需分析误差的性质和原因，考虑存在舞弊的可能性。如果将某一误差视为异常误差，注册会计师应当实施追加的审计程序，以高度确信该误差对总体误差不具有代表性。

在极其特殊的情况下，如果认为样本中发现的某项偏差或错报是异常误差，注册会计师应当对该项偏差或错报对总体不具有代表性获取高度保证。异常误差，是指对总体中的错报或偏差明显不具有代表性的错报或偏差。在获取这种高度保证时，注册会计师应当实施追加的审计程序，获取充分、适当的审计证据，以确定该项偏差或错报不影响总体的其余部分。

(二)推断总体误差

当实施控制测试时，注册会计师应当根据样本中发现的偏差率推断总体偏差率，并考虑这一结果对特定审计目标及审计的其他方面的影响。

当实施细节测试时，注册会计师应当根据样本中发现的错报金额推断总体错报金额，并考虑这一结果对特定审计目标及审计的其他方面的影响。

(三)形成审计结论

注册会计师应当评价样本结果，以确定对总体相关特征的评估是否得到证实或需要修正控制测试中的样本结果评价。在控制测试中，注册会计师应当将总体偏差率与可容忍偏差率比较，但必须考虑抽样风险。

1. 控制测试中的样本结果评价

(1)统计抽样。在统计抽样中，注册会计师通常使用表格或计算机程序计算抽样风险。用以评价抽样结果的大多数计算机程序都能根据样本规模、样本结果，计算在注册会计师确定的信赖过度风险条件下可能发生的偏差率上限的估计值。该偏差率上限的估计值即为总体偏差率与抽样风险允许限度之和。

如果估计的总体偏差率上限低于可容忍偏差率,则总体可以接受。这时注册会计师对总体得出结论,样本结果支持计划评估的控制有效性,从而支持计划的重大错报风险评估水平。

如果估计的总体偏差率上限大于或等于可容忍偏差率,则总体不能接受。这时注册会计师对总体得出结论,样本结果不支持计划评估的控制有效性,从而不支持计划的重大错报风险评估水平。注册会计师应当修正重大错报风险评估水平,并增加实质性程序的数量,也可以对影响重大错报风险评估水平的其他控制进行测试,以支持计划的重大错报风险评估水平。

如果估计的总体偏差率上限低于但接近可容忍偏差率,注册会计师应当结合其他审计程序的结果,考虑是否接受总体,并考虑是否需要扩大测试范围,以进一步证实计划评估的控制有效性和重大错报风险水平。

(2)非统计抽样。在非统计抽样中,抽样风险无法直接计量。注册会计师通常将样本偏差率(即估计的总体偏差率)与可容忍偏差率相比较,以判断总体是否可以接受。如果样本偏差率大于可容忍偏差率,则总体不能接受。如果样本偏差率低于总体的可容忍偏差率,注册会计师要考虑即使总体实际偏差率高于可容忍偏差率时仍出现这种结果的风险;如果样本偏差率大大低于可容忍偏差率,注册会计师通常认为总体可以接受。如果样本偏差率与可容忍偏差率之间的差额不是很大也不是很小,以至于不能认定总体是否可以接受时,注册会计师则要考虑扩大样本规模,以进一步收集证据。

2. 细节测试中的样本结果评价

当实施细节测试时,注册会计师应当根据样本中发现的错报推断总体错报。注册会计师首先必须根据样本中的实际错报要求被审计单位调整账面记录金额。将被审计单位已更正的错报从推断的总体错报金额中减掉后,注册会计师应当将调整后的推断总体错报与该类交易或账户余额的可容忍错报相比较,但必须考虑抽样风险。如果推断错报高于确定样本规模时使用的预期错报,注册会计师可能认为,总体中实际错报超出可容忍错报的抽样风险不可接受。考虑其他审计程序的结果有助于注册会计师评估总体中实际错报超出可容忍错报的抽样风险是不可接受的。

(1)统计抽样。在统计抽样中,注册会计师利用计算机程序或数学公式计算出总体错报上限,并将计算的总体错报上限与可容忍错报相比较。计算的总体错报上限等于推断的总体错报(调整后)与抽样风险允许限度之和。如果计算的总体错报上限低于可容忍错报,则总体可以接受。这时注册会计师对总体得出结论,所测试的交易或者账户余额不存在重大错报。如果计算的总体错报上限大于或等于可容忍错报,则总体不能接受。

(2)非统计抽样。在非统计抽样中,注册会计师运用其经验和职业判断评价抽样结果。如果调整后的总体错报大于可容忍错报,或虽小于可容忍错报但两者很接近,注册会计师通常得出总体实际错报大于可容忍错报的结论。

如果调整后的总体错报远远小于可容忍错报,注册会计师可以得出总体实际错报小于可容忍错报的结论,即该类交易或账户余额不存在重大错报,因而总体可以接受。

如果调整后的总体错报虽然小于可容忍错报但两者之间的差距很接近(既不很小又不很大),注册会计师必须特别仔细地考虑,总体实际错报超过可容忍错报的风险是否能够接受,并考虑是否需要扩大细节测试的范围,以进一步获取证据。

第三节 审计抽样的具体运用

一、审计抽样在控制测试中的运用

(一)统计抽样在控制测试中的应用

1. 确定测试目标

注册会计师实施控制测试的目标是提供关于控制运行有效性的审计证据,以支持计划的重大错报风险评估水平。只有认为控制设计合理、能够防止或发现并纠正认定层次的重大错报时,注册会计师才有必要对控制运行的有效性实施测试。如果对控制运行有效性的定性评价可以分为最高、高、中和低四个层次,注册会计师只有在初步评估控制运行有效性在中等或以上水平时,才会实施控制测试。注册会计师必须首先针对某项认定详细了解控制目标和内部控制政策与程序之后,方可确定从哪些方面获取关于控制是否有效运行的审计证据。

2. 定义总体和抽样单元

在控制测试中,注册会计师必须考虑总体的同质性。同质性是指总体中的所有项目应该具有同样的特征。例如,如果被审计单位的出口和内销业务的处理方式不同,注册会计师应分别评价两种不同的控制情况,因而出现两个独立的总体。又如,虽然被审计单位的所有分支机构的经营可能都相同,但每个分支机构是由不同的人运行的。如果注册会计师对每个分支机构的内部控制和员工感兴趣,可以将每个分支机构作为一个独立的总体对待。另外,如果注册会计师关心的不是单个分支机构而是被审计单位整体的经营,且各分支机构的控制具有很多相同之处,就可以将被审计单位视为一个单独的总体。注册会计师在界定总体时,应当确保总体的适当性和完整性。首先,总体应适合于特定的审计目标。例如,要测试现金支付授权控制是否有效运行,如果从已得到授权的项目中抽取样本,注册会计师则不能发现控制偏差,因为该总体不包含那些已支付但未得到授权的项目。因此在本例中,为发现未得到授权的现金支付,注册会计师应当将所有已支付现金的项目作为总体。其次,注册会计师还应考虑总体的完整性,包括代表总体的实物的完整性。例如,如果注册会计师将总体定义为特定时期的所有现金支付,代表总体的实物就是该时期的所有现金支付单据。

注册会计师定义的抽样单元应与审计测试目标相适应。在控制测试中,注册会计师应根据被测试的控制定义抽样单元。抽样单元通常是能够提供控制运行证据的一份文件资料、一个记录或其中一行。例如,如果测试目标是确定付款是否得到授权,且设定的控制要求付款之前授权人在付款单据上签字,抽样单元可能被定义为每一张付款单据。如果一张付款单据包含了对几张发票的付款,且设定的控制要求每张发票分别得到授权,那么付款单据上与发票对应的一行就可能被定义为抽样单元。

3. 定义偏差

在控制测试中,误差是指控制偏差。注册会计师应仔细定义所要测试的控制及可能出现偏差的情况。注册会计师根据对内部控制的理解,确定哪些特征能够显示被测试控制的运行情况,然后据此定义误差构成条件。

4. 定义测试期间

注册会计师通常在期中实施控制测试。由于期中测试获取的证据只与控制截止期中测试时点的运行有关，注册会计师需要确定如何获取关于剩余期间的证据。

（1）将总体定义为整个被审计期间的交易。在设计控制测试的审计样本时，注册会计师通常将测试扩展至在剩余期间发生的交易，以获取额外的证据。在这些情况下，总体由整个被审计期间的交易组成。

①初始测试。注册会计师可能将总体定义为包括整个被审计期间的交易，但期中实施初始测试。在这种情况下，注册会计师可能估计总体中剩余期间将发生的交易的数量，并在期末审计时对所有发生在期中测试之后的被选取交易进行检查。例如，如果被审计单位在当年的前 10 个月开具了编号从 1 到10 000的发票，注册会计师可能估计，根据企业的经营周期，剩下两个月中将开具2 500张发票。因此注册会计师在选取所需的样本时用 1 到12 500作为编号。所选取的发票中，编号小于或等于10 000的样本项目在期中审计时进行检查，剩余的样本项目将在期末审计时进行检查。

②估计总体。在估计总体规模时，注册会计师可能考虑上年同期的实际情况、变化趋势以及经营性质等因素。在实务中，注册会计师可能高估剩余项目的数量。年底，如果部分被选取的编号对应的交易没有发生，可以用其他交易代替。考虑到这种可能性，注册会计师可能希望稍微多选取一些项目，对多余的项目只在需要作为替代项目时才进行检查。

（2）将总体定义为从年初到期中测试日为止的交易。将整个被审计期间的所有交易包括在抽样总体中通常效率不高，有时使用替代方法测试剩余期间的控制有效性也许效率更高。在这种情况下，注册会计师将总体定义为从年初到期中测试日为止的交易，并在确定是否需要针对剩余期间获取额外证据以及获取哪些证据时考虑下列因素：所涉及的认定的重要性；期中进行测试的特定控制；自期中以来控制发生的任何变化；控制改变实质性程序的程度；期中实施控制测试的结果；剩余期间的长短；对剩余期间实施实质性程序所产生的、与控制的运行有关的证据。

（二）选取样本阶段

1. 确定样本规模

在控制测试中影响样本规模的因素如下：

（1）可接受的信赖过度风险。在实施控制测试时，注册会计师主要关注抽样风险中的信赖过度风险。可接受的信赖过度风险与样本规模反向变动。控制测试中选取的样本旨在提供关于控制运行有效性的证据。由于控制测试是控制是否有效运行的主要证据来源，因此，可接受的信赖过度风险应确定在相对较低的水平上。在控制测试中，影响注册会计师可以接受的信赖过度风险的因素包括：①该控制所针对的风险的重要性；②控制环境的评估结果；③针对风险的控制程序的重要性；④证明该控制能够防止、发现和改正认定层次重大错报的审计证据的相关性和可靠性；⑤在与某认定有关的其他控制的测试中获取的证据的范围；⑥控制的叠加程度；⑦对控制的观察和询问所获得的答复可能不能准确反映该控制得以持续适当运行的风险。通常，相对较低的水平在数量上是指 5%～10%的信赖过度风险。注册会计师一般将信赖过度风险确定为 10%，特别重要的测试则可以将信赖过度风险确定为 5%。在实务中，注册会计师通常对所有控制测试确定一个统一的可接受信赖过度风险水平，然后对每一测试根据计划的重大错报风险评估水平和控制有效性分别确定其可容忍偏差率。本例中，注册会计师确定的可接受信赖过度风险为 10%。

（2）可容忍偏差率。可容忍偏差率与样本规模反向变动。在确定可容忍偏差率时，注册会计师应考虑计划评估的控制有效性。计划评估的控制有效性越低，注册会计师确定的可容忍偏差率通常越高，所需的样本规模就越小。一个很高的可容忍偏差率通常意味着控制的运行不会大大降低相关实质性程序的程度。在这种情况下，由于注册会计师预期控制运行的有效性很低，特定的控制测试可能不需进行。反之，如果注册会计师在评估认定层次重大错报风险时预期控制的运行是有效的，注册会计师必须实施控制测试。换言之，注册会计师在风险评估时越依赖控制运行的有效性，确定的可容忍偏差率越低，进行控制测试的范围越大，因而样本规模增加。

在实务中，注册会计师通常认为，当偏差率为3%～7%时，控制有效性的估计水平较高；可容忍偏差率最高为20%，偏差率超过20%时，由于估计控制运行无效，注册会计师不需进行控制测试。当估计控制运行有效时，如果注册会计师确定的可容忍偏差率较高就被认为不恰当。表8—3列示了可容忍偏差率与计划评估的控制有效性之间的关系。本例中，注册会计师预期现金支付授权控制运行有效，确定的可容忍偏差率为7%。

表8—3　可容忍偏差率和计划评估的控制有效性之间的关系

计划评估的控制有效性	可容忍偏差率(近似值,%)
高	3～7
中	6～12
低	11～20
最低	不进行控制测试

(3)预计总体偏差率。对于控制测试，注册会计师在考虑总体特征时，需要根据对相关控制的了解或对总体中少量项目的检查来评估预期偏差率。注册会计师可以根据上年测试结果和控制环境等因素对预计总体偏差率进行评估。在考虑上年测试结果时，应考虑被审计单位内部控制和人员的变化。在实务中，如果以前年度的审计结果无法取得或认为不可靠，注册会计师可以在抽样总体中选取一个较小的初始样本，以初始样本的偏差率作为预计总体偏差率的估计值。如果预期总体偏差率高得无法接受，意味着控制有效性很低，注册会计师通常决定不实施控制测试，而实施更多的实质性程序。本例中，注册会计师根据上年测试结果和对控制的初步了解，预计总体的偏差率为1.75%。

(4)总体规模。在本例中，现金支付业务数量很大，因而注册会计师认为总体规模对样本规模的影响可以忽略。

此外，控制运行的相关期间越长(年或季度)，需要测试的样本越多，因为注册会计师需要对整个拟信赖期间控制的有效性获取证据。控制程序越复杂，测试的样本越多。样本规模还取决于所测试的控制的类型，通常对人工控制实施的测试要多过自动化控制，因为人工控制更容易发生错误和偶然的失败；而针对计算机系统的信息技术一般控制只要有效发挥作用，曾经测试过的自动化控制一般都能保持可靠运行。在确定被审计单位自动控制的测试范围时，如果支持其运行的信息技术一般控制有效，注册会计师测试一次应用程序控制便可能足以获得对控制有效运行的较高的保证水平。如果所测试的控制包含人工监督和参与(如偏差报告、分析、评估、数据输入、信息匹配等)，则通常比自动控制需要测试更多的样本。在使用统计抽样时，注册会计师应当对影响样本规模的因素进行量化。

实施控制测试时，注册会计师可能使用统计抽样，也可能使用非统计抽样。在统计抽样中，注册会计师可以使用样本量表确定样本规模。表8—4提供了在控制测试中确定的可接受信赖过度风险为10%时所使用的样本量表。如果注册会计师需要其他信赖过度风险水平的抽样规模，必须使用统计抽样参考资料中的其他表格或计算机程序。

注册会计师根据可接受的信赖过度风险选择相应的抽样规模表，读取预计总体偏差率栏，找到适当的比率，然后确定与可容忍偏差率对应的列。可容忍偏差率所在列与预计总体偏差率所在行的交点就是所需的样本规模。本例中，如前所述，注册会计师确定的可接受信赖过度风险为10%，可容忍偏差率为7%，预计总体偏差率为1.75%。在信赖过度风险为10%时，7%可容忍偏差率与1.75%预计总体偏差率的交叉处为55，即所需的样本规模为55（见表8－4）。

表8－4　　控制测试统计抽样样本规模——信赖过度风险为10%

（括号内是可接受的偏差数）

预计总体偏差率(%) ＼ 可容忍偏差率	2%	3%	4%	5%	6%	7%	8%	9%	10%	15%	20%
0.00	114(0)	76(0)	57(0)	45(0)	38(0)	32(0)	28(0)	25(0)	22(0)	15(0)	11(0)
0.25	194(1)	129(1)	96(1)	77(1)	64(1)	55(1)	48(1)	42(1)	38(1)	25(1)	18(1)
0.5	194(1)	129(1)	96(1)	77(1)	64(1)	55(1)	48(1)	42(1)	38(1)	25(1)	18(1)
0.75	265(2)	129(1)	96(1)	77(1)	64(1)	55(1)	48(1)	42(1)	38(1)	25(1)	18(1)
1.00	*	176(2)	96(1)	77(1)	64(1)	55(1)	48(1)	42(1)	38(1)	25(1)	18(1)
1.25	*	221(3)	132(2)	77(1)	64(1)	55(1)	48(1)	42(1)	38(1)	25(1)	18(1)
1.50	*	*	132(2)	105(2)	64(1)	55(1)	48(1)	42(1)	38(1)	25(1)	18(1)
1.75	*	*	166(3)	105(2)	88(2)	55(1)	48(1)	42(1)	38(1)	25(1)	18(1)
2.00	*	*	198(4)	132(3)	88(2)	75(2)	48(1)	42(1)	38(1)	25(1)	18(1)
2.25	*	*	*	132(3)	88(2)	75(2)	65(2)	42(1)	38(1)	25(1)	18(1)
2.50	*	*	*	158(4)	110(3)	75(2)	65(2)	58(2)	38(1)	25(1)	18(1)
2.75	*	*	*	209(6)	132(4)	94(3)	65(2)	58(2)	52(2)	25(1)	18(1)
3.00	*	*	*	*	132(4)	94(3)	65(2)	58(2)	52(2)	25(1)	18(1)
3.25	*	*	*	*	154(5)	113(4)	82(3)	58(2)	52(2)	25(1)	18(1)
3.50	*	*	*	*	194(7)	113(4)	82(3)	73(3)	52(2)	25(1)	18(1)
3.75	*	*	*	*	*	131(5)	98(4)	73(3)	52(2)	25(1)	18(1)
4.00	*	*	*	*	*	149(6)	98(4)	73(3)	65(3)	25(1)	18(1)
5.00	*	*	*	*	*	*	160(8)	115(6)	78(4)	34(2)	18(1)
6.00	*	*	*	*	*	*	*	182(11)	116(7)	43(3)	25(2)
7.00	*	*	*	*	*	*	*	*	199(14)	52(4)	25(2)

注：(1)＊表示样本规模太大，因而在大多数情况下不符合成本效益原则。

(2)本表假设总体足够大。

2. 选取样本

在控制测试中使用统计抽样方法时，注册会计师必须在前面所述的使用随机数表或计算机辅助审计技术选样和系统选样中选择一种方法。原因在于，这两种方法能够产生随机样本，而其他选样方法虽然也可以提供代表性的样本，却不是随机的。

3. 实施审计程序

在对选取的样本项目实施审计程序时可能出现以下几种情况:

(1)无效单据。注册会计师选取的样本中可能包含无效的项目。例如,在测试与被审计单位的收据(发票)有关的控制时,注册会计师可能将随机数与总体中收据的编号对应。但是,某一随机数对应的收据可能是无效的(比如空白收据)。如果注册会计师能够合理确信该收据的无效是正常的且不构成对设定控制的偏差,就要用另外的收据替代。而且,如果使用了随机选样,注册会计师要用一个替代的随机数与新的收据样本对应。

(2)未使用或不适用的单据。注册会计师对未使用或不适用单据的考虑与无效单据类似。例如,一组可能使用的收据号码中包含未使用的号码或有意遗漏的号码。注册会计师如果选择了一个未使用号码,就应合理确信该收据号码实际上代表一张未使用收据且不构成控制偏差,然后用一个额外的收据号码替换该未使用的收据号码。有时选取的项目不适用于事先定义的偏差。例如,如果偏差被定义为没有验收报告支持的交易,选取的样本中包含的电话费可能没有相应的验收报告。如果合理确信该交易不适用且不构成控制偏差,注册会计师要用另一笔交易替代该项目,以测试相关的控制。

(3)对总体的估计出现错误。如果注册会计师使用随机数选样方法选取样本项目,在控制运行之前可能需要预估总体规模和编号范围。当注册会计师将总体定义为整个被审计期间的交易但计划在期中实施部分抽样程序时,这种情况最常发生。如果注册会计师高估了总体规模和编号范围,选取的样本中超出实际编号的所有数字都被视为未使用单据。在这种情况下,注册会计师要用额外的随机数代替这些数字,以确定对应的适当单据。

(4)在结束之前停止测试。有时注册会计师可能在对样本的第一部分进行测试时发现大量偏差。其结果是,注册会计师可能认为,即使在剩余样本中没有发现更多的偏差,样本的结果也不支持计划的重大错报风险评估水平。在这种情况下,注册会计师要重估重大错报风险并考虑是否有必要继续进行测试。

(5)无法对选取的项目实施检查。注册会计师应当针对选取的每个项目,实施适合于具体审计目标的审计程序。有时,被测试的控制只在部分样本单据上留下了运行证据。如果找不到该单据,或由于其他原因注册会计师无法对选取的项目实施检查,注册会计师可能无法使用替代程序测试控制是否适当运行。如果注册会计师无法对选取的项目实施计划的审计程序或适当的替代程序,就要考虑在评价样本时将该样本项目视为控制偏差。另外,注册会计师要考虑造成该限制的原因,以及该限制可能对其了解内部控制和评估重大错报风险产生的影响。

(三)评价样本结果阶段

1. 分析偏差的性质和原因

除了评价偏差发生的频率之外,注册会计师还要对偏差进行定性分析,即分析偏差的性质和原因。

注册会计师对偏差的性质和原因的分析包括:是有意的还是无意的?是误解了规定还是粗心大意?是经常发生还是偶然发生?是系统的还是随机的?如果对偏差的分析表明是故意违背了既定的内部控制政策或程序,注册会计师应考虑存在重大舞弊的可能性。与错误相比,舞弊通常要求对其可能产生的影响进行更为广泛的考虑。对被审计单位舞弊的考虑可以参见《中国注册会计师审计准则第1141号——财务报表审计中对舞弊的考虑》及其应用指南。在这种情况下,注册会计师应当确定实施的控制测试能否提供适当的审计证据,是否需要增加控制测试,或是否需要使用实质性程序应对潜在的错报风险。

在控制测试中考虑已识别的误差对财务报表的直接影响时，注册会计师应当注意，控制偏差并不一定导致财务报表中的金额错报。控制偏差虽然增加了金额错报的风险，但两者不是一一对应的关系。如果某项控制偏差更容易导致金额错报，该项控制偏差就更加重要。例如，与被审计单位没有定期对信用限额进行检查相比，如果被审计单位的销售发票出现错误，则注册会计师对后者的容忍度较低。这是因为，被审计单位即使没有对客户的信用限额进行定期检查，其销售收入和应收账款的账面金额也不一定发生错报；但如果销售发票出现错误，通常会导致被审计单位确认的销售收入和其他相关账户金额出现错报。

2. 计算总体偏差率

将样本中发现的偏差数量除以样本规模，就可以计算样本偏差率。样本偏差率就是注册会计师对总体偏差率的最佳估计。因此注册会计师在控制测试时无须另外推断总体偏差率，但必须考虑抽样风险。

3. 得出总体结论

注册会计师在统计抽样中通常使用公式、表格或计算机程序直接计算在确定的信赖过度风险水平下可能发生的偏差率上限，即估计的总体偏差率与抽样风险允许限度之和。

(1)使用统计公式评价样本结果。假定本例中，注册会计师对 55 个项目实施了既定的审计程序，且未发现偏差，则在既定的可接受信赖过度风险下，根据样本结果计算总体最大偏差率如下：

总体偏差率上限＝风险系数(R)/样本量(n)＝2.3/55＝4.18%

其中的风险系数根据可接受的信赖过度风险为 10%，且偏差数量为 0，在表 8－5 中查得为 2.3。表 8－5 列示了在控制测试中常用的风险系数。

表 8－5　　控制测试中常用的风险系数

信赖过度风险 / 样本中发现偏差的数量	5%	10%
0	3.0	2.3
1	4.8	3.9
2	6.3	5.3
3	7.8	6.7
4	9.2	8.0
5	10.5	9.3
6	11.9	10.6
7	13.2	11.8
8	14.5	13.0
9	15.7	14.2
10	17.0	15.4

这意味着，如果样本量为 55 且无一例偏差，总体实际偏差率超过 4. 18%的风险为 10%，即有 90%的把握保证总体实际偏差率不超过 4.18%。由于注册会计师确定的可容忍偏差率为 7%，因此可以得出结论，总体的实际偏差率超过可容忍偏差率的风险很小，总体可以接受。

也就是说，样本结果证实注册会计师对控制运行有效性的估计和评估的重大错报风险水平是适当的。

如果在55个样本中有两个偏差，则在既定的可接受信赖过度风险下，按照公式计算的总体偏差率上限如下：

总体偏差率上限＝风险系数(R)/样本量(n)＝5.3/55＝9.64％

这意味着，如果样本量为55且有两个偏差，总体实际偏差率超过9.64％的风险为10％。在可容忍偏差率为7％的情况下，注册会计师可以得出结论，总体的实际偏差率超过可容忍偏差率的风险很大，因而不能接受总体。

(2)使用样本结果评价表。注册会计师也可以使用样本结果评价表评价统计抽样的结果。表8－6列示了可接受的信赖过度风险为10％的总体偏差率上限。

本例中，注册会计师应当选择可接受的信赖过度风险为10％(见表8－6)评价样本结果。样本规模为55，注册会计师应当选择样本规模为55的那一行。当样本中未发现偏差时，应选择偏差数为零的那一列，两者交叉处的4.1％即为总体的偏差率上限，与利用公式计算的结果4.18％接近。

表8－6　控制测试中统计抽样结果评价——信赖过度风险为10％时的偏差率上限

样本规模＼实际发现的偏差数	0	1	2	3	4	5	6	7	8	9	10
20	10.9	18.1	*	*	*	*	*	*	*	*	*
25	8.8	14.7	19.9	*	*	*	*	*	*	*	*
30	7.4	12.4	16.8	*	*	*	*	*	*	*	*
35	6.4	10.7	14.5	18.1	*	*	*	*	*	*	*
40	5.6	9.4	12.8	16.0	19.0	*	*	*	*	*	*
45	5.0	8.4	11.4	14.3	17.0	19.7	*	*	*	*	*
50	4.6	7.6	10.3	12.9	15.4	17.8	*	*	*	*	*
55	4.1	6.9	9.4	11.8	14.1	16.3	18.4	*	*	*	*
60	3.8	6.4	8.7	10.8	12.9	15.0	16.9	18.9	*	*	*
70	3.3	5.5	7.5	9.3	11.1	12.9	14.6	16.3	17.9	19.6	*
80	2.9	4.8	6.6	8.2	9.8	11.3	12.8	14.3	15.8	17.2	18.6
90	2.6	4.3	5.9	7.3	8.7	10.1	11.5	12.8	14.1	15.4	16.6
100	2.3	3.9	5.3	6.6	7.9	9.1	10.3	11.5	12.7	13.9	15.0
120	2.0	3.3	4.4	5.5	6.6	7.6	8.7	9.7	10.7	11.6	12.6
160	1.5	2.5	3.3	4.2	5.0	5.8	6.5	7.3	8.0	8.8	9.5
200	1.2	2.0	2.7	3.4	4.0	4.6	5.3	5.9	6.5	7.1	7.6

注：(1) * 表示超过20％。

(2)本表以百分比表示偏差率上限；本表假设总体足够大。

当样本中发现两个偏差时，应选择偏差数为2的那一列，两者交叉处的9.4％即为总体的偏差率上限，与利用公式计算的结果9.64％相近。

（四）在控制测试中使用非统计抽样

在控制测试中使用非统计抽样时，抽样的基本流程和主要步骤与使用统计抽样时相同，只是在确定样本规模、选取样本和推断总体的具体方法上有所差别。在控制测试中使用非统计抽样时，注册会计师应当根据对被审计单位的初步了解，运用职业判断确定样本规模。在非统计抽样中，注册会计师也必须考虑可接受抽样风险、可容忍偏差率、预计总体偏差率以及总体规模等，但可以不对其量化，而只进行定性的估计。

在控制测试中使用非统计抽样时，注册会计师可以根据表 8－7 确定所需的样本规模。

表 8－7 是在预计没有控制偏差的情况下对人工控制进行测试的最低样本数量。考虑到前述因素，注册会计师往往可能需要测试比表中所列更多的样本。例如，对全年共发生 500 次的采购批准控制，如果初步评估控制运行有效，注册会计师至少要测试 25 个样本。如果 25 个样本中没有发现偏差，样本结果支持初步风险评估结果。如果 25 个样本中发现了偏差，样本结果不支持初步风险评估结果；此时注册会计师可以得出控制无效的结论，或考虑扩大样本量（通常是再检查 25 个样本）。如果拟测试的控制是针对相关认定的唯一控制，注册会计师应考虑更大的样本。

表 8－7　　人工控制最低样本规模

控制执行频率	控制发生总次数	最低样本数量
1 次/年度	1 次	1
1 次/季度	4 次	2
1 次/月度	12 次	3
1 次/周	52 次	5
1 次/日	250 次	20
每日数次	大于 250 次	25

有些控制可能执行次数很多，但不是每天都执行。例如，如果某公司实施一种按月执行的控制，该控制针对多个事项（某人每月对该公司的所有 50 个银行账户编制银行存款余额调节表）。在此情况下，首先把信息换算成对应的控制发生总次数，也就是 12 个月乘以 50 个即 600 个，然后从表格中选择对应的行。此时，600 个是个大规模的抽样总体，应采用“每日数次”这一行来确定样本规模。在非统计抽样方法中，注册会计师可以使用随机数表或计算机辅助审计技术选样和系统选样，也可以使用随意选样。非统计抽样只要求选出的样本具有代表性，并不要求必须是随机样本。

与统计抽样相同，在非统计抽样中也应当对选取的样本项目实施审计程序，并对发现的偏差进行定性分析。在非统计抽样中，注册会计师同样将样本的偏差率作为总体偏差率的最佳估计。但在非统计抽样中，抽样风险无法直接计量。注册会计师通常将样本偏差率（即估计的总体偏差率）与可容忍偏差率相比较，以判断总体是否可以接受。

（五）记录抽样程序

注册会计师应当记录所实施的审计程序，以形成审计工作底稿。在控制测试中使用审计抽样时，注册会计师通常记录下列内容：(1)对所测试的设定控制的描述；(2)抽样的目标，包括与重大错报风险评估的关系；(3)对总体和抽样单元的定义，包括注册会计师如何考虑总体的完整性；(4)对偏差的构成条件的定义；(5)信赖过度风险、可容忍偏差率，以及在抽样中使用的预计总体偏差率;(6)确定样本规模的方法;(7)选样方法;(8)对如何实施抽样程序的描述,以及样本中发现的偏差清单;(9)对样本的评价及总体结论摘要。

对样本的评价和总体结论摘要包含样本中发现的偏差数量、对注册会计师如何考虑抽样风险的解释,以及关于样本结果是否支持计划的重大错报风险评估水平的结论。工作底稿中还记录偏差的性质、注册会计师对偏差的定性分析,以及样本评价结果对其他审计程序的影响。

二、审计抽样在细节测试中的运用

细节测试旨在对各类交易、账户余额和披露的相关认定进行测试,尤其是对存在或发生、计价认定的测试。在细节测试中进行审计抽样,可能使用统计抽样,也可能使用非统计抽样。两种抽样方法的基本流程和主要步骤相同,但在部分环节所用的具体方法有所差别,以下分述之。

(一)在细节测试中使用非统计抽样

1. 样本设计阶段

实施细节测试时,注册会计师在样本设计阶段必须完成的工作包括四个环节:明确测试目标、定义总体、定义抽样单元,以及界定错报。

(1)明确测试目标。在细节测试中,抽样通常用来为有关财务报表金额的一项或多项认定(如应收账款的存在性)提供特定水平的合理保证。

(2)定义总体。首先,考虑总体的适当性和完整性。注册会计师应确信抽样总体适合于特定的审计目标。例如,注册会计师如果对已记录的项目进行抽样,就无法发现由于某些项目被隐瞒而导致金额被低估。为发现这类低估错报,注册会计师应从包含被隐瞒项目的来源选取样本。例如,注册会计师可能对随后的现金支付进行抽样,以测试由隐瞒采购所导致的应付账款账面金额低估;或者对装运单据进行抽样,以发现由已装运但未确认为销售的交易所导致的低估销售收入问题。其次,识别单个重大项目(超过可容忍错报应该单独测试的项目)和极不重要的项目。在细节测试中,注册会计师应当运用职业判断,判断某账户余额或交易类型中是否存在及存在哪些应该单独测试而不能放在抽样总体中的项目。某一项目可能由于存在特别风险或者金额较大而应被视为单个重大项目。注册会计师应当对单个重大项目逐一实施检查,以将抽样风险控制在合理的范围内。单个重大项目包括那些潜在错报可能超过可容忍错报的所有单个项目,以及异常的余额或交易。注册会计师进行单独测试的所有项目都不构成抽样总体。增加单独测试的账户可以减少样本规模。

(3)定义抽样单元。在细节测试中,注册会计师应根据审计目标和所实施审计程序的性质,定义抽样单元。抽样单元可能是一个账户余额、一笔交易或交易中的一个记录(如销售发票中的单个项目),甚至是每个货币单元。例如,如果抽样的目标是测试应收账款是否存在,注册会计师可能选择各应收账款明细账余额、发票或发票上的单个项目作为抽样单元。选择的标准是,如何定义抽样单元能使审计抽样实现最佳的效率和效果。

注册会计师定义抽样单元时也应考虑实施计划的审计程序或替代程序的难易程度。如果将抽样单元界定为客户明细账余额,当某客户没有回函证实该余额时,注册会计师需要对构成该余额的每一笔交易进行测试。因此,如果将抽样单元界定为构成应收账款余额的每笔交易,审计抽样的效率可能更高。

(4)界定错报。在细节测试中,误差是指错报,注册会计师应根据审计目标界定错报。例如，在对应收账款存在性的细节测试中（如函证），客户在函证日之前支付、被审计单位在函证日之后不久收到的款项不构成误差，而且被审计单位在不同客户之间误登明细账也不影响应收账款总账余额。即使在不同客户之间误登明细账可能对审计的其他方面（如对舞弊的可能性或坏账准备的适当性的评估）产生重要影响，注册会计师在评价应收账款函证程序的样本结果时也不宜将其判定为误差。注册会计师还可能将被审计单位自己发现并已在适当期间予以更正的错报排除在外。

2. 选取样本阶段

（1）确定样本规模。影响样本规模的因素：

①总体的变异性。总体项目的某一特征（如金额）经常存在重大的变异性。在细节测试中确定适当的样本规模时，注册会计师应考虑特征的变异性。注册会计师通常根据项目账面金额自可变异性估计总体项目审定金额的变异性。衡量这种变异或分散程度的指标是标准差。注册会计师在使用非统计抽样时不需量化期望的总体标准差，但要用“大”或“小”等定性指标来估计总体的变异性。总体项目的变异性越低，通常样本规模越小。

②可接受的抽样风险。细节测试中的抽样风险分为两类：误受风险和误拒风险。在细节测试中使用非统计抽样方法时，注册会计师主要关注误受风险。

在确定可接受的误受风险水平时，注册会计师需要考虑下列因素：

a. 注册会计师愿意接受的审计风险水平；

b. 评估的重大错报风险水平；

c. 针对同一审计目标（财务报表认定）的其他实质性程序的检查风险，包括分析程序。

在实务中，注册会计师愿意承担的审计风险通常为5%～10%。当审计风险既定时，如果注册会计师将重大错报风险评估为低水平，就可以在实质性程序中接受较高的误受风险。当可接受的误受风险增加时，实质性程序所需的样本规模降低。相反，如果注册会计师评估的重大错报风险水平较高，可接受的误受风险降低，所需的样本规模就增加。

注册会计师对其他实质性程序的依赖程度对样本规模的影响与此类似，其他实质性程序包括与同一审计目标相关的分析程序。

在细节测试中，误拒风险与审计的效率有关，如果注册会计师决定接受一个较高的误拒风险，所需的样本规模降低。在设计样本时，与控制测试中对信赖不足风险的关注相比，注册会计师在细节测试中对误拒风险的关注程度通常更高。如果控制测试中的样本结果不支持计划的重大错报风险评估水平，注册会计师可以实施其他的控制测试以支持计划的重大错报风险评估水平，或根据测试结果提高重大错报风险评估水平。由于替代审计程序比较容易实施，因此，对控制信赖不足给注册会计师和被审计单位造成的不便通常相对较小。但是，如果在某类交易或账户余额的账面金额可能不存在重大错报时根据样本结果得出存在重大错报的结论，注册会计师采用替代方法可能花费的成本大得多。通常，注册会计师需要与被审计单位的人员进一步讨论，并实施额外的审计程序。

③可容忍错报。对特定的账户余额或交易类型而言，当误受风险一定时，如果注册会计师确定的可容忍错报降低，为实现审计目标所需的样本规模就增加。

④预计总体错报。在确定细节测试所需的样本规模时，注册会计师还需要考虑预计在账户余额或交易中存在的错报金额和频率。预计总体错报的规模或频率降低，所需的样本规模也降低。相反，预计总体错报的规模或频率增加，所需的样本规模也增加。如果预期错报很高，注册会计师在实施细节测试时对总体进行100%检查或使用较大的样本规模可能较为适

当。

注册会计师在运用职业判断确定预计错报金额时，应当考虑被审计单位的经营状况、以前年度对账户余额或交易类型进行测试的结果、初始样本的结果、相关实质性程序的结果以及相关控制测试的结果等因素。

⑤总体规模。总体中的项目数量在细节测试中对样本规模的影响很小。因此，按总体的固定百分比确定样本规模通常缺乏效率。

(2)利用模型确定样本规模。注册会计师在细节测试中可以用来确定样本规模的模型如下：

样本规模＝总体账面金额/可容忍错报×保证系数

本模型只用于说明计划抽样时考虑的各种因素对样本规模的影响，它不能代替职业判断。注册会计师使用本模型时需要在下列方面运用职业判断：

①评估重大错报风险；

②确定可容忍错报；

③估计预计总体错报；

④评估其他实质性程序未能发现重大错报的风险；

⑤剔除百分之百检查的项目后估计总体的账面金额；

⑥调整确定样本规模。

对本模型计算的样本规模进行适当调整后，注册会计师可以确定非统计抽样所需的适当样本规模。注册会计师应考虑到，本模型基于具有高度统计效率和高度分层的抽样方法，因此应根据非统计抽样中分层程度等因素对确定的样本规模进行调整，以体现非统计抽样方法和本模型使用的统计抽样方法的差异。

使用本模型时确定样本规模的步骤如下：

①考虑重大错报风险，将其评估为最高、高、中和低四个等级。

②确定可容忍错报。

③评估用于测试相同认定的其他实质性程序(如分析程序)未能发现该认定中重大错报的风险。

a. 最高——没有实施其他实质性程序测试相同认定；

b. 高——预计用于测试相同认定的其他实质性程序不能有效地发现该认定中的重大错报；

c. 中——预计用于测试相同认定的其他实质性程序发现该认定中重大错报的有效程度适中；

d. 低——预计用于测试相同认定的其他实质性程序能有效地发现该认定中的重大错报。

④剔除百分之百检查的所有项目后估计总体的账面金额。

⑤从表8－8选择适当的保证系数，并使用下列公式估计样本规模：

样本规模＝总体账面金额/可容忍错报×保证系数

⑥调整估计的样本规模，以反映非统计方法与本模型使用的统计方法在效率上的差异。在实务中如果样本不是以统计有效的方式选取，注册会计师调整样本规模的幅度通常在10％～50％之间。

表 8—8　保证系数

评估的重大错报风险	其他实质性程序未能发现重大错报的风险			
	最高	高	中	低
最高	3.0	2.7	2.3	2.0
高	2.7	2.4	2.0	1.6
中	2.3	2.1	1.6	1.2
低	2.0	1.6	1.2	1.0

3. 选取样本并对其实施审计程序

在非统计抽样方法中，注册会计师可以使用随机数表或计算机辅助审计技术选样和系统选样，也可以使用随意选样。注册会计师应当仔细选取样本，以使样本能够代表抽样总体的特征。在选取样本之前，注册会计师应先识别单个重大项目，然后从剩余项目中选取样本或者对剩余项目分层，并将样本规模相应分配给各层。注册会计师从每一层中选取样本，但选取的方法应当能使样本具有代表性。注册会计师应对选取的每一个样本实施计划的审计程序。

分层使具有相同特征的个体样本被包含在一个层中，从而降低了层内样本个体的变异性，因而在既定的抽样风险下样本规模能够最小化。因此，必须对是否需要对总体分层进行评估，否则可能会因为样本太小而不能有效控制抽样风险。利用总体金额来评估是否应对总体进行分层的方法非常简便。为了进行评估，注册会计师通常应按照金额升序或降序的方式对总体项目进行排序，将总体分为金额大约相等的两个部分。如果各部分中存在明显不成比例的项目数，那么应对其进行分层。

例如，审计抽样的总体为 22 000 000 元，含 1 500 个项目，被分为 11 200 000 元和 10 800 000元两个金额大约相等的部分。如果两部分分别有 300 个和 1 200 个项目，则须对其进行分层。如果一个含有项目数为 770 个，而另一个含有项目数为 730 个，那么不必分层。

4. 评价样本结果阶段

(1)考虑错报的性质和原因。除了评价错报的频率和金额之外，注册会计师还要对错报进行定性分析，分析错报的性质和原因，判断其对财务报表重大错报风险的影响。

(2)推断总体错报。当实施细节测试时，注册会计师应当根据样本中发现的错报推断总体错报。在非统计抽样中，根据样本中发现的错报金额推断总体错报金额的方法有多种，注册会计师可以从中选择其一。这里介绍两种常用的方法：

第一种方法是比率法，用样本中错报金额除以该样本中包含的账面金额占总体账面总金额的比例。例如，注册会计师选取的样本包含了"应收账款"账户账面金额的 10%。如果注册会计师在样本中发现了 100 元的错报，其对总体错报的最佳估计为 1 000 元(100 元÷10%)。这种方法不需使用总体规模。

第二种方法是差异法，即计算样本中所有项目审定金额和账面金额的平均差异，并推断至总体的全部项目。例如，注册会计师选取的非统计抽样样本为 100 个项目。如果注册会计师在样本中发现的错报为 200 元，样本项目审定金额和账面金额的平均差异则为 2 元(200 元÷100)。然后注册会计师可以用总体规模乘以样本项目的平均差异 2 元，以估计总体的错报金额。注册会计师估计的总体错报则为 10 000 元(5 000 ×2 元)。差异估计法通常更适用于错报金额与抽样单元本身而不是与其金额相关的情况。

如果注册会计师在设计样本时将进行抽样的层分为几层，则要在每层分别推断错报，然后将各层推断的金额加总，计算估计总体错报。注册会计师还要将在进行百分之百检查的个别重大项目中发现的所有错报与推断的错报金额汇总。

(3)考虑抽样风险并得出总体结论。注册会计师应当将推断的总体错报额与百分之百检查的个别重大项目中所发现的错报加总，并要求被审计单位调整已经发现的错报。依据被审计单位已更正的错报对推断的总体错报额进行调整后，注册会计师要将其与该类交易或账户余额的可容忍错报相比较，并适当考虑抽样风险，以评价样本结果。如果推断的错报总额低于账户余额或交易类型的可容忍错报，注册会计师要考虑即使总体的实际错报金额超过可容忍错报，仍可能出现这一情况的风险。例如，如果1 000 000元的某账户余额的可容忍错报为50 000元，根据适当的样本推断的总体错报为10 000元，由于推断的总体错报远远低于可容忍错报，注册会计师会合理确信，总体实际错报金额超过可容忍错报的抽样风险很低，因而可以接受。另外，如果推断的错报总额接近或超过可容忍错报，注册会计师通常得出总体实际错报超过可容忍错报的结论。

在非统计抽样中，注册会计师运用其经验和职业判断进行这种评价。但是，当推断的错报与可容忍错报的差距既不很小又不很大时，注册会计师应当仔细考虑，实际错报超过可容忍错报的风险是否高得无法接受。

如果样本结果不支持总体账面金额，且注册会计师认为账面金额可能存在错报，在评价财务报表整体是否存在重大错报时，应当将错报与其他审计证据一起考虑。通常，注册会计师会建议被审计单位对错报进行调查，且在必要时调整账面记录。

5. 记录抽样程序

注册会计师要记录所实施的审计程序，以形成审计工作底稿。在实质性程序中使用审计抽样时，注册会计师通常记录下列内容：(1)测试目标和对与此目标相关的其他审计程序的描述；(2)总体和抽样单元的定义，包括注册会计师如何确定总体的完整性；(3)错报的定义；(4)误受风险、误拒风险和可容忍错报；(5)使用的审计抽样方法；(6)选样方法；(7)描述抽样程序的实施，以及样本中发现的错报清单；(8)对样本的评价和总体结论摘要。

对样本的评价和总体结论摘要包含根据样本中发现的错报推断总体，对注册会计师如何考虑抽样风险的解释，以及关于总体的最终结论。审计工作底稿也可记录注册会计师对错报的性质方面的考虑。

(二)在细节测试中使用统计抽样

统计抽样与非统计抽样的流程和步骤完全一样，只是在确定样本规模、选取样本和推断总体的具体方法上有所差别。注册会计师在细节测试中使用的统计抽样方法主要包括传统变量抽样和概率比例规模抽样法。以下简单介绍两种方法：

1. 传统变量抽样

传统变量抽样在确定样本规模时需要量化可接受的抽样风险、可容忍错报、预计总体错报等影响因素，并代入专门的统计公式中计算所需的样本数量。根据推断总体的方法不同，传统变量抽样又可以分为三种具体的方法：均值估计抽样、差额估计抽样和比率估计抽样。

(1)均值估计抽样。均值估计抽样是指通过抽样审查确定样本的平均值，再根据样本平均值推断总体的平均值和总值的一种变量抽样方法。使用这种方法时，注册会计师先计算样本中所有项目审定金额的平均值，然后用这个样本平均值乘以总体规模，得出总体金额的估计值。总体估计金额与总体账面金额之间的差额就是推断的总体错报。例如，注册会计师从总体规模为1 000、账面金额为1 000 000元的存货项目中选择了200个项目作为样本。在确定了正确的采购价格并重新计算了价格与数量的乘积之后，注册会计师将 200 个样本项目的审定金额加总后除以 200，确定样本项目的平均审定金额为 980 元。然后计算估计的存货余额为 980 000 元（980×1 000）。推断的总体错报就是 20 000 元（1 000 000－980 000）。

（2）差额估计抽样。差额估计抽样是以样本实际金额与账面金额的平均差额来估计总体实际金额与账面金额的平均差额，然后再以这个平均差额乘以总体规模，从而求出总体的实际金额与账面金额的差额（即总体错报）的一种方法。差额估计抽样的计算公式如下：

平均错报＝样本实际金额与账面金额的差额/样本规模

推断的总体错报＝平均错报×总体规模

使用这种方法时，注册会计师先计算样本项目的平均错报，然后根据这个样本平均错报推断总体。例如，注册会计师从总体规模为 1 000 个的存货项目中选取了 200 个项目进行检查。总体的账面金额总额为 1 040 000 元。注册会计师逐一比较 200 个样本项目的审定金额和账面金额并将账面金额（208 000 元）和审定金额（196 000 元）之间的差异加总，本例中为 12 000 元。12 000 元的差额除以样本项目个数 200，得到样本平均错报 60 元。然后注册会计师用这个平均错报乘以总体规模，计算出总体错报为 60 000 元（60×1 000）。

（3）比率估计抽样。比率估计抽样是指以样本的实际金额与账面金额之间的比率关系来估计总体实际金额与账面金额之间的比率关系，然后再以这个比率去乘总体的账面金额，从而求出估计的总体实际金额的一种抽样方法。

设计传统变量抽样所需的数学计算，包括样本规模的计算，对于手工应用来说显得复杂且困难。注册会计师在使用传统变量抽样时通常运用计算机程序确定样本规模，一般不需懂得这些方法所用的数学公式，而在确定样本规模时要考虑可容忍错报和误受风险，有时也需要考虑误拒风险。

2. 概率比例规模抽样（简称 PPS 抽样）

PPS 抽样是一种运用属性抽样原理对货币金额而不是对发生率得出结论的统计抽样方法。PPS 抽样以货币单元作为抽样单元，有时也被称为金额加权选样、货币单元抽样、累计货币金额抽样，以及综合属性变量抽样等。在该方法下总体中的每个货币单元被选中的机会相同，所以总体中某一项目被选中的概率等于该项目的金额与总体金额的比率。项目金额越大，被选中的概率就越大。但实际上注册会计师并不是对总体中的货币单元实施检查，而是对包含被选取货币单元的余额或交易实施检查。注册会计师检查的余额或交易被称为逻辑单元或实物单元。PPS 抽样有助于注册会计师将审计重点放在较大的余额或交易中。此抽样方法之所以得名，是因为总体中每一余额或交易被选取的概率与其账面金额（规模）成比例。

注册会计师进行 PPS 抽样必须满足两个条件：第一，总体的错报率很低（低于 10%），且总体规模在 2 000 以上。这是 PPS 抽样使用的泊松分布的要求。第二，总体中任一项目的错报金额不能超过该项目的账面金额。这就是说，如果某账户的账面金额是 100 元，其错报金额不能超过 100 元。

本章小结

审计抽样是指注册会计师对具有审计相关性的总体中低于百分之百的项目实施审计程序，使所有抽样单元都有被选取的机会，为其针对某整个总体得出结论提供合理基础。审计抽样是注册会计师提高审计效益、保证审计质量、降低审计风险、形成审计结论的一种重要的方法。注册会计师在获取和评价审计证据时要严格选择审计抽样与其他审计方法。作为审计的一种重要方法,审计抽样需要运用抽查技术,根据审计目的及环境的要求,作出科学、合理的抽样决策,按照规定的步骤去完成抽样工作。

本章思考题

1. 你同意审计抽样不需要专业判断这种观点吗?
2. 审计抽样的种类有哪些?
3. 审计抽样的基本程序包括哪些内容,各部分的要点是什么?
4. 抽样风险包括哪些内容?对审计工作产生哪些影响?

第九章　销售与收款循环审计

【学习目标】

1. 了解销售与收款循环的内容以及所涉及的账户；
2. 掌握销售与收款循环控制测试和实质性测试的程序；
3. 掌握主营业务收入、应收账款与坏账准备以及其他相关账户的审计程序。

【导入案例】

百时美施贵宝公司财务操纵案

素有"健康天使"之称的美国第四大制药公司百时美施贵宝(以下简称"BMS")是一家蜚声世界的制药企业。然而，这样的"健康天使"却丑闻缠身。2002年10月，美国司法部和证券交易委员会(SEC)宣布对BMS的收入确认和存货问题展开正式调查。2003年3月10日，BMS对外公布了一份未经审计的重述报告，报告承认：1999年至2001年，销售收入虚增24.9亿美元，净利润虚增9.13亿美元；2002年前6个月的销售收入净额虚增6.53亿美元，净利润虚增2.01亿美元。引发BMS问题的重大事件有：

一、公司合并带来的影响

BMS是由百时美公司和施贵宝公司在1989年以换股合并的方式成立的。1994年，查尔斯·韩保德就任BMS的首席执行官，把BMS带入了外延扩张的新时代：在短短5年里，在全球繁衍了约50条年销售额超过5 000万美元的各类产品生产线。兼并扩张在短期内营造了经营规模和效益"蒸蒸日上"的景象，但迅速扩张却增加了集团化管理的复杂性并带来混乱，导致BMS过于庞大而产生规模不经济。20世纪末，美国制药行业竞争加剧、利润衰退，拉美地区的经济危机也使BMS在该区域的大量子公司的获利能力急剧下降。

二、销售业绩下滑

与此同时，投入数十亿美元资金、拥有世界一流研究人才的"BMS药物研究院"在百时美公司和施贵宝公司合并后就一直处于"零产出"状态，获利能力强的新药品严重断档。其他竞争对手乘虚而入，不断蚕食BMS的市场份额。生物基因药厂2002年的销售额损失约20亿美元(占销售额的11%)。由于美国食品与药品管理局(FDA)延期批准强效抗癌药物的生产，BMS高回报的药品销售已捉襟见肘。

三、采用"填塞分销渠道"方法透支销售收入

在美国，制药公司的多数药品是通过分销网络进行销售的。微薄的转销利润常常迫使药品分销商们竭力囤积那些价格有上涨潜力的药品。正因为如此，制药公司为粉饰短期收益，可以通过暗示等方式(比如将药品提价的信息透露给分销商)诱使分销商购买更多的药品。利用"填塞分销渠道"的营销伎俩实击增加销售收入是BMS使用的最主要财务操纵手法。"填塞分销渠道"是一种向未来期间"预支"收入的恶性促销手段，卖方通过向买方提供商业刺激，促使买方提前购货，从而在短期内实现销售额的大幅提升，美化财务业绩。

思考题：BMS采取何种手段来操纵收入？注册会计师在审计时应如何应对？

第一节　分项审计与业务循环审计

在审计过程中，交易和账户余额的实质性测试既可以按财务报表项目进行，也可以按业务循环组织实施。按财务报表项目组织实施的称为分项审计，按业务循环组织实施的称为业务循环审计。

一、业务循环审计

业务循环是指处理某一类经济业务的工作程序和先后顺序。一般来说，可将企业的交易和账户余额划分为销售与收款循环、购货与付款循环、生产与费用循环、筹资与投资循环，由于货币资金与上述多个业务循环均密切相关，所以货币资金既是业务循环的有机组成部分，又是相对独立的一个重要环节。

业务循环审计是指运用业务循环原理，了解、审查和评价被审计单位内部控制系统及执行情况，从而对财务报表的合法性、公允性进行审计的方法。内部控制测试通常按照业务循环采用审计抽样的方法进行，采用业务循环审计的目的在于确保审计工作质量，提高审计工作效率。

二、分项审计与业务循环审计的关系

一般而言，分项审计与多数被审计单位的账户设置体系及财务报表格式相吻合，所以具有操作方便的优点，但它与按业务循环进行的内部控制测试严重脱节，导致控制测试与实质性测试相背离，影响审计效率和效果，所以分项审计逐渐被业务循环审计所替代。

业务循环审计不仅可与按业务循环进行的内部控制测试直接联系，加深注册会计师对被审计单位经济业务的理解，而且便于注册会计师合理分工，将特定业务循环所涉及的财务报表项目分配给一个或数个注册会计师，使其能够对不同财务报表项目进行交叉复核，以提高审计的效率和效果。

以《企业会计准则》等有关规定为依据，按照各财务报表项目与业务循环的相关程度，建立起各业务循环与各业务循环所涉及的主要财务报表项目之间的对应关系，详见表9－1。

表 9—1　　业务循环与主要财务报表项目对照表

	资产负债表项目	利润表项目
销售与收款循环	应收票据、应收账款、坏账准备、预收账款、应交税费、其他应交款	营业收入、营业税金及附加、销售费用、其他业务收入和其他业务成本
购货与付款循环	预付账款、固定资产、累计折旧、固定资产减值准备、工程物资、在建工程、固定资产清理、无形资产、开发支出、商誉、长期待摊费用、应付票据、应付账款、长期应付款	管理费用
生产与费用循环	存货(包括物资采购、原材料、包装物、低值易耗品、材料成本差异、自制半成品、库存商品、商品进销差价、委托加工物资、存货跌价准备、委托代销商品、受托代销商品、分期收款发出商品、生产成本、制造费用、劳务成本)、应付职工薪酬	营业成本
筹资与投资循环	交易性金融资产、应收股利、应收利息、其他应收款、应收补贴款、长期股权投资、长期债权投资、其他流动资产、可供出售金融资产、持有至到期投资、递延所得税资产、其他流动资产、交易性金融负债、短期借款、应付股利、其他应付款、预计负债、长期借款、应付债券、长期应付款、专项应付款、递延所得税负债、股本、资本公积、盈余公积、未分配利润	资产减值损失、公允价值变动损益、财务费用、投资收益、补贴收入、营业外收入、营业外支出、所得税费用

第二节　销售与收款循环概述

根据财务报表项目与业务循环的相关程度，销售与收款循环涉及的资产负债表项目主要包括应收票据、应收账款、坏账准备、预收账款、应交税费、其他应交款；所涉及的利润表项目主要包括营业收入、营业税金及附加、销售费用、其他业务收入和其他业务成本等。

一、主要凭证和会计记录

在内部控制系统比较健全的企业，处理销售与收款业务通常需要使用很多凭证和会计记录。典型的销售与收款循环所涉及的主要凭证和会计记录有以下几种：

（一）顾客订货单

顾客订货单即顾客提出的书面购货要求。企业可以通过销售人员或其他途径，如采用电话、信函以及向现有及潜在顾客发送订货单等方式接受订货，取得顾客订货单。

（二）销售单

销售单是列示顾客所订商品的名称、规格、数量以及其他与顾客订货单有关资料的表格，作为销售方内部处理顾客订货单的依据。

（三）发运凭证

发运凭证即发运货物时编制的，用以反映发出商品的规格、数量和其他有关内容的凭据。发运凭证的一联寄送给顾客，其余联（一联或数联）由企业保留。这种凭证可用作向顾客开票收款的依据。

（四）销售发票

销售发票是一种用来表明已销售商品的规格、数量、销售金额、运费和保险费的价格、开票日期、付款条件等内容的凭证。销售发票的一联寄送给顾客，其余联由企业保留。销售发票也是在会计账簿中登记销售业务的基本凭证。

（五）商品价目表

商品价目表是列示已经授权批准的、可供销售的各种商品的价格清单。

（六）贷项通知单

贷项通知单是一种用来表示由于销货退回或经批准的折让而引起的应收销货款减少的凭证。这种凭证的格式通常与销售发票的格式相同，只不过它不是用来说明应收账款的增加，而是用来说明应收账款的减少。

（七）应收账款明细账

应收账款明细账是用来记录每个顾客各项赊销、现金收入、销货退回及折让的明细账。各应收账款明细账的余额合计数应与应收账款总账的余额相等。

（八）主营业务收入明细账

主营业务收入明细账是一种用来记录销货业务的明细账。它通常记载和反映不同类别的销货总额（如按销售商品的品种、类别等）。

（九）折扣与折让明细账

折扣与折让明细账是一种用来核算企业销售商品时，按销售合同的规定为了及早收回货款而给予顾客的销货折扣和因商品品种、质量等而给予顾客的销货折让情况的明细账。

（十）汇款通知书

汇款通知书是一种与销售发票一起寄给顾客，由顾客在付款时再寄回销货单位的凭证。这种凭证注明顾客的姓名、销售发票号码、销货单位开户银行账号以及金额等内容。如果顾客没有将汇款通知书随货款一并寄回，一般应由收受邮件的人员在拆邮件时再代编一份汇款通知书。采用汇款通知书能使现金立即存入银行，可以加强对资产保管的控制。

（十一）现金日记账和银行存款日记账

现金日记账和银行存款日记账是用来记录应收账款的收回或现销收入以及其他各种现金、银行存款收入和支出的日记账。

（十二）坏账审批表

坏账审批表是一种用来批准将某些应收款项注销为坏账的、仅在企业内部使用的凭证。

（十三）顾客月末对账单

顾客月末对账单是一种定期寄送给顾客的、用于购销双方定期核对账目的凭证。顾客月末对账单上应注明应收账款的月初余额、本月各项销货业务的金额、本月已收到的货款、各贷项通知单的数额以及月末余额等内容。

（十四）转账凭证

转账凭证是指记录转账业务的记账凭证，它是根据有关转账业务的原始凭证编制的。

（十五）收款凭证

收款凭证是指用来记录现金和银行存款收入业务的记账凭证。

二、销售与收款循环中的主要业务活动

了解企业在销售与收款循环中的主要业务活动，对销售与收款循环审计十分必要。

（一）接受顾客订单

订单管理部门应区分现购和赊购，赊购订单只有在符合企业管理当局授权批准的情况下

才能接受。企业在批准了顾客订单之后，通常均应编制一式多联的销售单。

(二)批准赊销信用

赊销批准是由信用管理部门根据企业管理当局的赊销政策以及对每个顾客已授权的信用额度进行的。信用管理部门的职员在收到订单管理部门的销售单后，应将销售单的金额与该顾客已授权的赊销信用额度扣除其迄今尚欠账款余额后的差额进行比较，以决定是否继续给予赊销。

企业应对每个新顾客进行信用调查，包括获取信用评级机构对顾客信用等级的评定报告。批准或不批准赊销，都要求被授权的信用部门人员在销售单上签署意见，其后再将签署意见后的销售单返回订单管理部门。

(三)按销售单供货

已批准的销售单的副联通常应送达仓库，作为仓库按销售单供货和发货给装运部门的授权依据。

(四)按销售单发运

货物发运部门职员应在经授权的情况下装运产品，使企业按销售单装运与按销售单供货的职责相分离。发运部门职员在装运之前，还必须进行独立验证，以确定从仓库发出的商品都附有已批准的销售单，并且所发运商品与销售单相符。

(五)向顾客开具账单

开具账单包括编制和向顾客寄送事先连续编号的销售发票。开具账单部门的人员在编制销售发票之前，应独立检查是否存在装运凭证和相应的经批准的销售单，将装运凭证上的商品数量与相应的销售发票上的商品数量进行核对，依据已授权批准的商品价目表编制销售发票，并独立检查销售发票计价和计算的正确性。

(六)记录销售

只依据附有有效装运凭证和销售单的销售发票记录销售。在手工会计系统中，记录销售的过程包括区分赊销和现销，按销售发票编制转账凭证或现金、银行存款收款凭证，再据以登记销售明细账和应收账款明细账或现金、银行存款日记账。

(七)办理和记录现金、银行存款收入

这项功能涉及有关货款收回，现金、银行存款的记录以及应收账款减少的活动。

(八)办理和记录销货退回、销货折扣与折让

顾客如果对商品不满意，销货企业一般都会同意接受退货，或给予一定的销货折让。顾客如果提前支付货款，销货企业则可能会给予一定的销货折扣。发生此类事项时，必须经授权批准，并应确保与办理此事有关的部门和职务各司其职，分别控制实物流和会计处理。在这方面，严格使用贷项通知单无疑会起到关键作用。

(九)注销坏账

不管赊销部门的工作如何主动，顾客因宣告破产、死亡等而不支付货款的事仍时有发生。销货企业若认为某项货款再也无法收回，就必须注销这笔货款。对这些坏账，正确的处理方法应该是获取货款无法收回的确凿证据，经适当审批后及时进行会计调整。

(十)提取坏账准备

坏账准备的提取数额必须能够抵补企业以后无法收回的本期销货款。

第三节 销售与收款循环的内部控制及测试

一、销售与收款循环常见的重大错报风险

销售与收款业务是企业日常发生的重要经济业务，注册会计师应重视这一业务活动中的重大错报风险。这类风险主要包括销售发票开票过程中的非法行为，如虚开发票、代替其他单位或个人开具发票、开具上下联次内容不相符的发票等；人为改变销售的入账时间，如在销售未最终实现的情况下确认销售收入、将本期销售延迟到下期入账或者长期不入账、将下期收入提前到本期入账等；有意或无意漏记销售收入，如只计合格产品的销售收入，不计残次品的销售收入，只计主要产品的销售收入，不计副产品、自制半成品、边角余料的销售收入，不计特殊销售收入，如将自制产品用于本企业基本建设、福利设施等；入账金额不正确；混淆各种主营业务收入的分类，包括主营业务收入本身类别及主营业务收入与其他业务收入、营业外收入的区别；虚列应收账款，并由此虚列销售收入；应收账款长期挂账；通过调节坏账准备而达到调节利润的目的，如随意调整坏账计提比例，调整计提金额，由此达到调节当期利润的目的；人为改变应收账款账龄，如将具有较高账龄的应收账款金额调入较低账龄应收账款的金额中，以每一户头最后一笔往来款发生的时间作为确定该户头账龄的时间等。

二、销售与收款循环的内部控制

（一）职责分离控制

建立销售与收款业务的岗位责任制，明确相关部门和岗位的职责、权限，确保办理销售与收款业务的不相容岗位相互分离、制约和监督。

例如，接受顾客订货单、填制销售单、批准赊销、发运货物、结算开票、收取货款、会计记录及账目核对等，必须由不同的职能部门或人员负责办理。明确的职责分工，可保证销售业务处理的有效性和可靠性。

（二）授权审批控制

对销售和收款业务建立严格的授权批准制度，明确审批人员对销售与收款业务的授权批准方式、权限、程序、责任和相关控制措施，规定经办人的职责范围和工作要求。例如，发运货物要经过适当的审批；对顾客的赊销要经过授权审批；销售价格、销售退回、折让与折扣等的确定要经过适当的授权批准；对确实无法收回的应收账款，按规定程序批准后，方可作为坏账处理。

（三）充分的凭证和记录控制

对内部控制来说，只有具备充分的凭证和记录才有可能实现其各项控制目标。

在销售与发货各环节设置相关的记录，填制相应的凭证，建立完整的销售登记制度，并加强销售合同、销售计划、销售通知单、发货凭证、运货凭证、销售发票等文件和凭证的相互核对工作。凭证应预先编号，目的在于防止销货以后忘记向顾客开具账单或登记入账，也防止重复开具账单或重复记账。

（四）收款控制

（1）建立应收账款账龄分析制度和逾期应收账款催收制度。销售部门应当负责应收账款

的催收，财会部门应当督促销售部门加紧催收。对催收无效的逾期应收账款可通过法律程序予以解决。

(2)按客户设置应收账款台账，及时登记每一个客户应收账款余额增减变动情况和信用额度使用情况。对长期往来客户应当建立完善的客户资料，并对客户资料实行动态管理，及时更新。

(3)对于可能成为坏账的应收账款应当报告有关决策机构，由其进行审查，确定是否确认为坏账。发生的各项坏账，应查明原因，明确责任，并在履行规定的审批程序后作出会计处理。

(4)注销的坏账应当进行备查登记，做到账销案存。已注销的坏账又收回时应当及时入账，防止形成账外款。

(5)应收票据的取得和贴现必须经由保管票据以外的主管人员的书面批准。应有专人保管应收票据，对于即将到期的应收票据，应及时向付款人提示付款；已贴现票据应在备查簿中登记，以便日后追踪管理，并应制定逾期票据的冲销管理程序和逾期票据追踪监控制度。

(6)定期与往来客户通过函证等方式核对应收账款、应收票据、预收账款等往来款项。如有不符，应查明原因，及时处理。

(五)会计记录控制

会计部门将销售通知单、出库单、销售发票、收款凭证等核对无误后编制记账凭证，登记账簿。对应收账款、预收账款、应收票据、主营业务收入的总账与明细账定期进行核对。收到的销货款及时入账。

(六)监督检查制度

建立销售与收款内部控制的监督检查制度，由监督检查机构或人员检查销售与收款的内部控制制度是否健全、各项规定是否得到有效执行。

三、销售与收款循环的控制测试

(1)抽取一定数量的销售发票，作如下检查：

①检查发票是否连续编号，作废发票的处理是否正确。

②核对销售发票与销售订单、销售通知单、出库单(或提货单)所载明的品名、规格、数量、价格是否一致。

③检查销售通知单上是否有信用部门有关人员核准赊销的签字。

④销售发票中所列的数量、单价和金额是否正确，包括将销售发票中所列商品的单价与商品价目表的价格进行核对；验算发票金额的正确性。

⑤从销售发票追查至有关的记账凭证、应收账款明细账及主营业务收入明细账，确定被审计单位是否正确、及时地登记有关凭证、账簿。

(2)抽取一定数量的出库单或提货单，并与相关的销售发票进行核对，检查已发出的商品是否均已向顾客开出发票。

(3)从主营业务收入明细账中抽取一定数量的会计记录，并与有关的记账凭证、销售发票进行核对，以确定是否存在收入高估或低估的情况。

(4)抽取一定数量的销售调整业务的会计凭证，检查销售退回、折让、折扣的核准与会计核算，主要包括：

①确定销售退回与折让的批准与贷项通知单的签发职责是否分离。

②确定现金折扣是否经过适当授权，授权人与收款人的职责是否分离。

③检查销售退回和折让是否附有按顺序编号并经主管人员核准的贷项通知单。

④检查退回的商品是否具有仓库签发的退货验收报告(或入库单),并将验收报告的数量、金额与贷项通知单等进行核对。

⑤确定退货、折扣、折让的会计记录是否正确。

(5)抽取一定数量的记账凭证、应收账款明细账,作如下检查:

①从应收账款明细账中抽取一定的记录并与相应的记账凭证进行核对,比较二者登记的时间、金额是否一致。

②从应收账款明细账中抽查一定数量的坏账注销的业务,并与相应的记账凭证、原始凭证进行核对,确定坏账的注销是否符合有关法规的规定、企业主管人员是否核准等。

③确定被审计单位是否定期与顾客对账,在可能的情况下,将被审计单位一定期间的对账单与相应的应收账款明细账的余款进行核对,如有差异,则应进行追查。

(6)观察职员获得或接触资产、凭证和记录(包括存货、销售通知单、出库单、销售发票、凭证与账簿、现金及支票)的途径,并观察职员在执行授权、发货、开票等职责时的表现,确定被审计单位是否存在必要的职务分离情形、内部控制的执行过程中是否存在弊端。

[例9-1] 注册会计师A和B于2015年12月1~7日对甲公司销售和收款循环的内部控制进行了解和测试,并在相关审计工作底稿中记录了了解和测试的事项,摘录如下:

(1)甲公司发出产成品时,由销售部填制一式四联的出库单。仓库发出产成品后,将第一联出库单留存登记产成品卡片,第二联交销售部留存,第三和第四联交会计部会计人员乙登记产成品总账和明细账。

(2)会计人员戊负责开具销售发票。在开具销售发票之前,先取得仓库的发货记录和销售商品价目表,然后填写销售发票的数量、单价和金额。

要求:根据上述摘录,请代注册会计师A和B指出甲公司在销售与收款循环内部控制方面的缺陷,并提出改进建议。

【解答】 甲公司销售与收款循环内部控制的缺陷有:

(1)会计人员乙同时登记产成品总账和明细账,不相容职务未进行分离。应建议甲公司由不同的会计人员登记产成品总账和明细账。

(2)会计人员戊开销售发票不能只依据发货单和价目表,因为实际销售的数量和结算价格可能会与发货单上的数量以及价目表上的价格不一致。应建议甲公司会计人员戊先核对装运凭证和相应的经批准的销售单,并根据已授权批准的商品价格填写销售发票的价格,根据装运凭证上的数量填写销售发票的数量,再根据数量和价格计算金额。

第四节 主营业务收入审计

一、主营业务收入审计目标

主营业务收入项目核算企业在销售商品、提供劳务及让渡资产使用权等日常活动中所产生的收入。其审计目标一般包括:(1)确定主营业务收入的内容、数额是否合理、正确、完整;(2)确定对销货退回、销售折扣与折让的处理是否适当;(3)确定主营业务收入的会计处理是否正确;(4)确定主营业务收入的披露是否恰当。

二、主营业务收入实质性程序

(一)取得或编制主营业务收入项目明细表,复核加计正确,并与报表数、总账数和明细账合计数核对相符

(二)查明主营业务收入的确认原则、方法,注意是否符合企业会计准则规定的收入实现条件,前后期是否一致

按照《企业会计准则第 14 号——收入》对收入确认原则作出了明确的规定。

企业商品销售收入应在下列条件均能满足时才能予以确认:(1)企业已将商品所有权上的主要风险和报酬转移给购货方;(2)企业既没有保留通常与所有权相联系的继续管理权,也没有对已售出的商品实施有效控制;(3)收入的金额能够可靠地计量;(4)相关的经济利益很可能流入企业;(5)相关的已发生或将发生的成本能够可靠地计量。

对于提供劳务的收入,在同一会计年度内开始并完成的劳务,应当在完成劳务时确认收入。例如,劳务的开始和完成分属不同的会计年度,企业在资产负债表日能够可靠估计其交易结果的,应当采用完工百分比法确认相关的劳务收入。完工百分比法,是指按照提供劳务交易的完工进度确认收入和费用的方法。当以下条件同时满足时,提供劳务交易的结果能够可靠地估计:(1)收入的金额能够可靠地计量;(2)相关的经济利益很可能流入企业;(3)劳务的完工进度能够可靠地确定;(4)交易中已发生和将发生的成本能够可靠地计量。在资产负债表日不能够可靠估计其交易结果的,应当分别下列情况处理:(1)已经发生的劳务成本预计能够得到合理补偿的,按照已经发生的劳务成本金额确认提供劳务收入,并按相同金额结转劳务成本;(2)已经发生的劳务成本预计不能够得到补偿的,已经发生的劳务成本计入当期损益,不确认提供劳务收入。

让渡资产使用权而发生的收入包括利息收入和使用费收入。应当在以下条件同时满足时,才能予以确认:(1)相关的经济利益很可能流入企业;(2)收入的金额能够可靠地计量。

具体来说:

(1)采用交款提货方式销售,以货款已经收到或取得收取货款的权利,同时发票账单和提货单已交给购货方时确认收入实现。注册会计师应审查被审计单位是否收到货款或取得收取货款的权利,并已将发票账单和提货单交付购货单位,特别注意有无扣压结算凭证,将当期收入转入下期入账,或者开假发票,将虚列的收入记账,在下期予以冲销的情况。

[例 9—2]　注册会计师接受委托审计 W 公司当年财务报表,盘点存货时发现乙产品账面数量大于库存数量 200 吨,经询问相关人员得知,该产品发票已开具,且发票账单和提货单均已交购货单位,双方约定 1 个月后付款,W 公司既没有保留继续管理权,也未对其实施控制。W 公司以未收到货款为由,没有做任何会计处理,该产品销售单价为 1 600 元,单位成本为 800 元。

要求:指出上述账务处理中存在的问题,并作出审计调整分录。

【解答】　根据企业会计准则的规定,采用交款提货销售方式,应于货款已收到或取得收取货款的权利,并已将发票账单和提货单交给购货单位时确认收入实现。因此该交易符合收入确认条件,所以应确认为当期销售。注册会计师应提请 W 公司调整报表。审计调整分录为:

借:应收账款　　374 400
　　贷:主营业务收入　　320 000
　　　　应交税费——应交增值税(销项税额)　　54 400

借:主营业务成本　　160 000

　　贷:库存商品　　160 000

(2)采用预收账款方式销售,在商品已经发出时确认收入实现。注册会计师应审查被审计单位是否收到了货款,是否在货物发出之后确认收入,是否存在开具虚假出库凭证、提前确认收入的情况。

(3)采用托收承付方式销售,在商品已经发出,并办妥托收手续时确认收入实现。注册会计师应审查被审计单位是否发货、托收手续是否办妥、发运凭证是否真实、托收承付结算回单是否正确。

(4)采用委托其他单位代销方式销售,应在代销商品已经销售,并收到代销清单时确认收入实现。注册会计师应查明有无编制虚假代销清单、虚增本期收入的情况。

(5)对长期工程合同收入,应根据完工进度或完工合同合理确认收入。注册会计师应审查收入的计算、确认方法是否符合规定,并核对应计收入与实计收入是否一致,查明有无随意确认收入、虚增或虚减本期收入的情况。

(6)委托外贸代理出口方式的,应在收到外贸企业代办的发运凭证和银行交款凭证时确认收入实现。注册会计师应审查代办发运凭证和银行交款单是否真实,注意查明有无内外勾结、出具虚假发运凭证或虚假银行交款单的情况。

(7)对外转让土地使用权和销售商品房的,在土地使用权和商品房已经移交,并将发票结算账单提交对方时,确认收入的实现。注册会计师应审查已办理的移交手续是否符合规定要求、发票账单是否已交对方。

(三)实施分析程序

(1)将本期与上期的主营业务收入进行比较,分析产品销售的结构和价格的变动是否正常,并分析产生异常变动的原因。

(2)比较本期各月各种主营业务收入的波动情况,分析其变动趋势是否正常,并查明产生异常现象和重大波动的原因。

(3)计算本期重要产品的毛利率,分析比较本期与上期同类产品毛利率变化情况,注意收入与成本是否配比,并查清产生重大波动和异常情况的原因。

(4)计算重要客户的销售额及其产品毛利率,分析比较本期与上期有无异常变化。

(四)审查售价是否合理

注册会计师应当获取产品价格目录,抽查售价是否符合价格政策,并注意销售给关联方或关系密切的重要客户的产品价格是否合理,有无低价或高价结算以转移收入的现象。

(五)审查主营业务收入的会计处理是否恰当

注册会计师应抽取企业被审计期间一定数量的销售发票,进行从原始凭证到记账凭证、主营业务收入明细账的全过程审查,核实其记录、过账、加总是否正确,并与应收账款明细账、现金或银行存款日记账、产成品明细账进行核对,以进一步确定发货日期、销售数量、品名、单价、金额等是否相符。

(六)实施销售的截止测试

对主营业务收入实施截止测试,其目的主要在于确定被审计单位主营业务收入的会计记录归属期是否正确,应记入本期或下期的主营业务收入是否被推延至下期或提前至本期。

企业应当合理确认营业收入的实现,并将已实现的收入按时入账。

注册会计师在审计中应该注意把握与主营业务收入确认有着密切关系的三个日期:一是

发票开具日期或者收款日期；二是记账日期；三是发货日期(服务业则是提供劳务的日期)。这里的发票开具日期是指开具增值税专用发票或普通发票的日期；记账日期是指被审计单位确认主营业务收入实现并将该笔经济业务记入主营业务收入账户的日期；发货日期是指仓库开具出库单并发出库存商品的日期。检查三者是否归属于同一适当的会计期间是营业收入截止测试的关键所在。

围绕上述三个重要日期，审计人员可以考虑选择三条审计路线实施主营业务收入的截止测试。

一是以账簿记录为起点。从资产负债表日前后若干天的账簿记录查至记账凭证，检查发票存根与发运凭证，目的是证实已入账收入是否在同一期间已开具发票并发货，有无多记收入。

二是以销售发票为起点。从资产负债表日前后若干天的发票存根查至发运凭证与账簿记录，确定已开具发票的货物是否已发货并于同一会计期间确认收入。具体做法是抽取若干张在资产负债表日前后开具的销售发票的存根，追查至发运凭证和账簿记录，查明有无漏记收入现象。

三是以发运凭证为起点。从资产负债表日前后若干天的发运凭证查至发票开具情况与账簿记录，确定营业收入是否记入恰当的会计期间。使用这种方法主要也是为了防止少记收入。

(七)查找未经认可的大额销售

注册会计师应结合对资产负债表日应收账款的函询程序，查明有无未经认可的大额销售。若有，应记录并提请被审计单位作出相应调整。

(八)检查销售折扣、退回与折让业务是否真实，内容是否完整，相关手续是否符合规定，折扣与折让的计算和会计处理是否正确

企业在销售业务中往往会由于产品品种不符、质量不符合要求以及结算方面的原因发生销售折扣、退回与折让业务。尽管引起销售折扣、退回与折让的原因不尽相同，其表现形式也不尽一致，但都是对收入的抵减，直接影响收入的确认和计量。因此，注册会计师应重视折扣与折让的审计。

(九)检查有无特殊的销售行为

对于特殊的销售行为，如附有销售退回条件的商品销售、委托代销、售后回购、以旧换新、商品需要安装和检验的销售、分期收款销售、出口销售、售后租回等，确定恰当的审计程序进行审核。

(十)确定主营业务收入是否在利润表上恰当披露

注册会计师应审查利润表上的主营业务收入等项目，数字是否与审定数相符，主营业务收入确认所采用的会计政策是否已在财务报表附注中披露。

第五节　应收账款与坏账准备审计

一、应收账款和坏账准备的审计目标

应收账款和坏账准备的审计目标一般包括：(1)确定应收账款是否存在；(2)确定应收账款是否归被审计单位所有；(3)确定应收账款增减变动的记录是否完整；(4)确定应收账款是否可

收回,坏账准备的计提方法和比例是否恰当,坏账准备的计提是否充分;(5)确定应收账款和坏账准备期末余额是否正确;(6)确定应收账款和坏账准备在财务报表上的披露是否恰当。

二、应收账款的实质性程序

(一)获取或编制应收账款明细表,复核加计是否正确,并与总账数和明细账合计数核对相符;结合"坏账准备"科目,与报表数核对相符

(二)分析应收账款的账龄

应收账款的账龄是指资产负债表中的应收账款从销售实现,产生应收账款之日起,至资产负债表日止所经历的时间。编制应收账款账龄分析表时,可以选择重要的顾客及其余额列示,不重要的或余额较小的,可以汇总列示。

注册会计师可以通过编制或获取应收账款账龄分析表来分析应收账款的账龄,以便了解应收账款的可收回性。

(三)向债务人函证应收账款

应收账款函证就是直接发函给被审计单位的债务人,要求核实被审计单位应收账款的记录是否正确的一种审计方法。函证的目的是证实应收账款账户余额的真实性、正确性,防止或发现被审计单位及其有关人员在销售业务中发生差错或弄虚作假、营私舞弊的行为。询证函由注册会计师利用被审计单位提供的应收账款明细账户名称及地址编制,但询证函的寄发一定要由注册会计师亲自进行。

1. 函证的范围和对象

除非有充分证据表明应收账款对被审计单位会计报表而言是不重要的,或者函证很可能是无效的;否则,注册会计师应当对应收账款进行函证。如果注册会计师不对应收账款进行函证,应当在工作底稿中说明理由。如果认为函证很可能是无效的,注册会计师应当实施替代审计程序,获取充分、适当的审计证据。函证数量的多少、范围是由诸多因素决定的,主要有:

(1)应收账款在全部资产中的重要性。若应收账款在全部资产中所占的比重较大,则函证的范围应相应大一些。

(2)被审计单位内部控制的强弱。若内部控制制度较健全并且运行有效,则可以相应地减少函证量;反之,则应相应地扩大函证范围。

(3)以前期间的函证结果。若以前期间函证中发现过重大差异,或欠款纠纷较多,则函证范围应相应地扩大一些。

(4)函证方式的选择。若采用积极式函证,则可以相应地减少函证量;若采用消极式函证,则要相应地增加函证量。

一般情况下,注册会计师应选择以下项目作为函证对象:大额或账龄较长的项目;与债务人发生纠纷的项目;关联方项目;主要客户(包括关系密切的客户)项目;交易频繁但期末余额较小甚至余额为零的项目;非正常的项目。

2. 函证的方式

函证方式分为积极式函证和消极式函证两种。

(1)积极式函证,就是向债务人发出询证函,要求其证实所函证的欠款是否正确,无论对错都要求复函。财政部、中国人民银行制定的积极式询证函参考格式如下:

企业询证函

编号：

××（公司）：

本公司聘请的××会计师事务所正在对本公司××年度财务报表进行审计，按照中国注册会计师审计准则的要求，应当询证本公司与贵公司的往来账项等事项。下列数据出自本公司账簿记录，如与贵公司记录相符，请在本函下端“信息证明无误”处签章证明；如有不符，请在“信息不符”处列明不符金额。回函请直接寄至××会计师事务所。

回函地址：

邮编：　　　　电话：　　　　传真：　　　　联系人：

1. 本公司与贵公司的往来账项列示如下：

单位：元

截止日期	贵公司欠	欠贵公司	备　注

2. 其他事项。

本函仅为复核账目之用，并非催款结算。若款项在上述日期之后已经付清，仍请及时函复为盼。

（公司盖章）
年　月　日

结论：1. 信息证明无误。

（公司盖章）
年　月　日
经办人：

2. 信息不符，请列明不符的详细情况：

（公司盖章）
年　月　日
经办人：

(2)消极式函证，又称反面式函证、否定式函证，也是向债务人发出询证函，但所函证的款项相符时不必复函，只有在所函证的款项不符时才要求债务人向注册会计师复函。格式如下：

企业询证函

编号：

××（公司）：

本公司聘请的××会计师事务所正在对本公司××年度财务报表进行审计，按照中国注册会计师审计准则的要求，应当询证本公司与贵公司的往来账项等事项。下列数据出自本公司账簿记录，如与贵公司记录相符，则无需回复；如有不符，请直接通知会计师事务所，并请在空白处列明贵公司认为是正确的信息。回函请直接寄至××会计师事务所。

回函地址：

邮编：　　　　电话：　　　　传真：　　　　联系人：

1. 本公司与贵公司的往来账项列示如下：

单位：元

截止日期	贵公司欠	欠贵公司	备　注

2. 其他事项。

本函仅为复核账目之用，并非催款结算。若款项在上述日期之后已经付清，仍请及时核对为盼。

(公司盖章)
年　月　日

××会计师事务所：

上面的信息不正确，差异如下：

(公司盖章)
年　月　日
经办人：

注册会计师采用哪种函证方式，可以根据下述情形作出选择：

当债务人符合下列情况时，采用积极式函证较好：(1)个别账户的欠款金额较大；(2)有理由相信欠款可能存在争议、差错等问题。

当债务人符合以下所有条件时，可以采用消极式函证：(1)相关的内部控制是有效的，重大错报风险评估为低水平；(2)预计差错率较低；(3)欠款余额小的债务人数量很多；(4)注册会计师有理由确信大多数被函证者能认真对待询证函，并对不正确的情况予以反馈。

有时候两种函证方式结合起来使用可能更适宜：对于大金额账项采用积极式函证，对于小金额账项则采用消极式函证。

3. 函证时间的选择

为了充分发挥函证的作用，应恰当选择函证的发送时间。审计人员通常以资产负债表日为截止日，充分考虑对方复函的时间，在期后适当时间内实施函证，尽可能做到在审计工作结束前取得函证的全部资料。如果重大错报风险评估为低水平，审计人员也可选择资产负债表日前适当日期为截止日实施函证，并对所函证项目自该截止日起至资产负债表日止发生的变动实施实质性测试程序。

4. 函证的控制

审计人员应当直接控制询证函的发送和回收。对于因无法投递而退回的信函要进行分析、研究、处理，查明是由于被函证者地址迁移、差错而致使询证函无法投递，还是这笔应收账款本来就是一笔假账。如果被询证者以传真、电子邮件等方式回函，审计人员应当直接接收，并要求被询证者寄回询证函原件。对于采用肯定式函证方式而没有得到复函的，审计人员应当考虑对重要账户余额或其他信息再次函证，一般来说，应第二次乃至第三次发送询证函，如果仍得不到答复，审计人员则应考虑采用必要的替代审计程序。例如，检查与销售有关的文件，包括销售合同、销售订单、销售发票副本及发运凭证等，检查期后收款情况，以验证这些应收账款的真实性。

5. 函证结果差异的分析

收回的询证函若有差异，注册会计师应对此进行分析，寻找产生差异的原因，并应与债务人直接联系，作进一步核实。必要时，应要求被审计单位作适当调整。产生差异的原因可能是由于购销双方登记入账的时间不同，也可能是由于一方或双方记账错误，还可能是其中有弄虚作假或舞弊行为。因登记入账的时间不同而产生的差异，主要表现为：

(1)询证函发出时，债务人已经付款，而被审计单位尚未收到货款。

(2)询证函发出时，被审计单位的货物已经发出并已作销售记录，但货物仍在途中，债务人尚未收到货物。

(3)债务人由于某种原因将货物退回，而被审计单位尚未收到。

(4)债务人对收到的货物的数量、质量及价格等有异议而全部或部分拒付货款。

(四)标出至审计时已收回的应收账款金额

请被审计单位协助，在应收账款明细表上标出至审计时已收回的应收账款金额，对已收回金额较大的款项进行常规检查，如核对收款凭证、银行对账单、销售发票等，并注意凭证发生日期的合理性。

(五)检查未函证的应收账款

由于注册会计师不可能对所有应收账款进行函证，因此，对于未函证的应收账款，注册会计师应抽查有关原始凭据，如销售合同、销售订单、销售发票副本及发运凭证等，以验证与其相关的这些应收账款的真实性。

(六)检查坏账的确认和处理

首先，注册会计师应检查有无债务人破产或者死亡的，以及破产或以遗产清偿后仍无法收回的，或者债务人长期未履行清偿义务的应收账款；其次，应检查被审计单位的坏账处理是否经授权批准，有关会计处理是否正确。

(七)抽查有无不属于结算业务的债权

不属于结算业务的债权，不应在应收账款中进行核算。因此，注册会计师应抽查应收账款明细账，并追查有关原始凭证，查证被审计单位有无不属于结算业务的债权。如有，应作出记录或建议被审计单位进行适当调整。

(八)检查外币应收账款的折算

对于用非记账本位币(通常为外币)结算的应收账款，注册会计师应检查被审计单位外币应收账款的增减变动是否按业务发生时的市场汇率或期初市场汇率折合为记账本位币金额，所选折合汇率前后各期是否一致；期末外币应收账款余额是否按期末市场汇率折合为记账本位币金额；折算差额的会计处理是否正确。

(九)分析应收账款明细账余额

应收账款明细账的余额一般在借方。在分析应收账款明细账余额时，注册会计师如果发现应收账款出现贷方明细余额的情形，就应查明原因，必要时建议作重分类调整。

(十)检查应收账款在资产负债表上是否已恰当披露

[例9—3] M公司2015年12月31日的资产负债表“应收账款”数额为1 652 000元，与应收账款总账余额减去坏账准备相应明细账余额后的差额相符。M公司应收账款明细账有贷方余额180 000元，经查系M公司的预付货款，尚未履行供货合同。M公司按应收账款余额的1%计提坏账准备。

要求：指出上述账务处理中存在的问题，并作出审计调整分录。

【解答】 应收账款明细账的贷方余额反映企业预收的账款，属于负债。注册会计师应提请M公司进行重分类调整。审计调整分录为：

借：应收账款——M公司 180 000

贷：预收账款——M公司 180 000

借：资产减值损失 1 800

贷：坏账准备 1 800

三、坏账准备的实质性程序

坏账是指企业无法收回或收回的可能性极小的应收款项（包括应收账款和其他应收款）。由于发生坏账而产生的损失称为坏账损失。

企业通常应采用备抵法按期估计坏账损失，形成坏账准备。

坏账准备的实质性程序一般包括以下内容：

（一）审查坏账准备的计提

注册会计师主要应查明坏账准备的计提方法和比例是否符合会计准则规定，计提的数额是否恰当，会计处理是否正确，前后期是否一致。

（二）审查坏账损失

对于被审计期间发生的坏账损失，注册会计师应检查其原因是否清楚，是否符合有关规定，有无授权批准，有无已作坏账损失处理后又重新收回的应收款项，相应的会计处理是否正确。

（三）审查长期挂账应收账款

注册会计师应审查应收账款明细账及相关原始凭证，查找有无财务报表日后仍未收回的长期挂账应收账款，如有，应提请被审计单位作适当处理。

（四）检查函证结果

对债务人回函中反映的例外事项及存在争执的余额，注册会计师应查明原因并进行记录，必要时应建议被审计单位作相应的调整。

（五）执行分析程序

通过计算坏账准备余额占应收款项余额的比例，并与以前期间的相关比例核对，检查分析其重大差异，以发现有重要问题的审计领域。

（六）确定坏账准备的披露是否恰当

企业应当在财务报表附注中清晰地说明坏账的确认标准、坏账准备的计提方法和计提比例，并应区分应收账款和其他应收款项目，按账龄披露坏账准备的期末余额。

审计人员除了关注财务报表附注披露的恰当性以外，还应关注资产减值准备明细表中有关坏账准备内容披露的恰当性。

第六节 其他相关账户审计

在销售与收款循环中，还有应收票据、长期应收款、预收账款、应交税费、营业税金及附加和销售费用等项目。

一、应收票据的审计

如果企业销售实现没有收到现款，而是收到了客户的商业汇票(包括商业承兑汇票和银行承兑汇票)，这便产生了应收票据。由于应收票据是在企业内赊销业务时产生的，因此对应收票据的审计也必须结合赊销业务一起进行。企业通过应收票据进行赊销时，一般要进行销货、收取票据、计息、贴现、收款等活动，在此过程中所涉及的相关凭证和账簿都是应收票据的审计范围。

对应收票据的审计，主要从以下几个方面来进行：确定应收票据是否存在；确定应收票据是否归被审计单位所有；确定应收票据增减变动的记录是否完整；确定应收票据是否有效、可否收回；确定应收票据期末余额是否正确；确定应收票据在会计报表上的披露是否恰当等。

二、长期应收款的审计

长期应收款的审计内容包括确定资产负债表中的长期应收款和未实现融资收益是否存在；确定被审计单位所有应当记录的长期应收款是否均已记录；确定记录的长期应收款和未实现融资收益是否由被审计单位拥有或控制；确定长期应收款的发生、收回和未实现融资收益的入账、摊销的记录是否完整；确定长期应收款是否可收回，坏账准备的计提方法和比例是否恰当、计提是否充分，其坏账准备增减变动的记录是否完整；确定长期应收款及其坏账准备和未实现融资收益期末余额是否正确；确定长期应收款和未实现融资收益是否已按照企业会计准则的规定在财务报表中做出恰当列报。

三、预收账款的审计

预收账款是在企业销售业务前预先收取的部分货款。由于预收账款是随着企业销货业务的发生而发生的，审计人员也应结合企业销货业务对预收账款进行审计。

预收账款的审计内容一般有：确定预收账款的发生及偿还记录是否完整；确定预收账款的期末余额是否正确；确定预收账款在会计报表上的披露是否恰当等。

四、应交税费的审计

企业在一定时期内取得的营业收入和实现的利润，要按规定向国家缴纳相应的税费，包括增值税、消费税、营业税、所得税、资源税、土地增值税、城市维护建设税、教育费附加、房产税、土地使用税、车船税、矿产资源补偿费，以及代扣代缴的个人所得税等。这些应交的税费应按权责发生制原则预提记入有关账户，在尚未缴纳前形成企业的一项负债。

应交税费的审计目标包括确定应计和已缴税费的记录是否正确；确定应交税费的期末余额是否正确；确定应交税费在会计报表上的披露是否恰当。

应交税费审计的实质性程序包括获取或编制应交税费明细表，复核其加计数，并核对其期末余额与报表数、总账数和明细账合计数是否相符；查阅被审计单位的相关纳税与计征的文件，了解被审计单位适用的税种、计税基础、税率，以及征、免、减税的范围与期限，确认其在被审计期间内的应纳税内容；核对期初未交税金与税务机关的认定数是否一致，如有差额，查明原因并做出记录，必要时建议做适当调整；取得税务部门汇算清缴或其他确认文件，被审计单位纳税申报有关资料等，分析其有效性，并与应交税费明细表及账面情况进行核对；检查各种应交税费的计算是否正确，计税依据是否真实、完整，适用税率是否符合税法规定，会计处理是否正确；抽查本期已交税费资料，确定已交数的正确性；确定应交税费是否在资产负债表上做恰当披露。

五、营业税金及附加的审计

营业税金及附加是指企业由于销售产品、提供劳务等而负担的税金及附加，包括营业税、消费税、城市维护建设税、资源税和教育费附加，以及与投资性房地产相关的房产税、土地使用税等。对营业税金及附加的实质性程序，应在查明被审计单位应缴纳的税种的基础上结合“营业税金及附加”总账、明细账与有关原始凭证，以及与该账户对应的“应交税费”等账户实施，必要时应向有关部门、单位和人员进行查询。

营业税金及附加的审计目标一般包括确定利润表中记录的营业税金及附加是否已发生，且与被审计单位有关；确定所有应当记录的营业税金及附加是否均已记录；确定与营业税金及附加有关的金额及其他数据是否已恰当记录；确定营业税金及附加是否已记录于正确的会计期间；确定营业税金及附加中的交易和事项是否已记录于恰当的账户；确定营业税金及附加已按照企业会计准则的规定在财务报表中做出恰当列报。

营业税金及附加的实质性程序包括获取或编制营业税金及附加明细表，复核加计是否正确，并与报表数、总账数和明细账合计数核对是否相符；确定被审计单位的纳税（费）范围与税（费）种是否符合国家规定；根据审定的本期应纳营业税的营业收入和其他纳税事项，按规定的税率，分项计算、复核本期应纳营业税税额，检查会计处理是否正确；根据审定的本期应税消费品销售额，按规定适用的税率，分项计算、复核本期应纳消费税税额，检查会计处理是否正确；根据审定的本期应纳资源税产品的课税数量，按规定适用的单位税额，计算、复核本期应纳资源税税额，检查会计处理是否正确；检查城市维护建设税、教育费附加等项目的计算依据是否与本期应纳增值税、营业税、消费税合计数一致，并按规定适用的税率或费率计算、复核本期应纳城市维护建设税、教育费附加等，检查会计处理是否正确；结合对“应交税费”科目的审计，复核其勾稽关系；检查营业税金及附加是否已按照企业会计准则的规定在财务报表中做出恰当列报。

六、销售费用的审计

销售费用是指企业在销售商品过程中发生的费用。

销售费用的审计目标一般包括确定利润表中记录的销售费用是否已发生，且与被审计单位有关；确定所有应当记录的销售费用是否均已记录；确定与销售费用有关的金额及其他数据是否已恰当记录；确定销售费用是否已记录于正确的会计期间；确定销售费用是否已记录于恰当的账户；确定销售费用是否已按照企业会计准则的规定在财务报表中做出恰当列报。

销售费用的实质性程序包括获取或编制销售费用明细表，复核其加计数是否正确，并与报表数、总账数和明细账合计数核对是否相符；将销售费用中的工资、折旧等与相关的资产、负债科目核对，检查其勾稽关系的合理性并对销售费用进行分析；检查各明细项目是否与被审计单位销售商品和材料、提供劳务以及专设销售机构发生的各种费用有关，是否合规、合理，计算是否正确；检查销售佣金支出是否符合规定，审批手续是否健全，是否取得有效的原始凭证，如超过规定，是否按规定进行了纳税调整；检查广告费、宣传费、业务招待费的支出是否合理，审批手续是否健全，是否取得有效的原始凭证，如超过规定限额，应在计算应纳税所得额时调整；检查由产品质量保证产生的预计负债，是否按确定的金额进行会计处理；选择重要或异常的销售费用,检查销售费用各项目开支标准是否符合有关规定,开支内容是否与被审计单位的产品销售或专设销售机构的经费有关,计算是否正确,原始凭证是否合法,会计处理是否正确。

本章小结

本章属于注册会计师财务报表审计实务,从本章开始至第十三章,我们进入了财务报表审计实务部分,即进入业务循环审计,且以执行企业会计准则的公司财务报表审计为例,介绍业务循环(包括销售与收款循环、购货与付款循环、生产与费用循环及筹资与投资循环)审计的具体内容,重点介绍对各财务报表项目如何进行审计测试。销售与收款循环审计与其他业务循环审计之间是密切相连的,因为注册会计师在最终判断被审计单位财务报表是否公允反映时,必须综合考虑通过审计发现的各业务循环的错误对财务报表产生的影响。

销售与收款循环是指随着商品销售及劳务的提供而发生的商品所有权转让及已收或应收货款的收回过程。该循环从客户提出订货要求开始,将商品或劳务转化为应收款项,并且以最终收回现金为结束,使企业产品价值得以实现。

该循环审计过程中涉及一系列凭证、记录及活动,注册会计师应在了解被审计单位及其环境(包括内部控制)的情况下,对被审计单位内部控制的健全性和有效性作出评价,在此基础上对该循环涉及的主要财务报表项目实施实质性测试程序。

销售与收款循环涉及的主要财务报表项目为:营业收入(主营业务收入)、应收账款(坏账准备)等。其中,在主营业务收入审计中,收入的确认、分析程序及截止测试都是非常重要的审计程序;在应收账款审计中,函证是一种必要且有效的审计程序。

本章思考题

1. 销售与收款循环主要有哪些凭证及业务活动?
2. 销售与收款循环中可能存在重大错报风险的情形有哪些?
3. 销售与收款循环控制测试的内容有哪些?
4. 如何对主营业务收入实施实质性分析程序?
5. 如何对主营业务收入实施截止测试?
6. 应收账款的实质性测试程序包括哪些内容?

第十章 购货与付款循环审计

【学习目标】

1. 理解购货与付款循环审计的基本原理；
2. 掌握购货与付款循环控制测试和实质性测试的程序；
3. 掌握应付账款、固定资产以及其他相关账户的重要审计程序。

【导入案例】

巨人零售公司破产案

巨人零售公司于1959年建立，总部设立在马萨诸塞州的詹姆斯福特。在20世纪60年代，巨人公司的销售额增长速度令人震惊。直至1972年，巨人已经拥有了112家零售批发商店。但就在那一年，巨人公司的管理部门面临着历史上第一次重大经营损失。为了掩盖这一真相，它们决定篡改公司的会计记录。行政管理当局把1971年发生的250万美元的经营损失，篡改成150万美元的收益，并且提高了与之有关的流动比率和周转率。案情暴露后，巨人公司的四名官员被大陪审团以各种形式的舞弊起诉，经联邦法院审判后，被定为有罪。

巨人零售公司的管理部门为了能在财务报告上减少应付给供应商的金额，曾经故意歪曲公司的财务状况。巨人零售公司的四名官员篡改了1972年1月29日结束的会计年度的应付账款余额。

根据证券交易委员会的调查结果，巨人零售公司的总裁和财务主管曾经在1972年1月29日结束的会计年度中命令下属广告部门的经理捏造了至少30万美元的预付广告费用，而这些广告费用还未入账。广告部门准备了一份14页的备忘录，在该备忘录上虚构了大约1 100家的广告商名单，同时记载着巨人零售公司以前曾向它们预付过广告费用但并未入账。当罗斯会计师事务所询问为何有那么多笔广告费均未入账时，巨人零售公司的官员答复为：公司的广告部门曾有几个月忘了收集记录并记账。

为了验证这些预付的广告费是否属实，罗斯会计师事务所向名单中的4个广告商发函询证，并且要求巨人零售公司为另外20笔未入账的费用提供证明文件。证券交易委员会基于以下几点，认为罗斯会计师事务所使用的审计程序是不充分的。首先，抽取24个样品，不能提供足够的证据来证明这预付的30万美元广告费事实上是准确的。其次，罗斯会计师事务所对4

个广告商的回信缺乏足够的重视，因为信中曾指出那笔预付广告费是错误的。再次，罗斯会计师事务所的会计师依靠大量的文件，来证实从详细名单上抽取的20笔费用的正确性。考虑到这些费用的可疑之处和时间因素，证券交易委员会认为，罗斯会计师事务所有责任获得足够多的、精确且充分的证据，来证明客户所提供名单中重大事项的正确性。

1972年4月28日，巨人公司在会计年度结束90天内把经过审计的财务报告提交给了证券交易委员会。1972年8月，巨人公司把年度财务报表和无保留审计意见书提交给了证券交易委员会。巨人公司利用这份意见书，出售了大约300万美元的普通股，并获取了1 200万美元的借款。但在1973年的新闻稿中，巨人公司总裁宣布：公司发现，由于潜在的簿记错误，可能会影响公司前一年的报告收益。大约一个月后，事务所撤回了1972年签发的无保留审计意见书。1973年8月，巨人公司向波士顿法院提交破产申请。两年后，法庭宣布公司破产。

巨人公司的总裁和副总裁于1978年由于蓄意向证券交易委员会提交虚假的财务报表被定罪。在此之前，巨人的前任董事长和财务主管因为相同的指控服罪。这四人都被判罚款以及入狱6～18个月。

根据调查结果，证券交易委员会指责了罗斯会计师事务所，并且下令负责公司审计聘约的合伙人暂停执业5个月。证券交易委员会同时要求：由独立的专家中的一位陪审员，对罗斯会计师事务所的审计程序进行一次大规模的检查。

思考题：罗斯会计师事务所在业务执行过程中存在哪些缺陷？该案例对我国注册会计师行业有什么启示？

第一节 购货与付款循环概述

一、主要凭证和会计记录

购货与付款业务通常要经过请购—订货—验收—付款这样的程序，与销售和收款业务一样，在内部控制比较健全的企业，处理购货与付款业务通常也需要使用很多凭证和会计记录。典型的购货与付款循环所涉及的主要凭证和会计记录有以下几种：

（一）请购单

请购单是由商品制造、资产使用等部门的有关人员填写，送交采购部门，申请购买商品、劳务或其他资产的书面凭证。

（二）订购单

订购单是由采购部门填写，向另一企业购买订购单上所指定商品、劳务或其他资产的书面凭证。

（三）验收单

验收单是收到商品、资产时所编制的凭证，列示从供应商处收到的商品、资产的种类和数量等内容。

（四）卖方发票

卖方发票是供应商开具的，交给买方以载明发运的货物或提供的劳务、应付款金额和付款条件等事项的凭证。

(五)付款凭单

付款凭单是采购方企业的应付凭单部门编制的,载明已收到商品、资产或接受劳务的厂商、应付款金额和付款日期的凭证。付款凭单是企业内部记录和支付负债的授权证明文件。

(六)转账凭证

转账凭证是指记录转账业务的记账凭证,它是根据有关转账业务(即不涉及现金、银行存款收付的各项业务)的原始凭证编制的。

(七)付款凭证

付款凭证包括现金付款凭证和银行存款付款凭证,是指用来记录现金和银行存款支出业务的记账凭证。

(八)应付账款明细账

企业以赊销方式购入的商品验收合格后,应根据供应商提供的销售发票和企业内部的验收单等原始凭证登记应付账款明细账。

(九)现金日记账和银行存款日记账

现金日记账和银行存款日记账是用来记录购货与付款业务以及其他各种现金、银行存款收入和支出的日记账。

(十)卖方对账单

卖方账单是由供货方按月编制的,标明期初余额、本期购买、本期支付给卖方的款项和期末余额的凭证。卖方对账单是供货方对有关业务的陈述,如果不考虑买卖双方在收发货物上可能存在的时间差等因素,其期末余额通常应与采购方相应的应付账款期末余额一致。

二、购货与付款循环中的主要业务活动

一个企业,如可能的话,应将各项职能活动指派给不同的部门或职员来完成。这样,每个部门或职员都可以独立检查其他部门和职员工作的正确性。下面以采购商品为例,分别阐述购货与付款循环中的主要环节。

(一)请购商品

仓库负责对需要购买的已列入存货清单的项目填写请购单,其他部门也可以对所需要购买的未列入存货的项目编制请购单。大多数企业对正常经营所需物资的购买均作一般授权;但对资本支出和租赁合同,企业政策则通常要求作特别授权,只允许指定人员提出请购。请购单可由手工或计算机编制,由于企业内不少部门都可以填列请购单,不便事先编号,为加强控制,每张请购单必须经过对这类支出负预算责任的主管人员签字批准。

(二)编制订购单

采购部门在收到请购单后,根据经过批准的请购单发出订购单。订购单应正确填写所需要商品的品名、数量、价格、厂商名称和地址等,预先予以编号并经过被授权的采购人员签名。其正联应送交供应商,副联则送至企业内部的验收部门、应付凭单部门和编制请购单的部门。

(三)验收商品

验收部门首先应比较所收商品与订购单上的要求是否相符,如商品的品名、数量、到货时间等,然后再盘点商品并检查商品有无损坏。

验收后,验收部门应对已收货的每张订购单编制一式多联、预先编号的验收单,作为验收和检验商品的依据。验收人员将商品送交仓库或其他请购部门时,应取得经过签字的收据,或要求其在验收单的副联上签收,以确立他们对所采购的资产应负的保管责任。验收人员还应

将其中的一联验收单送交应付凭单部门。

(四)储存已验收的商品存货

将已验收商品的保管与采购的其他职责相分离,可减少未经授权的采购和盗用商品的风险。存放商品的仓储区应相对独立,限制无关人员接近。

(五)编制付款凭单

记录采购交易之前,应付凭单部门应核对订购单、验收单和供应商发票,确保一致,编制付款凭单。由被授权人员在凭单上签字,以示批准照此凭单要求付款。所有未付凭单的副联应保存在未付凭单档案中,以待日后付款。经适当批准和有预先编号的凭单为记录采购交易提供了依据。

(六)确认与记录负债

已批准的未付款凭单连同每日的付款凭单汇总表一起送到会计部门,据以编制有关记账凭证和登记有关明细账和总账账簿。

(七)付款

通常是由应付凭单部门负责确定未付凭单在到期日付款、付款必须有授权人批准的付款凭单,防止未核准的款项被支付。

(八)记录现金、银行存款支出

会计部门根据付款凭单、已签发的支票编制付款记账凭证,并据以登记有关明细账和总账账簿。

第二节 购货与付款循环的内部控制及测试

一、购货与付款循环常见的重大错报风险

购货与付款循环固有风险较高,应作为审计重点。影响采购与付款交易和余额的重大错报风险包括以下因素:

1. 管理层错报费用支出的动因

被审计单位管理层为了完成预算,满足业绩考核要求,保证从银行获得额外的资金,吸引潜在投资者,误导股东,影响公司股价,或通过把私人费用计入公司进行个人盈利而错报支出。常见的方法有:把通常应当及时计入损益的费用资本化,然后通过资产的逐步摊销予以消化,这对增加当年的利润和留存收益都将产生影响;调节利润,通过多计准备或少计负债和准备,把损益控制在被审计单位管理层希望的程度;利用特别目的的实体来把负债从资产负债表中剥离,或利用关联方间的费用定价优势制造虚假的收益增长趋势;通过复杂的税务安排推延或隐瞒所得税和增值税;被审计单位管理层把私人费用计入企业费用,把企业资金当作私人资金运作。

2. 费用支出的复杂性

例如,被审计单位开始在国外开展销售交易,管理层对于可能遭遇到的问题的解决经验有限,甚至不具备进行正确交易的能力。这可能导致费用支出分配的错误、外币换算错误和准备计提的错误。

3. 管理层凌驾于控制之上和员工舞弊的风险

例如，通过与第三方串通，把私人费用计入企业费用支出，或有意无意地重复付款。

4. 采用不正确的费用支出截止期

将本期采购并收到的商品计入下一会计期间，或者将下一会计期间采购的商品提前计入本期。

5. 低估

在承受反映较高盈利水平和营运资本的压力下，被审计单位管理层可能试图低估应付账款和准备，包括对存货和应收账款减值以及对已售商品提供的担保应计提的准备。

6. 不正确地记录外币交易

当被审计单位进口用于出售的商品时，由于采用不恰当的外币汇率而导致该项采购的记录出现差错。

7. 舞弊和盗窃的固有风险

8. 延迟向供应商付款

这可能导致不能申请原本可以享受的购货折扣，或者即使提出申请也不被接受，增加了不必要的开支。

9. 存货的采购成本没有按照适当的计量属性确认

结果可能导致存货成本和销售成本的核算不正确。

10. 存在未记录的权利和义务

这可能导致资产负债表分类错误以及财务报表附注不正确或披露不充分。

二、购货与付款循环的内部控制

(一)岗位分工

企业应当建立购货与付款业务的岗位责任制，明确相关部门和岗位的职责、权限，确保办理购货与付款业务的不相容岗位相互分离、制约和监督。

购货与付款业务不相容岗位至少包括：

(1)请购与审批。

(2)询价与确定供应商。

(3)采购合同的订立与审计。

(4)采购与验收。

(5)采购、验收与相关会计记录。

(6)付款审批与付款执行。

(二)授权批准

对购货与付款业务建立严格的授权批准制度，明确审批人对购货与付款业务的授权批准方式、权限、程序、责任和相关控制措施，规定经办人办理购货与付款业务的职责范围和工作要求。审批人应当根据购货与付款业务授权批准制度的规定，在授权范围内进行审批，不得超越审批权限。经办人应当在职责范围内按照审批人的批准意见办理购货与付款业务。

企业应当按照请购、审批、采购、验收、付款等规定的程序办理采购与付款业务，并在采购与付款各环节设置相关的记录、填制相应的凭证、建立完整的采购登记制度，加强请购手续、采购订单或合同、验收单、入库单、采购发票等文件和凭证的相互核对工作。

(三)请购与审批控制

(1)建立采购申请制度，依据购置物品或劳务等类型，确定归口管理部门，授予相应的请购权，并明确相关部门或人员的职责权限及相应的请购程序。

(2)采购业务的预算管理。对于预算内采购项目，具有请购权的部门应严格按照预算执行进度办理请购手续；对于超预算和预算外采购项目，具有请购权的部门应对需求部门提出的申请进行审核后再行办理请购手续。

(3)建立严格的请购审批制度。对于超预算和预算外采购项目，应当明确审批权限，由审批人根据其职责、权限以及单位实际需要等对请购申请进行审批。

(四)采购控制

企业应当根据物品或劳务等的性质及其供应情况确定采购方式。一般物品或劳务等的采购应采用订单采购或合同订货等方式，小额零星物品或劳务等的采购可以采用直接购买等方式。

企业应当充分了解和掌握供应商的信誉、供货能力等有关情况，采取由采购、使用等部门共同参与比质比价的程序，并按规定的授权批准程序确定供应商。小额零星采购也应由经授权的部门事先对价格等有关内容进行审查。

(五)验收控制

企业应当根据规定的验收制度和经批准的订单、合同等采购文件，由独立的验收部门或指定专人对所购物品或劳务等的品种、规格、数量、质量和其他相关内容进行验收，出具验收证明。

对验收过程中发现的异常情况，负责验收的部门或人员应当立即向有关部门报告。有关部门应查明原因，并及时处理。

(六)付款控制

(1)财会部门在办理付款业务时应当对采购发票、结算凭证、验收证明等相关凭证的真实性、完整性、合法性及合规性进行严格审核。

(2)建立预付账款和定金的授权批准制度，加强对预付账款和定金的管理。

(3)加强对应付账款和应付票据的管理，由专人按照约定的付款日期、折扣条件等管理应付款项。已到期的应付款项须经有关授权人员审批后方可办理结算与支付。

(4)建立退货管理制度，对退货条件、退货手续、货物出库、退货货款回收等作出明确规定，及时收回退货货款。

(5)定期与供应商核对应付账款、应付票据、预付账款等往来款项。如有不符，应查明原因，及时处理。

(七)监督检查

建立对采购与付款内部控制的监督检查制度，明确监督检查机构或人员的职责权限，定期或不定期地进行检查。检查购货与付款业务内部控制制度是否健全，各项规定是否得到有效执行。

三、购货与付款循环的控制测试

购货与付款循环的控制测试是在了解和描述购货与付款循环内部控制的基础上，测试其实际运行的有效性。

进行控制测试，应结合业务控制环节进行。

(一)请购商品或劳务内部控制的测试

审计人员尤其关注对请购单的提出和核准的控制程序，对其进行控制测试时，应选择若干张请购单，检查摘要、数量及日期和相应文件的完整性，审核核准的证据手续是否完整，有无核准人签字等。

（二）订购商品或劳务内部控制的测试

订货单是经核准的采购业务的执行凭证，审计人员通常要注意对订货单的填制和处理的控制，关注订货单是否准确处理和全部有效。进行测试时，应注意审查订货单的完整性，如编号、日期、摘要、数量、价格、规格、质量及运输要求等是否齐全，审查订货单是否附有请购单或其他授权文件。

（三）货物验收内部控制的测试

审计人员应确定购货发票是否与验收单一致，验收部门是否独立行使职责，并编制正确的验收单，查询并观察验收部门在收货时对货物的检查情况，检查按编号顺序处理的验收单的完整性，即验收单的内容填写是否完整，查阅货物质量检验单的内容和处理程序。

（四）应付账款内部控制的测试

审计人员应检查购货业务的原始凭证，包括每一张记录负债增加的记账凭证是否均附有订货单、验收单、购货发票，审核这些原始凭证上的数量、单价、金额是否正确，原始凭证上的各项手续是否齐全。应注意现金折扣的处理是否由经授权的经办人按规定处理，测试中可抽查部分购货发票，注意有关人员是否在现金折扣期限内按原发票价格支付货款，然后从供货方取得退款支票或现金，有无丧失了本应获得的折扣的问题。审计人员还应根据付款凭证记录的内容，分别追查应付账款和存货的明细账与总账是否进行平行登记，金额是否一致。

（五）付款业务内部控制的测试

审计人员可通过查询、观察、检查以及重复执行内部控制等措施对资金支出进行测试，其步骤和方法是：检查支票样本，审核付款是否经过批准，支票是否与应付凭单一致，付款后是否注销凭单，是否由经过授权批准的人员签发；检查支票登记簿的编号次序，与相应的应付账款明细账以及银行存款日记账核对，审查其金额是否一致；观察编制凭证和签发支票、签发支票与保管支票的职责分配是否符合内部控制原则；检查付款支票样本，确定资金支付是否完整地记录在适当的会计期间。

［例 10－1］ 2015 年 12 月 1 日至 7 日，注册会计师 A 和 B 对甲公司购货与付款循环的内部控制进行了解和测试，并在相关审计工作底稿中记录了了解和测试的事项，摘录如下：

甲公司的材料采购需要经授权批准后方可进行。采购部根据经批准的请购单发出订购单。货物运达后，验收部根据订购单的要求验收货物，并编制一式多联的、未连续编号的验收单。仓库根据验收单验收货物，在验收单上签字后，将货物移入仓库加以保管。验收单上有数量、品名、单价等要素。验收单一联交采购部登记采购明细账和编制付款凭单，付款凭单经批准后，月末交会计部；一联交会计部登记材料明细账；一联由仓库保留并登记材料明细账。会计部根据只附验收单的付款凭单登记有关账簿。

会计部审核付款凭单后，支付采购款项。甲公司授权会计部的经理签署支票，经理将其授权给会计人员丁负责，但保留了支票印章。丁根据已适当批准的凭单，在确定支票收款人名称与凭单内容一致后签署支票，并在凭单上加盖“已支付”的印章。对付款控制程序的穿行测试表明，注册会计师 A 和 B 未发现与公司规定有不一致之处。

要求：根据上述摘录，请代注册会计师 A 和 B 指出购货与付款循环内部控制方面的缺陷，并提出改进建议。

【解答】 甲公司购货与付款循环内部控制方面的缺陷及注册会计师提出的改进建议如下：

(1)验收单未连续编号,不能保证所有的采购都已记录或不被重复记录。应建议甲公司对验收单进行连续编号。

(2)付款凭单未附订购单及供应商的发票等,会计部无法核对采购事项是否真实,登记有关账簿时金额或数量可能就会出现差错。应建议甲公司将订购单和发票等与付款凭单一起交会计部。

(3)会计部月末审核付款凭单后才付款,未能及时将材料采购和债务登账并按约定时间付款。应建议甲公司采购部及时将付款凭单交会计部,按约定时间付款。

第三节　应付账款审计

应付账款是企业在正常经营过程中,因购买材料、商品或接受劳务供应等而应付给供应单位的款项。可以看出,应付账款业务是随着企业赊购交易的发生而发生的,注册会计师应结合购货业务进行应付账款的审计。

一、应付账款的审计目标

应付账款的审计目标一般包括:确定应付账款的发生和偿还记录是否完整;确定应付账款期末余额是否正确;确定应付账款在财务报表上的披露是否恰当。

二、应付账款的实质性程序

(1)获取或编制应付账款明细表,复核加计正确,并与报表数、总账数和明细账合计数核对是否相符。

(2)根据被审计单位实际情况,选择以下方法对应付账款进行分析程序。

①对本期期末应付账款余额与上期期末余额进行比较,分析其波动原因。

②分析长期挂账的应付账款,要求被审计单位作出解释,判断被审计单位是否缺乏偿债能力或利用应付账款隐瞒利润。

③计算应付账款对存货的比率、应付账款对流动负债的比率,并与以前期间对比分析,评价应付账款整体的合理性。

④根据存货、主营业务收入和主营业务成本的增减变动幅度,判断应付账款增减变动的合理性。

(3)函证应付账款。一般情况下,应付账款不需要函证,这是因为函证不能保证查出未记录的应付账款,况且注册会计师能够取得购货发票等外部凭证来证实应付账款的余额。但如果控制风险较高,某些应付账款明细账户金额较大或被审计单位处于财务困难阶段,则应进行应付账款的函证。

进行函证时,审计人员应选择较大金额的债权人,以及那些在资产负债表日金额不大甚至为零,但为企业重要供货人的债权人,作为函证对象。函证最好采用积极形式,并具体说明应付金额。与应收账款的函证一样,注册会计师必须对函证的过程进行控制,要求债权人直接回函,并根据回函情况编制与分析函证结果汇总表,对未回函的,应考虑是否再次函证。

如果存在未回函的重大项目,注册会计师应采用替代审计程序。例如,可以检查决算日后应付账款明细账及现金和银行存款日记账,核实其是否已支付,同时检查该笔债务的相关凭证资料,核实交易事项的真实性。

［例10—2］ 审计人员对A公司的应付账款进行审计,A公司采用计划成本法核算存货,每年从某供应商处购入原材料,不含税价款为3 000万元。截至2014年12月31日,欠该供应商货款6 000万元。审计人员认为,该供应商为长期客户,且期末金额巨大,因此,对该供应商实施函证程序。对方回函声明:A公司欠款实际金额为7 000万元,差额为1 000万元。

要求:说明对该项目应如何审计,以及应提出怎样的审计意见。

【解答】

(1)查明差异产生的原因。审计人员通过了解得知,欠款的原因是A公司认为供应商售价过高,双方一直未能协商一致,A公司自2013年1月以来一直未支付货款,进一步审查购货发票,得知对方回函金额真实,追查成本差异账户发现,A公司自2013年1月至2014年年底将已分摊的材料成本差异1 000万元冲回。

(2)审计人员认为,A公司存在低估负债的可能,并影响到公司期初及期末的损益。A公司不能擅自变更存货的计价,不能按自己的想法计量购入原材料的入账价值,因此,随意冲销应付账款是错误的。审计人员应提请A公司调整相应的报表项目。如果A公司拒绝调整,审计人员将根据其对财务状况和利润的影响发表相应的审计意见。

(4)查找未入账的应付账款。为了防止企业低估负债,审计人员应检查被审计单位有无故意漏记应付账款行为。例如,结合存货监盘,检查被审计单位在资产负债表日是否存在有材料入库凭证但未收到购货发票的经济业务;检查资产负债表日后收到的购货发票,关注购货发票的日期,确认其入账时间是否正确;检查资产负债表日后应付账款明细账贷方发生额的相应凭证,确认其入账时间是否正确。

如果审计人员通过这些审计程序发现某些未入账的应付账款,应将有关情况详细记入审计工作底稿,然后根据其重要性确定是否需建议被审计单位进行相应的调整。

(5)检查应付账款是否存在借方余额。如有,应查明原因,必要时建议被审计单位作重分类调整。

(6)结合预付账款的明细余额,查明有否在应付账款和预付账款同时挂账的项目;结合其他应付款的明细余额,查明有无不属于应付账款的其他应付款。如有,应作出记录,必要时,建议被审计单位作重分类调整或会计误差调整。

(7)检查应付账款长期挂账的原因,作出记录,注意其是否可能无需支付。

(8)查明应付账款在资产负债表上的披露是否恰当。一般来说,“应付账款”项目应根据“应付账款”和“预付账款”科目所属明细科目的期末贷方余额的合计数填列。

第四节 固定资产和累计折旧审计

一、固定资产的审计

固定资产审计的范围很广。固定资产项目反映企业所有固定资产的原价,累计折旧项目反映企业固定资产的累计折旧数额,这两项无疑属于固定资产的审计范围。除此之外,由于固定资产的增加包括购置、自行建造、投资者投入、融资租入、更新改造、以非现金资产抵偿债务方式取得或以应收债权换入、以非货币性资产交换换入、经批准无偿调入、接受捐赠和盘盈等多种途径,相应涉及银行存款、应付账款、预付账款、在建工程、股本、资本公积、长期应付款等项目;企业的固定资产又因出售、报废、投资转出、捐赠转出、抵债转出、以非货币性资产交换换出、无偿调出、毁损和盘亏等而减少,与固定资产清理、其他应收款、营业外收入和营业外支出等项目有关;另外,企业按月计提固定资产折旧,又与制造费用、销售费用、管理费用等项目联系在一起。因此,在进行固定资产审计时,应当关注这些相关项目。

(一)固定资产的审计目标

固定资产的审计目标一般包括:确定固定资产是否存在;确定固定资产是否归被审计单位所有;确定固定资产及其累计折旧增减变动的记录是否完整;确定固定资产的计价和折旧政策是否恰当;确定固定资产的期末余额是否正确;确定固定资产在财务报表上的披露是否恰当。

(二)固定资产的实质性程序

1. 获取或编制固定资产及累计折旧分类汇总表

检查固定资产的分类是否正确,复核加计正确,并与报表数、总账数和明细账合计数核对是否相符。

固定资产和累计折旧分类汇总表又称一览表或综合分析表,是审计固定资产和累计折旧的重要工作底稿,其格式如表 10—1 所示。

表 10—1　　固定资产和累计折旧分类汇总表

年　月　日

被审计单位:____________　　编制人:　　日期:

复核人:　　日期:

固定资产类别	固定资产				累计折旧					
	期初余额	本期增加	本期减少	期末余额	折旧方法	折旧率	期初余额	本期增加	本期减少	期末余额
合　计										

2. 分析程序

根据被审计单位业务的性质,选择以下方法对固定资产实施分析程序:

(1)计算固定资产原值与本期产品产量的比率,并与以前期间比较,可能发现闲置固定资产或已减少固定资产未在账户上注销的问题。

(2)计算本期计提折旧额与固定资产总成本的比率,将此比率与上期比较,旨在发现本期折旧额计算上的错误。

(3)计算累计折旧与固定资产总成本的比率,将此比率与上期比较,旨在发现累计折旧核算上的错误。

(4)比较本期与以前各期固定资产的增加和减少。由于被审计单位的生产经营情况在不断变化,各期之间固定资产增加和减少的数额可能有很大相关性。注册会计师应当深入分析其差异,并根据被审计单位以往和今后的生产经营趋势,判断差异产生的原因是否合理。

(5)分析固定资产的构成及其增减变动情况,与在建工程、现金流量表、生产能力等相关信息交叉复核,检查固定资产相关金额的合理性和准确性。

3. 固定资产增加的审查

被审计单位如果不能正确核算固定资产的增加,将对资产负债表和利润表产生长期的影响，因此，审计固定资产的增加，是固定资产实质性程序中的重要内容。固定资产的增加有购置、自制自建、投资者投入、更新改造增加、债务人抵债增加等多种途径。

审查要点包括：检查本年度增加固定资产的计价是否正确，凭证手续是否齐备；对已交付使用但尚未办理竣工结算等手续的固定资产，检查其是否暂估入账，并按规定计提折旧；检查资本性支出与收益性支出的划分是否恰当，是否将应计入本期损益的利息计入固定资产成本；抽查相关凭证，验证其会计处理的正确性。

4. 固定资产减少的审查

企业固定资产的减少，大致有以下去向：出售、报废、毁损、向其他单位投资转出、盘亏等。为了保护固定资产的安全和完整，必须对固定资产的减少进行严格的审查，从而确定固定资产减少的合理性、合法性。

审计固定资产减少的主要目的在于查明业已减少的固定资产是否已作适当的会计处理。审计人员应检查减少的固定资产是否经授权批准；因不同原因减少的固定资产的会计处理是否符合有关规定；结合"固定资产清理"和"营业外收支"账户，抽查固定资产账面转销额是否正确；分析"营业外收支"等账户，查明有无处置固定资产所带来的损益。

5. 检查固定资产后续支出的核算是否符合规定

6. 检查固定资产的所有权

对各类固定资产，注册会计师应获取、汇集不同的证据以确定其是否确归被审计单位所有：对外购的机器设备等固定资产，通常经审核采购发票、购货合同等后予以确定；对于房地产类固定资产，尚需查阅有关的合同、产权证明、财产税单、抵押借款的还款凭据、保险单等书面文件；对融资租入的固定资产，应验证有关融资租赁合同，证实其并非经营租赁；对汽车等运输设备，应验证有关运营证件等；对受留置权限制的固定资产，通常还应审核被审计单位的有关负债项目等。固定资产所有权归属审查的重点是当年新增加的固定资产。

7. 对固定资产进行实地观察

实施实地观察审计程序时，注册会计师可以以固定资产明细分类账为起点，进行实地追查，以证明会计记录中所列固定资产确实存在，并了解其目前的使用状况；也可以以实地为起点，追查至固定资产明细分类账，以获取实际存在的固定资产均已入账的证据。

当然，注册会计师实地观察的重点是本期新增加的重要固定资产，有时，观察范围也会扩展到以前期间增加的固定资产。观察范围的确定需要依据被审计单位内部控制的强弱、固定资产的重要性以及注册会计师的经验来判断。如为初次审计，则应适当扩大观察范围。

8. 检查固定资产的租赁

获取租入、租出固定资产相关的证明文件，检查是否存在混淆经营性租赁和融资性租赁的情况，并检查其会计处理是否正确。

9. 调查未使用和不需用的固定资产

注册会计师应调查被审计单位有无已完工或已购建但尚未交付使用的新增固定资产，因改、扩建等暂停使用的固定资产，以及多余或不适用的需要进行处理的固定资产，如有，则应作彻底调查，以确定其是否真实。同时，还应调查未使用、不需用固定资产的购建启用及停用时点，并进行记录。

10. 检查固定资产的抵押、担保情况

结合对银行借款等的检查，了解固定资产是否存在抵押、担保情况。如存在，应取证、记录，并提请被审计单位作必要披露。

11. 检查固定资产是否已在资产负债表上恰当披露

财务报表附注通常应说明固定资产的标准、分类、计价方法和折旧方法，各类固定资产的预计使用年限、预计净残值和折旧率，分类别披露固定资产在本期的增减变动情况，并应披露用作抵押、担保和本期从在建工程转入数、本期出售固定资产数、本期置换固定资产数等情况。

［例 10－3］ 注册会计师在审查华润股份有限公司 2015 年度固定资产折旧时，发现上年度 12 月初新增已投入管理使用的设备一台，原价为 1 000 000 元，预计净残值为 100 000 元，预计使用年限为 5 年，使用年数总和法对该项固定资产进行折旧，而按该项固定资产的经济利益预期实现方式，该项固定资产应采用年限平均法计提折旧。

要求：根据上述情况，注册会计师应如何确定这一事项对被审计单位资产负债表和利润表的影响，并提请被审计单位在财务报表附注中应作怎样的充分揭示。

【解答】 注册会计师认为该公司的固定资产折旧方法的选择没有遵循企业会计准则的规定。由此计算的该事项对资产负债表和利润表影响如下：

该设备用年数总和法计算的年折旧额＝(1 000 000－100 000)×5÷15＝300 000(元)

该设备用年限平均法计算的年折旧额＝(1 000 000－100 000)÷5＝180 000(元)

所以，由于折旧方法的改变，使得本年度多提折旧额 120 000 (即 300 000－180 000)元，致使资产负债表中的“固定资产”项目减少 120 000 元，利润表中的“利润总额”项目减少 120 000 元。

对此，注册会计师要求被审计单位在财务报表附注中作这样的提示：“本公司由于对原值为 1 000 000 元、预计净残值为 100 000 元、预计使用年限为 5 年的设备采用年数总和法进行折旧，与采用年限平均法相比，使本年度的折旧额增加 120 000 元，利润总额减少 120 000 元，特予以揭示。”

二、累计折旧的审计

(1)获取或编制累计折旧分类汇总表，复核加计是否正确，并与总账数和明细账合计数核对是否相符。

(2)检查被审计单位制定的折旧政策和方法是否符合相关会计准则的规定。

(3)复核本期折旧费用的计提和分配，包括复核本期折旧费用的计提是否正确；全额计提减值准备的固定资产，是否已停止计提折旧。按照新准则，固定资产减值后不得转回。

第五节 其他相关账户审计

其他相关账户的审计包括预收账款、营业成本与销售费用、其他营业收入与支出审查，这些审查内容均为销售与收款循环审计的构成部分。

一、预收账款的审查

预收账款的审查内容包括取得或编制预收账款明细表；检查已转销的预收账款；抽查有关凭证；函证预收账款，选择金额较大或账龄较长的项目、主要往来客户、关联单位等进行函证；对于回函中出现的不符情况，需查明原因并在审计工作底稿中加以记录，建议做出调整，对于没有回函的，需再次函证或检查决算日后已冲销预收账款是否与发运凭证、销售发票相一致，检查其是否真实、正确；检查长期挂账的预收账款；审查预收账款在财务报表上的反映是否正确。

二、销售费用的审查

销售费用的审查内容包括通过审查确定销售费用的内容是否完整，确定销售费用的分类、归属和账务处理是否正确。

具体通过取得或编制营业成本与销售费用明细表，运用分析性复核方法加以分析。在分类正确的审查中，主要审查：

(1)混淆销售费用与营业成本的界限，把为生产产品领用的包装物费用和材料采购过程中支付的运输费、装卸费、包装费等计入销售费用，或者把应列入销售费用的上述费用计入生产成本或采购成本；

(2)混淆销售费用与应收账款的界限，把为客户代垫的运杂费计入销售费用；

(3)混淆销售费用与其他业务收支的界限，如将应计入营业收入的随同产品出售但单独计价的包装物销售收入错误地冲减销售费用；

(4)混淆销售费用与营业外收支的界限，如将应计入营业外收入的没收逾期未退包装物押金冲减销售费用；

(5)混淆销售费用与制造费用、管理费用的界限，将应计入制造费用、管理费用的有关人员的工资、应计福利费、差旅费、办公费等项费用计入销售费用，或者将属于销售部门经常性的上述费用计入管理费用或制造费用。

在费用开支合法性的审查中，主要检查费用项目设置和开支标准是否符合有关规定；将本期销售费用与上期比较，本期各月销售费用相互比较，审查有无重大波动和异常现象；抽查重要的或异常的销售费用，审查原始凭证的合法性。

另外，注意有无将支付的回扣、提成计入销售费用；以广告样品的名义，变相向职工发放实物；将招待馈赠费用列入展览费用等。

三、其他业务收支的审查

首先取得或编制其他业务收入、支出明细表，复核其正确性，并与报表、总账、明细账核对，检查其是否相符。将本期其他业务收入、支出及其他业务利润与上期比较，分析有无重大波动，如发生重大变化，查明原因。抽查金额较大的其他业务收入和支出项目，审查其原始凭证及相关审批授权手续，查明入账会计期间和账务处理的正确性。审查异常收支项目，查明其真实性与合法性。审查让渡资产使用权收入的确认。当其他业务收支业务量较大时，要实施截止期审查。

本章小结

购货与付款循环是企业业务活动中的重要循环之一，其活动过程包括从请购、订货、验收、仓储到付款等多个环节。其中，购货业务又可分为一般购货和购入固定资产。注册会计师应在了解被审计单位及其环境(包括内部控制)的情况下，对被审计单位内部控制的健全性和有效性作出评价，在此基础上对该循环涉及的主要财务报表项目实施实质性测试程序。

购货与付款循环涉及的主要财务报表项目为：应付账款、固定资产(累计折旧)等。其中，在应付账款审计中，如何查找未入账的负债是非常重要的审计程序；在固定资产审计中，固定资产的分析程序、不同来源增加的固定资产入账价值的确定、融资租入与经营租入固定资产审查的不同之处、固定资产所有权的审查、固定资产实地观察及固定资产折旧实质性测试等都是非常重要的内容。

本章思考题

1. 简述购货与付款循环主要业务活动、所涉及的主要凭证和会计记录。
2. 比较应付账款函证与应收账款函证有何区别。
3. 注册会计师如何查找未入账的应付账款？
4. 简述固定资产的主要实质性程序。

第十一章 生产与费用循环审计

【学习目标】

1. 理解生产与费用循环审计的基本原理；
2. 掌握生产与费用循环控制测试和实质性测试的程序；
3. 掌握存货成本、存货监盘、存货计价以及其他相关账户的重要审计程序。

【导入案例】

道提斯食品公司审计案例

20世纪70年代末，威廉·那斯温特担任了美国道提斯食品公司的销售员，该公司是上市公司。这位雄心勃勃的年轻销售员以其努力工作及奉献精神给他的上司留下了深刻印象。不久，他被提拔为格雷温斯分部的总经理，并加薪近一倍。格雷温斯分部是一个储货中心，专门负责批发冰冻食品给东海岸的零售商。

那斯温特很快发现，经营大规模批发比一般零售更复杂，而且压力更大。他升任后不久，该分部便因业绩不佳受到总部批评。之后，那斯温特又因未能实现目标利润而备受指责。事实上，他认为，这些目标利润是相当不切实际的。最后，他决定自己来解决这些问题。为此，他在上报总部的月度业绩报告中虚增存货，并通过提高月末存货余额来降低公司产品销售成本，从而提高了毛利。

事隔多年，那斯温特声称他从未打算一直沿用上述做法。然而，格雷温斯分部的实际经营业绩一直不尽如人意。年复一年，那斯温特被迫不断假造，通过增加越来越多的虚假存货金额来达到目标利润。最后，他不得不向公司一位行政官员承认，几年来他一直在向公司总部提供虚假的存货报告。那斯温特当即被解雇。不久，道提斯公司聘请普华会计师事务所来确定格雷温斯分部会计记录中的存货误差程度及其对公司财务报表的影响。普华会计师事务所调查显示，道提斯公司1980年的合并净收益由于那斯温特的造假虚增了15%，而1981年虚增更大，达到了39%。

那斯温特虚增该部存货的方法相当简单。1980年，他在该部年度实有存货报告书中，混入3页虚假的存货项目登记表。另外，那斯温特还更改了很多存货项目的计算单位。例如，某产品应为15盒，而他却在存货登记表上改为15箱。1981年，道提斯公司引进了存货申请电算化系统后，那斯温特造假更简单，他只需往该部存货日记账上输入一笔虚构存货即可。

1980～1981 年，道提斯食品公司均由格特曼会计师事务所审计。汤姆斯·韦森是该事务所的审计部经理，并于 1981 年提升为合伙人，他担任审计道提斯公司的签约人。道提斯公司的审计业务是由法莱克·波拉主持的。在道提斯公司主管部门向美国证券交易委员会(SEC)披露那斯温特的舞弊行为后，政府机构便着手调查 1980 年及 1981 年格特曼会计师事务所对道提斯公司的审计情况。SEC 批评了韦森及波拉在审计工作中的失职行为，尤其是对他们没有严格地审核该公司的存货账户深表不满。SEC 始终认为，应把道提斯公司的存货项目视为高风险账户。因此，韦森及波拉在那两年对该公司的存货审计时，应采取不同于常规程序的详查方法。这是因为：第一，存货在道提斯公司资产负债表中是最大的主干科目，其金额约占总资产的 40%；第二，韦森和波拉都清楚地知道，道提斯公司(特别是格雷温斯分部)的存货内部控制存在很多薄弱环节，而这些薄弱环节会使利用存货舞弊的可能性增加。第三，SEC 指出，1980～1981 年间，格雷温斯分部的存货余额大量增加，使得该分部的存货周转率大大低于正常水平。

另外，SEC 也批评韦森和波拉在 1980～1981 年间对格雷温斯分部存货的审计中，没有对他们本人及下属所发现的问题作深入调查。那斯温特在向 SEC 提供证词时，对格特曼会计师事务所审计人员的工作态度并不欣赏。他证实自己经常要为存货短缺和转移存货编造各种各样的借口，而审计人员显然从不证实这些借口的真伪。他还证实了审计人员们在格雷温斯分部的冷库里清点存货时马马虎虎，因为审计人员们都不愿待在冷库里。那里的确太冷了。

1983 年，道提斯公司解聘了格特曼会计师事务所，转而聘请普华会计师事务所。为逃避惩罚，那斯温特签署了一份保证书。在保证书中，他既没有承认也未否认 SEC 的指控，但他承诺以后不会触犯联邦证券的法规。据报道，他后来受雇于道提斯公司的竞争对手。

思考题：韦森和波拉在道提斯案例中有哪些失职行为？为什么说存货监盘是存货审计必不可少的一项审计程序？

第一节　生产与费用循环概述

一、主要凭证和会计记录

生产与费用循环涉及的内容主要是存货的管理及费用归集和生产成本的计算等。该循环所涉及的资产负债表项目主要是存货、应付职工薪酬等；所涉及的利润表项目主要是营业成本等项目。

(一)生产指令

生产指令又称“生产任务通知单”，是企业下达制造产品等生产任务的书面文件，用以通知生产车间组织产品制造，供应部门组织材料发放，会计部门组织费用归集和成本计算。

(二)领发料凭证

领发料凭证是企业为控制材料发出所采用的各种凭证，如材料发出汇总表、领料单、限额领料单、领料登记簿、退料单等。

(三)产量和工时记录

产量和工时记录是登记工人或生产班组在出勤内完成产品数量、质量和生产这些产品所耗费工时数量的原始记录。常见的产量和工时记录主要有工作通知单、工序进程单、工作班组产量报告、产量通知单、产量明细表、废品通知单等。

(四)工资汇总表及人工费用分配表

工资汇总表是为了反映企业全部工资的结算情况,并据以进行工资结算总分类核算和汇总整个企业工资费用而编制的,它是企业进行工资费用分配的依据。人工费用分配表反映了各生产车间各产品应负担的生产工人工资及福利费。

(五)材料费用分配表

材料费用分配表是用来汇总反映各车间各产品所耗费的材料费用的原始记录。

(六)制造费用分配汇总表

制造费用分配汇总表是用来汇总反映各生产车间各产品所应负担的制造费用的原始记录。

(七) 成本计算单

成本计算单是用来归集某一成本计算对象所应承担的生产费用,计算成本计算对象的总成本和单位成本的记录。

(八)存货明细账

存货明细账是用来反映各种存货增减变动情况和期末库存数量及相关成本信息的会计记录。

二、生产与费用循环所涉及的主要业务活动

(一)计划和安排生产

生产计划部门的职责是根据顾客订单或者对销售预测和存货需求的分析来决定授权生产。例如,决定授权生产,即签发预先编号的生产通知单。该部门通常应将发出的所有生产通知单编号并加以记录控制。

(二)发出原材料

仓库部门的责任是根据从生产部门收到的领料单发出原材料。领料单上必须列示所需的材料数量和种类,以及领料部门的名称。领料单可以一料一单,也可以一单多料,通常需一式三联。仓库发料后,其中一联连同材料交还领料部门,其余两联经仓库登记材料明细账后,送会计部门进行材料收发核算和成本核算。

(三)生产产品

生产部门在收到生产通知单及领取原材料后,便将生产任务分解到每一个生产工人,并将所领取的原材料交给生产工人,据以执行生产任务。生产工人在完成生产任务后,将完成的产品交生产部门查点,然后转交检验员验收并办理入库手续;或是将所完成的产品移交下一个部门,以进一步加工。

(四)费用归集和成本核算

为了正确地核算产品成本,对在产品进行有效控制,必须建立健全成本会计制度,将生产控制和成本核算有机结合在一起。一方面,生产过程中的各种记录、生产通知单、领料单、计工单、入库单等文件资料都要汇集到会计部门,由会计部门对其进行检查和核对,了解和控制生产过程中存货的实物流转。另一方面,会计部门要设置相应的会计账户,会同有关部门对生产过程中的成本进行核算和控制。

完善的成本会计制度应该提供原材料转为在产品,在产品转为产成品,以及按成本中心、

分批生产任务通知单或生产周期所消耗的材料、人工和间接费用的分配与归集的详细资料。

（五）储存产成品

产成品入库，须由仓库部门先行点验和检查，然后签收。

签收后，将实际入库数量通知会计部门。据此，仓库部门确立了本身应承担的责任，并对验收部门的工作进行验证。

（六）发出产成品

产成品的发出须由独立的发运部门进行。装运产成品时必须持有经有关部门核准的发运通知单，并据此编制出库单。出库单至少一式四联，一联交仓库部门，一联发运部门留存，一联送交顾客，一联作为给顾客开发票的依据。

第二节　生产与费用循环的内部控制及测试

一、评估生产与费用循环的重大错报风险

在实施控制测试和实质性测试前，注册会计师应了解被审计单位生产与费用循环和相关账户余额的内部控制的设计、执行情况，评估生产与费用循环中的重大错报风险，以便实施更有效的审计程序。影响生产与费用循环和相关账户余额存在的重大错报风险可能包括：

1. 管理层错报生产成本的偏好

被审计单位管理层为了完成经营目标，满足业绩考核的要求，保证从外部获得资金，或影响公司股价，往往会在财务报表中错报生产成本，以达到调节当期利润的目的。被审计单位管理层常用的手段有：混淆生产成本与资本化支出、混淆不同产品之间的生产成本、混淆不同会计期间的生产成本等。

2. 成本计算的复杂性

不同性质的企业成本计算方法有所不同，而且十分复杂。虽然原材料和直接人工等直接费用的分配比较简单，间接费用的分配却很复杂，并且同一行业中的不同企业可能采用不同的认定和计算方法。

3. 存货项目的可变现净值难以确定

如价格受全球供求影响的存货，由于其可变现净值难以确定，会影响存货采购成本的确定，并将影响注册会计师对与存货认定有关的风险进行评估。

4. 存货存放地点很多

被审计单位可能将存货存放在很多地点，并且可以在不同的地点之间配送存货，这将增加存货途中毁损或遗失的风险。

5. 产品的多元化风险

在企业同一会计期间，可能生产的多种产品都会使用相同的原材料和生产员工，使原材料和人工等费用在不同产品之间进行分配就变得十分烦琐，这会增加产品生产成本不真实的风险。

6. 发生各种错误的可能性

在生产与费用循环的过程中，程序复杂，环节很多，很容易发生各种各样的差错。任何差错的出现，都会导致生产成本的错报。

在评估生产与费用循环的重大错报风险时，注册会计师应当充分了解生产与费用循环中的控制活动，目的在于实施更有效的审计程序。也就是说，注册会计师必须对被审计单位生产与费用循环中的重大错报风险有一定的认识，在此基础上设计并实施进一步审计程序，才能应对生产与费用循环中的重大错报风险。

二、生产与费用循环的内部控制

生产与费用循环的内部控制包括两大控制系统：一是生产过程中的实物流转控制程序；二是对产品成本和费用进行记录与控制的成本费用管理控制和成本费用会计控制。

（一）实物流转控制程序

存货实物流转控制程序包括采购、存储、生产、销售等环节的业务控制程序，要求各个环节的工作应由不相容的部门或人员独立完成。主要内容是：

1. 采购业务的控制程序

采购业务应由独立于存储、会计以外的部门负责。其控制程序是：采购部门根据有关部门的请购单编制采购计划并报经批准；根据批准的采购计划签订购货合同；将会计部门转来的结算凭证和采购单据与供货合同验收单核对，决定是否承付或拒付货款；审核无误后付款。

2. 存储业务的控制程序

主要内容是：货物入库时，须先点验和检查，然后签收，并将实际数量通知采购、会计等部门；根据批准的发料（货）凭证发出材料（货物）；会计、存储部门应定期对库存存货进行实地盘点；根据批准对存货的盘盈盘亏进行会计处理，使账实一致；存储部门与会计部门要定期核对，会计部门也要定期核对明细账与总账。

3. 生产业务的控制程序

在生产循环中，产品的品种和数量一般是由生产控制部门根据顾客订单、销货合同、市场预测等来确定的，并下达生产计划和通知单。各个生产环节的相关部门必须制定严格的责任制度，由监控人员对从生产领料开始到产品完工入库为止的全过程进行有效的控制，以避免生产脱节、在产品积压、交接班岗位责任不清、违章操作造成的残次品、材料物资的丢失毁损等。此外，生产部门还应及时编制生产报告，通知仓库保管部门、会计部门及时进行会计记录，保证财产物资的安全。

4. 发运货物的控制程序

仓库依据已批准的销售单供货和发货给装运部门，并编制多联出货单，分送有关部门。

（二）成本费用管理控制

成本费用管理控制即对成本费用支出业务进行计划、控制与考核。其具体内容包括：确定成本控制目标和成本计划；制定各项消耗定额，包括直接材料、直接人工和制造费用定额；制定费用的开支范围、开支标准和费用支出的申请、审批、支付程序，严格控制各项费用的开支；建立成本费用预算制度，编制成本、费用预算；对各项成本费用指标进行分解，建立成本费用归口、分级管理责任制；定期进行成本费用的考核与评价。

（三）成本费用会计控制

对各项存货设置数量金额式明细账，记录存货收、发、存的数量、金额，会计部门提供各类存货的内容、价值及存在状况；并对生产过程中的成本进行核算和控制，以此将生产控制和生产核算有机结合起来。控制要点是：制定成本控制目标，控制生产费用的发生；设置明细账户和总分类账户进行会计核算；选择恰当的成本计算方法，合理归集并分配各项费用，计算产品生产成本;定期进行成本费用分析。

三、生产与费用循环的控制测试

生产与费用循环的控制测试是在了解和描述生产与费用循环内部控制的基础上,测试其实际运行的有效性。

生产与费用循环控制测试的程序主要有:

(1)抽取部分购货合同,审查相应的请购单、验收记录、入库单、购货发票及有关账户记录,重点查明存货采购是否签订购货合同,有无审批制度;存货的采购、验收、保管、付款、会计记录等职责是否严格分离;存货的入库是否严格履行验收手续;相关会计记录是否及时、正确。

(2)询问和观察存货的保管程序,观察是否只有经过授权批准的人员才能接近存货。

(3)应抽查部分存货发出原始凭证,如领料单或销货通知单,与相关明细账核对,查明以下问题:存货发出有无授权批准;会计记录是否及时、正确;成本费用的归集是否正确。

(4)询问和检查是否建立定期盘点制度,发生的盘盈、盘亏、毁损和报废是否及时按规定审批处理;观察存货的盘点过程。

(5)检查有关成本核算的记账凭证是否附有生产通知单、领发料凭证、产量和工时记录、人工费用分配表、材料费用分配表、制造费用分配表等原始凭证,原始凭证是否齐备,是否按顺序编号。

(6)选取样本测试直接材料、直接人工和制造费用的归集和分配以及产品成本的计算。确定料、工、费的归集和分配是否合理、正确;生产成本是否在完工产品和在产品之间恰当分配,核算方法是否前后期一致;完工产品发出后是否及时结转成本,核算方法是否前后期一致。

第三节　存货审计

一、存货审计的目标

存货是指企业在日常活动中持有以备出售的产成品或商品、处在生产过程中的在产品、在生产过程或提供劳务过程中耗用的材料和物料等。存货对企业经营特点的反映强于其他资产项目。存货不仅对于生产制造业、批发业和零售行业十分重要,对于服务行业也具有重要性。存货的重大错报对于流动资产、营运资本、总资产、销售成本、毛利以及净利润都会产生直接的影响。存货的重大错报对于其他某些项目,例如利润分配和所得税也具有间接影响。审计中许多复杂和重大的问题都与存货有关。存货、产品生产和销售成本构成了会计、审计乃至企业管理中最为普遍、重要和复杂的问题。存货审计,尤其是对年末存货余额的测试,通常是审计中最复杂也最费时的部分。对存货存在性和存货价值的评估常常十分困难。导致存货审计复杂的主要原因包括:存货通常是资产负债表中的一个主要项目,而且通常是构成营运资本的最大项目;存货存放于不同的地点,这使得对它的实物控制和盘点都很困难;存货项目的多样性也给审计带来了困难,例如,化学制品、宝石、电子元件以及其他的高科技产品的审计。存货本身的陈旧以及存货成本的分配也使得存货的估价出现困难;允许采用的存货计价方法的多样性使存货计价差异很大。正是由于存货对于企业的重要性、存货问题的复杂性以及存货与其他项目密切的关联度,要求注册会计师对存货项目的审计应当予以特别的关注。相应地,要求实施存货项目审计的注册会计师具备较高的专业素质和相关业务知识，并分配较多的审计工时，运用多种有针对性的审计程序。

二、存货审计的实质性程序

(一)存货监盘

存货监盘是指注册会计师现场观察被审计单位对存货的盘点，并对已盘点的存货进行适当检查。存货监盘是注册会计师应亲临现场观察被审计单位对存货的盘点；在此基础上，注册会计师应根据需要抽查已盘点的存货。实施存货监盘，获取有关期末存货数量和状况的充分、适当的审计证据是注册会计师的责任，但这并不能取代被审计单位管理层定期盘点存货、合理确定存货的数量和状况的责任。存货监盘针对的主要是存货的存在认定、完整性认定以及权利和义务的认定，注册会计师监盘存货的目的在于获取有关存货数量和状况的审计证据，以确证被审计单位记录的所有存货存在，已经反映了被审计单位拥有的全部存货，并属于被审计单位的合法财产。存货监盘作为存货审计的一项核心审计程序，通常可同时实现上述多个审计目标。

1. 存货监盘计划

注册会计师应当根据被审计单位存货的特点、盘存制度和存货内部控制的有效性等情况，在评价被审计单位存货盘点计划的基础上编制存货监盘计划，对存货监盘做出合理安排。有效的存货监盘需要制订周密、细致的计划。注册会计师通常需要与被审计单位就存货监盘等问题达成一致意见。因此，注册会计师首先应当充分了解被审计单位存货的特点、盘存制度和存货内部控制的有效性等情况，并考虑获取、审阅和评价被审计单位预定的盘点程序。

在编制存货监盘计划时，注册会计师应当实施下列审计程序：了解存货的内容、性质、各存货项目的重要程度及存放场所；了解与存货相关的内部控制；评估与存货相关的重大错报风险和重要性；查阅以前年度的存货监盘工作底稿；考虑实地察看存货的存放场所，特别是金额较大或性质特殊的存货；考虑是否需要利用专家的工作或其他注册会计师的工作；复核或与管理层讨论其存货盘点计划。

2. 存货监盘程序

在被审计单位盘点存货前，注册会计师应当实施观察程序，确定应纳入盘点范围的存货是否已经适当整理和排列，并附有盘点标识，防止遗漏或重复盘点。对未纳入盘点范围的存货，注册会计师应当查明未纳入的原因。对所有权不属于被审计单位的存货，注册会计师应当取得其规格、数量等有关资料，确定其是否已被分别存放、标明，且未被纳入盘点范围。在存货监盘过程中，注册会计师应当根据取得的所有权不属于被审计单位的存货的有关资料，在存货监盘时应关注是否存在某些存货不属于被审计单位的迹象，以免盘点范围不当。

注册会计师应当对已盘点的存货实施适当的检查程序，将检查结果与被审计单位盘点记录相核对，并形成相应的记录。检查的目的既可以是为了确证被审计单位的盘点计划得到适当的执行(控制测试)，也可以是为了证实被审计单位的存货实物总额(实质性程序)。如果观察程序能够表明被审计单位的组织管理得当，盘点、监督以及复核程序充分有效，注册会计师可据此减少所需检查的存货项目。检查的范围通常包括每个盘点小组盘点的存货以及难以盘点或隐蔽性较强的存货。需要说明的是，注册会计师应尽可能避免让被审计单位事先了解将抽取检查的存货项目。注册会计师在实施检查程序时发现差异，很可能表明被审计单位的存货盘点在准确性或完整性方面存在错误。注册会计师应当查明原因，并及时提请被审计单位更正；另一方面，注册会计师应当考虑错误的潜在范围和重大程度，在可能的情况下扩大检查范围，以减少错误的发生。

在存货监盘程序中需要特别关注的情况有：注册会计师应当特别关注存货的移动情况，防止遗漏或重复盘点；应当特别关注存货的状况，观察被审计单位是否已经恰当区分所有毁损、陈旧、过时及残次的存货；应当获取盘点日前后存货收发及移动的凭证，检查库存记录与会计记录期末截止是否正确。

对某些特殊类型的存货而言，被审计单位通常使用的盘点方法和控制程序并不完全适用。这些存货通常或者没有标签，或者其数量难以估计，或者其质量难以确定，或者盘点人员无法对其移动实施控制。在这些情况下，注册会计师需要运用职业判断，根据存货的实际情况设计恰当的审计程序，对存货的数量和状况获取审计证据。

3. 存货监盘中特殊情况的处理

由于存货的性质或位置而无法实施监盘程序。如果由于被审计单位存货的性质或位置等原因导致无法实施存货监盘，注册会计师应当考虑能否实施替代审计程序，以获取有关期末存货数量和状况的充分、适当的审计证据。注册会计师实施的替代审计程序主要包括：(1)检查进货交易凭证或生产记录以及其他相关资料；(2)检查资产负债表日后发生的销货交易凭证；(3)向顾客或供应商函证。

如果因不可预见的因素导致无法在预定日期实施存货监盘或接受委托时被审计单位的期末存货盘点已经完成，注册会计师应当评估与存货相关的内部控制的有效性，对存货进行适当检查或提请被审计单位另择日期重新盘点；同时测试在该期间发生的存货交易，以获取有关期末存货数量和状况的充分、适当的审计证据。

对被审计单位委托其他单位保管的或已做质押的存货，注册会计师应当向保管人或债权人函证。如果此类存货的金额占流动资产或总资产的比例较大，注册会计师还应当考虑实施存货监盘或利用其他注册会计师的工作成果。

如果被审计单位将存货存放于其他单位，注册会计师通常需要向该单位获取委托代管存货的书面确认函。如果存货已被质押，注册会计师应当向债权人询证与被质押存货有关的内容。对于此类存货，通常还应当检查被审计单位的相关会计记录和可能设置的备查记录。如果此类存货比较重要，注册会计师应当考虑与被审计单位讨论其对委托代管存货或已做质押存货的控制程序，并考虑对此类存货实施监盘程序，或聘请其他注册会计师实施监盘程序。

(二)存货计价测试

监盘程序主要是对存货的结存数量予以确认。为验证财务报表上存货余额的真实性还必须对存货的计价进行审计，即确定存货实物数量和永续盘存记录中的数量是否经过正确地计价和汇总。存货计价测试主要是针对被审计单位所使用的存货单位成本是否正确所做的测试，当然，广义地看，存货成本的审计也可以被视为存货计价测试的一项内容。

将单位成本的内部控制与生产和会计记录结合起来，对于确保用于期末存货计价的成本的合理性十分重要。一项重要的内部控制是使用标准成本记录来反映原材料、直接人工和制造费用的差异，它还可以用来评价生产。使用标准成本时，应设置相应程序及时反映生产过程与成本的变化。由独立于成本核算部门的雇员来复核单位成本的合理性，也是一项有用的计价控制。

[例11-1]　甲公司结转发出产品成本计价采用先进先出法，注册会计师A从产成品明细账发现：年初结存产品1 000件，单价100元；当年第一批完工入库1 000件，单价110元；第二批入库2 500件，单价120元；第三批入库1 500件，单价105元；第四批入库2 500件，单价110元；共

销售 6 200 件，结转成本 712 500 元；截至审计日，结存 2 300 件，保留成本 230 000 元。

要求：请代注册会计师 A 分析产成品明细账有无问题，并指出所存在的问题。

【解答】 注册会计师应采用先进先出法对发出产品进行复核。经复核发现发出产品计价存在错误，企业最后库存产品 2 300 件，结存成本为 230 000 元，单价为 100 元。其结存数量小于最后一批入库产品的数量 2 500 件，库存产品单价本应与最后一批入库产品单价 110 元一致，实际却为 100 元，从而使库存产品成本少计 23 000 元，结转的发出产品销售成本多计了 23 000元。其结果虚增了产品销售成本，虚减了利润，导致少缴所得税，同时使库存产品计价偏低。注册会计师应建议被审计单位对此加以调整。

第四节 应付职工薪酬审计

一、应付职工薪酬的审计目标

审计目标一般包括确定期末应付职工薪酬是否存在；确定期末应付职工薪酬是否为被审计单位应履行的支付义务；确定应付职工薪酬计提和支出依据是否合理、记录是否完整；确定应付职工薪酬期末余额是否正确；确定应付职工薪酬的披露是否恰当。

二、应付职工薪酬的审计程序

实质性程序包括以下几项：

(1)针对已识别需要运用分析程序的有关项目，并基于对被审计单位及其环境的了解进行比较，主要比较被审计单位员工人数的变动情况，检查被审计单位各部门各月工资费用的发生额是否有异常波动，若有，则查明波动原因是否合理；比较本期与上期工资费用总额，要求被审计单位解释其增减变动原因，或取得公司管理层关于员工工资标准的决议；结合员工社保缴纳情况，明确被审计单位员工范围，检查是否与关联公司员工工资混淆列支；核对工资部门记录的工资列支与出纳记录的工资支付数和工资部门记录的工时与生产部门记录的工时；比较本期应付职工薪酬余额与上期应付职工薪酬余额是否有异常变动。

(2)确定可接受的差异额。将实际情况与期望值相比较，识别需要进一步调查的差异。如果其差异额超过可接受的差异额，调查并获取充分的解释和恰当的佐证，评估分析程序的测试结果。

(3)同时，检查工资、奖金、津贴和补贴；检查社会保险费、住房公积金、工会经费和职工教育经费等计提和支付的会计处理是否正确、依据是否充分；检查辞退福利；检查非货币性福利。

第五节 其他相关账户审计

一、材料采购或在途物资的审计

(1)获取或编制材料采购(在途物资)明细表，复核加计正确，与总账数核对是否相符。

(2)检查期末材料采购或在途物资，核对有关凭证，对大额材料采购或在途物资追查至相关的购货合同及购货发票，复核采购成本的正确性，并抽查期后入库情况。

（3）查阅资产负债表日前后若干天材料采购或在途物资增减变动的有关账簿记录和收料报告单等资料，检查有无跨期现象，如有，则应作出记录，必要时作调整建议。

（4）如采用计划成本核算，应审核“材料采购”账户有关材料成本差异发生额的计算处理是否正确。

（5）审核有无长期挂账事项，如有，应查明原因，必要时应作调整建议。

二、原材料的审计

（1）获取或编制原材料明细表，复核加计是否正确，并与总账数、明细账合计数核对是否相符；同时抽查核对明细账是否与仓库台账、卡片记录相符。

（2）对期末原材料余额与上期期末余额进行比较，解释其波动原因，并对大额异常项目进行调查。

（3）现场观察被审计单位的期末原材料盘点情况，取得原材料盘点资料和盘盈、盘亏报告表，作重点抽查，并注意查明账实不符原因，有关审批手续是否完备，账务处理是否正确；存放在外的库存材料，应现场查看或函询核实。

（4）检查原材料的入账基础和计价方法是否正确，是否前后期一致。在以实际成本计价条件下，应以样本的单位成本与原材料明细账及购货发票核对；在以计划成本计价条件下，应以样本的单位成本与原材料明细账、原材料成本差异明细账及购货发票核对。

（5）根据被审计单位原材料计价方法，抽查年末结存量较大的原材料的计价是否正确。若原材料以计划成本计价，还应检查“材料成本差异”账项发生额、转销额是否计算正确。

（6）查阅资产负债表日前后若干天的原材料增减变动的有关账簿记录和原始凭证，检查有无跨期现象，如有，则应作出记录，必要时作调整建议。

（7）结合原材料的盘点，检查期末有无料到单未到的情况，如有，应查明是否已暂估入账，其暂估价是否合理。

三、包装物的审计

（1）获取或编制包装物明细表，复核加计正确，并与总账数、明细账合计数核对是否相符，同时抽查核对明细账是否与仓库台账、卡片记录相符。

（2）对期末包装物余额与上期期末余额进行比较，解释其波动原因，并对大额异常项目进行调查。

（3）现场观察被审计单位的期末包装物盘点情况，取得包装物盘点资料和盘盈、盘亏报告表，作重点抽查，并注意查明账实不符原因，有关审批手续是否完备，账务处理是否正确，存放在外的包装物，应现场查看或函询核实。

（4）检查包装物的入账基础和计价方法是否正确，是否前后一致。

（5）检查发出包装物的计价基础，抽查若干月发出包装物汇总表的正确性。

（6）根据被审计单位包装物计价方法，抽查期末结存量较大的包装物的计价是否正确。

（7）若包装物以计划成本计价，还应检查“材料成本差异”账项发生额、转销额是否计算正确。

（8）审核有无长期挂账包装物事项，如有，应查明原因，必要时作调整。

（9）查阅资产负债表日前后若干天的包装物增减变动的有关账簿记录和原始凭证，检查有无跨期现象,如有,则应作出记录,必要时作调整建议。

(10)结合包装物的盘点,检查期末有无料到单未到情况,如有,则应查明是否已暂估入账,其暂估价是否合理。

(11)检查出租、出借包装物的会计处理是否正确。

四、低值易耗品的审计

(1)获取或编制低值易耗品明细表,复核加计正确,并与总账数、明细账合计数核对是否相符。

(2)检查低值易耗品入库和领用的手续是否齐全,会计处理是否正确。

(3)检查低值易耗品摊销方法是否正确,前后期是否一致。

(4)审核有无长期挂账低值易耗品事项,如有,则查明原因,必要时作调整建议。

五、材料成本差异的审计

(1)获取或编制材料成本差异明细表,复核加计正确,并与总账数、明细账合计数核对是否相符。

(2)对每月材料成本差异率实施分析程序,检查是否有异常波动,注意是否存在调节成本现象。

(3)抽查若干月发出材料汇总表,检查材料成本差异的分配是否正确,并注意分配方法前后期是否一致。

六、库存商品的审计

(1)获取或编制库存商品明细表,复核加计正确,并与总账数、明细账合计数核对是否相符;同时与仓库台账、卡片抽查核对相符。

(2)现场观察被审计单位库存商品盘点情况,取得库存商品盘点资料和盘盈、盘亏报告表,作重点抽查。并注意查明账实不符原因,有关审批手续是否完备,账务处理是否正确;对冷背、残次的库存商品是否已计提了足额的跌价损失准备。

(3)查核库存商品的计价方法,检查其前后期是否一致。对自制商品、产品等,在实际成本计价条件下,应以样本的单位成本与库存商品明细账及成本计算单核对;在计划成本计价条件下,应以样本的单位成本与库存商品明细账、商品成本差异明细账及成本计算单核对。对库存外购商品,在以实际成本计价条件下,应以样本的单位成本与库存商品明细账及购货发票核对;在以计划成本计价条件下,应以样本的单位成本与库存商品明细账、商品成本差异明细账及购货发票核对。

(4)抽查库存商品入库单,核对库存商品的品种、数量与入账记录是否一致,并检查入库库存商品的实际成本是否与“生产成本”科目的结转额相符。

(5)抽查库存商品的发出凭证,核对转出库存商品的品种、数量和实际成本与主营业务成本是否相符。

七、存货跌价准备的审计

(一)存货跌价准备的审计目标

存货跌价准备的审计目标是:①确定存货跌价准备的发生是否真实,转销是否合理;②确定存货跌价准备发生和转销的记录是否完整；③确定存货跌价准备的期末余额是否正确；④确定存货跌价准备的披露是否充分。

（二）存货跌价准备的审计程序

（1）获取或编制存货跌价准备明细表，复核加计正确，并与报表数、总账数和明细账合计数核对是否相符。

（2）检查被审计单位是否于期末对存货作检查分析，存货跌价准备计提的依据、方法是否合理，前后各期是否一致，计算及会计处理是否正确。

（3）抽查计提存货跌价准备的项目，其期后售价是否低于原始成本。

（4）检查存货跌价准备的期末余额是否符合税法规定，如果超过规定，应作纳税调整。

（5）确定存货跌价准备的披露是否充分。

本章小结

生产与费用循环审计的内容主要有生产与费用循环的特点、内部控制和控制测试以及该循环的实质性测试程序。其中该循环的特点主要包括：涉及的主要凭证与会计记录和主要业务活动；该循环的内部控制和控制测试主要包括：生产与存货交易的内部控制、评估重大错报风险和控制测试；该循环的实质性测试程序主要包括：生产与存货交易的实质性测试程序、存货及工薪的实质性测试程序。整个循环围绕着由原材料转化为产成品的有关活动组成，主要包括计划和安排生产、发出原材料、生产产品、核算产品成本、存储产成品及发出产成品等内容。该循环与我们前面学到的销售与收款循环、购货与付款循环有着密切的联系，该循环中原材料的购进是在购货与付款循环中完成的，而最终产成品的销售则需在销售与收款循环中实现。

生产与费用循环涉及的内容主要是存货的管理及费用归集和生产成本的计算等。该循环所涉及的资产负债表项目主要是存货、应付职工薪酬等项目；所涉及的利润表项目主要是营业成本（主营业务成本）等项目。对存货审计时，监盘是必不可少的程序。此外，对存货成本的组成内容、计价、截止及相关的会计处理也应进行审计。对应付职工薪酬的审查主要围绕其审计目标而进行相应的实质性测试程序。

本章思考题

1. 试述生产与费用循环的控制测试程序。
2. 试述存货监盘程序。
3. 试述应付职工薪酬的审计目标与主要实质性程序。
4. 试述存货跌价准备的实质性程序。

第十二章　筹资与投资循环审计

【学习目标】

1. 理解筹资与投资循环审计的基本原理；
2. 掌握筹资与投资循环控制测试和实质性测试的程序；
3. 掌握借款审计、所有者权益审计以及投资审计的重要审计程序。

【导入案例】

“新增注册资本”之谜

2015 年 8 月，注册会计师王某随同会计法执行情况检查小组去某企业检查。该企业财务科长在检查前的情况介绍中，对 2015 年为取得某特许资格增加 600 万元注册资本一事作了简单介绍。听后王某疑问颇多：企业这么大的事情怎能仅是一个财务科长负责？为何不介绍其他新股东的有关情况？难道其他法人股和职工股也是该企业负责筹集资金？

通过第一天的检查，王某又产生了新的疑点：(1)为什么该企业董事会仅就原股权分红形成决议，而对新增股份分红问题只字不提，新股东的意见如何？(2)该企业前几年经营状况一直不佳，一度濒临倒闭，职工每人在 10 多天的时间内分别拿出 10 多万元谈何容易；(3)为什么投股的职工个人拿不出该企业(或职工持股会)的投股收据？再联想到介绍情况时产生的疑问，职业的敏感性提示王某可能有假。王某将几点疑问请财务科长作出最合理的解释并注意察言观色，从财务科长回答问题的逻辑性、严谨性及表情分析，其中必有隐情。

王某从银行存款日记账开始调查，对新投入的 600 万元中的一笔 140 万元进行追踪检查，发现在验资后次日(明细账反映为次日，但银行对账单反映为当日)汇出并借记“预收账款”明细账户。这一异常的账务处理引起了王某的怀疑。王某马上举一反三，果然其余的 460 万元用同样的方法做在另外两户业务量更大的“预收账款”明细账户上，仅是款项付出时间是在验资后的次日和第三天。最后，在王某要不要到这三户往来单位对账及与所谓新法人股东进行核实的提问中，财务科长只好请出了该企业老总。该老总一是承认 600 万元新增注册资本及新股东(包括职工股和法人股)全部为虚假；二是对检查组的敬业精神和业务能力表示由衷的敬佩；三是由于此问题关系该企业的生死存亡，请求照顾处理。至此，问题终于水落石出。

思考题：注册会计师应如何考虑重大错报风险对筹资与投资活动的影响，并如何规避可能发生的特定风险？

第一节　筹资与投资循环的特性

筹资与投资循环由筹资活动和投资活动的交易事项构成。筹资活动主要由借款交易和股东权益交易组成。投资活动主要由权益性投资交易和债权性投资交易组成。

一、主要凭证和会计记录

（一）筹资活动的凭证和会计记录

1. 债券

债券是公司依据法定程序发行、约定在一定期限内还本付息的有价证券。

2. 股票

股票是公司签发的、证明股东所持股份的凭证。

3. 债券契约

债券契约是一张明确债券持有人与发行企业双方所拥有的权利和义务的法律性文件，其内容一般包括债券发行的标准；债券的明确表述；利息或利息率；受托管理人证书；登记和背书；如系抵押债券，其所担保的财产；债券发生拖欠情况如何处理，以及对偿债基金、利息支付、本金返还等的处理。

4. 股东名册

发行记名股票的公司应记载的内容一般包括股东的姓名或者名称及住所；各股东所持股份数；各股东所持股票的编号；各股东取得其股份的日期。发行无记名股票的，公司应当记载其股票数量、编号及发行日期。

5. 公司债券存根簿

发行记名公司债券应记载的内容一般包括债券持有人的姓名或者名称及住所；债券持有人取得债券的日期及债券的编号；债券总额、债券的票面金额、债券的利率、债券还本付息的期限和方式；债券的发行日期。发行无记名债券的，应当在公司的债券存根簿上记载债券总额、利率、偿还期限和方式、发行日期和债券编号。

6. 承销或包销协议

公司向社会公开发行股票或债券时，应当由依法设立的证券经营机构承销或包销，公司应与其签订承销或包销协议。

7. 借款合同或协议

公司向银行或其他金融机构借入款项时与其签订的合同或协议。

8. 有关记账凭证

9. 有关会计科目的明细账和总账

（二）投资活动的凭证和会计记录

（1）股票或债券；

（2）经纪人通知书；

（3）债券契约；

（4）企业的章程及有关协议；

(5)投资协议；

(6)有关记账凭证；

(7)有关会计科目的明细账和总账。

二、筹资与投资循环所涉及的主要业务活动

(一)筹资所涉及的主要业务活动

1. 审批授权

企业通过借款筹集资金需经管理层的审批。

2. 签订合同或协议

向银行或其他金融机构融资须签订借款合同，发行债券须签订债券契约和债券承销或包销合同。

3. 取得资金

企业实际取得银行或金融机构划入的款项或债券、股票的融入资金。

4. 计算利息或股利

企业应按有关合同或协议的规定，及时计算利息或股利。

5. 偿还本息或发放股利

银行借款或发行债券应按有关合同或协议的规定偿还本息，融入的股本根据股东大会的决定发放股利。

(二)投资所涉及的主要业务活动

1. 审批授权

投资业务应由企业的高层管理机构进行审批。

2. 取得证券或其他投资

企业可以通过购买股票或债券进行投资，也可以通过与其他单位联合形成投资。

3. 取得投资收益

企业可以取得股权投资的股利收入、债券投资的利息收入及其他投资收益。

4. 转让证券或收回其他投资

企业可以通过转让证券实现投资的收回；其他投资已经投出，除联营合同期满，或由于其他特殊原因致使联营企业解散外，一般不得抽回投资。

第二节 控制测试和交易的实质性程序

一、筹资与投资循环常见的重大错报风险

注册会计师应当在了解被审计单位的基础上考虑影响筹资交易的重大错报风险，并对被审计单位业务中可能出现的特别风险保持警惕。考虑到严格的监管环境和董事会针对筹资活动设计的严格控制，除非注册会计师对管理层的诚信产生疑虑，否则重大错报风险一般应评估为低水平。

注册会计师应当考虑重大错报风险对投资活动的影响，并对被审计单位可能发生的特定风险保持警惕。与投资交易相关的特定固有风险包括管理层错误表述投资业务或衍生金融工

具业务的偏见和动机;所取得资产的性质和复杂程度可能导致确认和计量的错误;所持有投资的公允价值可能难以计量;确定持有待售资产或持有至到期投资公允价值的困难性可能最终影响到资产负债表上投资和衍生金融工具的账面价值;管理层凌驾于控制之上,可能导致投资交易未经授权;如果对有价证券的控制不充分,权益性有价证券的舞弊和盗窃风险可能很高,从而影响投资的存在性;关于资产的所有权以及相关权利与义务的审计证据可能难以获得;如果每年发生的交易数量有限,并且会计人员不能确定在相关的购置或处置业务以及损益调整中的分配时,固定资产交易的记录可能会发生错误;如果负责记录投资处置业务的人员没有意识到某项投资已经卖出,则对投资的处置业务可能未经记录,这种处置业务只能通过在期末进行实物检查来发现。

二、内部控制和控制测试

(一)筹资活动的内部控制和控制测试

筹资活动主要由借款交易和股东权益交易组成。股东权益增减变动的业务较少而金额较大,注册会计师在审计中一般直接进行实质性程序。企业的借款交易涉及短期借款、长期借款和应付债券,注册会计师均应对筹资活动的内部控制有足够的了解,以识别错报的类型、方式及发生的可能性。

(二)投资活动的内部控制和控制测试

1. 投资活动内部控制的主要内容

(1)合理的职责分工。这是指合法的投资业务,应在业务的授权、业务的执行、业务的会计记录以及投资资产的保管等方面都有明确的分工,不得由一人同时负责上述任何两项工作,相对合理的分工所形成的相互牵制机制有利于避免或减少投资业务中发生错弊的可能性。

(2)健全的资产保管制度。企业对投资资产(指股票和债券资产)一般有两种保管方式:一种方式是由独立的专门机构保管;另一种方式是由企业自行保管,在这种方式下,必须建立严格的联合控制制度,即至少要由两名以上人员共同控制,不得由一人单独接触证券。

(3)详尽的会计核算制度。企业的投资资产无论是自行保管还是由他人保管,都要进行完整的会计记录,并对其增减变动及投资收益进行相关会计核算。具体而言,应对每一种股票或债券分别设立明细分类账,并详细记录其名称、面值、证书编号、数量、取得日期、经纪人(证券商)名称、购入成本、收取的股息或利息等。

(4)严格的记名登记制度。除无记名证券外,企业在购入股票或债券时应在购入的当日尽快登记于企业名下,切忌登记于经办人员名下,防止冒名转移并借其他名义牟取私利的舞弊行为发生。

(5)完善的定期盘点制度。对于企业所拥有的投资资产,应由内部审计人员或不参与投资业务的其他人员进行定期盘点,检查是否确实存在,并将盘点记录与账面记录相互核对以确认账实的一致性。

2. 投资控制测试的内容

(1)检查控制执行留下的轨迹。注册会计师应抽查投资业务的会计记录和原始凭证,确定各项控制程序的运行情况。

(2)审阅内部盘核报告。注册会计师应审阅内部审计人员或其他授权人员对投资资产进行定期盘核的报告。应审阅其盘点方法是否恰当、盘点结果与会计记录相核对的情况以及出现差异的处理是否合规。

(3)分析企业投资业务管理报告。对于企业的长期投资，注册会计师应对照有关投资方面的文件和凭证，分析企业的投资业务管理报告。

第三节 筹资审计

一、借款审计

借款是企业承担的一项经济义务，是企业的负债项目。在一般情况下，被审计单位不会高估负债，因为这样于自身不利，且难以与债权人的会计记录相互印证；其次，除少数情况外，负债的金额都是真实的。注册会计师对于负债项目的审计，主要是防止企业低估债务。低估债务经常伴随着低估成本费用，从而达到高估利润的目的。注册会计师在执行借款业务审计时，应将被审计单位是否低估借款作为一个关注点。

(一)借款的审计目标

借款的审计目标一般包括：①确定被审计单位在特定期间内发生的借款业务是否均已记录完毕，有无遗漏；②确认被审计单位所记录的借款在特定期间是否确实存在，是否为被审计单位所承担；③确认被审计单位所有借款的会计处理是否正确；④确定被审计单位各项借款的发生是否符合有关法律的规定，被审计单位是否遵守了有关债务契约的规定；⑤确认被审计单位借款余额在有关财务报表上的反映是否恰当。

(二)借款的实质性程序

借款的实质性程序包括短期借款的实质性程序、长期借款的实质性程序、应付债券的实质性程序、长期应付款的实质性程序、财务费用的实质性程序。

1. 短期借款的实质性程序

(1)获取或编制短期借款明细表，复核其加计数是否正确，并与明细账和总账报表数核对相符。

(2)函证短期借款的实有数。在期末短期借款余额较大或认为必要时向银行或其他债权人函证短期借款。

(3)检查短期借款的增减。对年度内增加的短期借款，检查借款合同和授权批准，了解借款数额、借款条件、借款日期、还款期限、借款利率，并与相关会计记录进行核对；对年度内减少的短期借款，应检查相关记录和原始凭证，核实还款数额。

(4)检查有无到期未偿还的短期借款。检查相关记录和原始凭证，检查被审计单位有无到期未偿还的短期借款，如有，则应查明是否已向银行提出申请并经同意后办理延期手续。

(5)复核短期借款利息。根据短期借款的利率和期限，复核被审计单位短期借款的利息计算是否正确，有无多算或少算利息的情况，如有未计利息和多计利息，应作出记录，必要时提出调整建议。

(6)检查短期借款在资产负债表上的反映是否恰当。企业的短期借款在资产负债表上通常设“短期借款”项目单独列示，对于因抵押而取得的短期借款，应在资产负债表附注中揭示，注册会计师应注意被审计单位对短期借款项目的反映是否充分。

2. 长期借款的实质性程序

长期借款与短期借款一样，都是企业向银行或其他金融机构借入的款项，因此，长期借款的实质性程序与短期借款的实质性程序较为相似。

长期借款的实质性程序包括：

(1)获取或编制长期借款明细表,复核其加计数是否正确,并与明细账和总账报表数核对相符。

(2)了解金融机构对被审计单位的授信情况以及被审计单位的信用等级评估情况,了解被审计单位获得长期借款的抵押和担保情况,评估被审计单位的信誉和融资能力。

(3)对年度内增加的长期借款,应检查借款合同和授权批准,了解借款数额、借款条件、借款日期、还款期限、借款利率,并与相关会计记录进行核对。

(4)向银行或其他债权人函证重大的长期借款。

(5)对年度内减少的长期借款,应检查相关记录和原始凭证,核实还款数额。

(6)检查年末有无到期未偿还的借款,逾期借款是否办理了延期手续,分析计算逾期的金额、比率和期限,判断被审计单位的资信程度和偿债能力。

(7)检查一年内到期的长期借款是否已转列为流动负债。

(8)计算长期借款在各个月份的平均余额,选取适用的利率匡算利息支出总额,并与基建成本、财务费用的相关记录核对,判断被审计单位是否高估或低估利息支出。

(9)检查借款费用的会计处理是否正确。借款费用指企业因借款而发生的利息、折价或溢价的摊销、辅助费用以及因外币借款而发生的汇兑差额等。企业发生的借款费用,可直接归属于符合资本化条件的资产的购建或者生产的,应当予以资本化,计入相关资产成本;其他借款费用,应当在发生时根据其发生额确认为费用,计入当期损益。

(10)检查企业抵押长期借款的抵押资产的所有权是否属于企业,其价值和实现状况是否与抵押契约中的规定一致。

(11)检查长期借款是否已在资产负债表上充分披露。长期借款在资产负债表上列示于长期负债类下,该项目应根据"长期借款"科目的期末余额扣减将于一年内到期的长期借款后的数额填列,该项扣除数应当填列在流动负债类下的"一年内到期的长期负债"项目单独反映。注意长期借款的抵押和担保是否已在财务报表注释中作了充分的说明。

3. 应付债券的实质性程序

(1)取得或编制应付债券明细表,并与有关的明细分类账和总分类账核对相符。应付债券明细账通常都包括债券名称、承销机构、发行日、到期日、债券总额(面值)、实收金额、折价和溢价及其摊销、应付利息、担保情况等内容。

(2)检查债券交易的有关原始凭证。检查债券交易的各项原始凭证,是确定应付债券金额及其合法性的重要程序,注册会计师应做好以下工作:①检查企业现有债券副本,确定其发行是否合法,各项内容是否与相关的会计记录相一致;②检查企业发行债券所收入现金的收据、汇款通知单、送款登记簿及相关的银行对账单;③检查用以偿还债券的支票存根,已偿还债券数额同应付债券借方发生额是否相符,检查利息费用的计算;④如果企业发行债券时已作抵押或担保,注册会计师还应检查相关契约的履行情况。

(3)检查应计利息、债券折(溢)价摊销及其会计处理是否正确。

(4)函证"应付债券"账户期末余额。为了确定"应付债券"账户期末余额的真实性,注册会计师如果认为必要,可以直接向债权人及债券的承销人或包销人进行函证。函证内容应包括应付债券的名称、发行日、到期日、利率、已付利息期间、年内偿还的债券、资产负债表日尚未偿还的债权及其他注册会计师认为应包括的其他重要事项。

(5)检查到期债券的偿还。对到期债券的偿还,注册会计师应检查相关会计记录,检查其会计处理是否正确。

(6)检查借款费用的会计处理是否正确。

(7)检查应付债券是否已在资产负债表上充分披露。应付债券在资产负债表中列示于长期负债类下,该项目应根据“应付债券”科目的期末余额扣除将于一年内到期的应付债券后的数额填列,该扣除数应当填列在流动负债类下的“一年内到期的长期负债”项目单独反映。应注意有关应付债券的类别是否已在财务报表注释中作了充分的说明。

4. 长期应付款的实质性程序

(1)获取或编制长期应付款明细表,复核加计正确,并与报表数、总账数和明细账合计数核对是否相符;检查长期应付款的内容是否符合企业会计准则的规定。

(2)检查各项与长期应付款相关的契约,有无抵押情况。对融资租赁固定资产应付款,还应审阅融资租赁合同规定的付款条件是否履行,检查授权批准手续是否齐全,并作适当记录。

(3)向债权人函证重大的长期应付款。

(4)检查各项长期应付款本息的计算是否准确,会计处理是否正确。

(5)检查与长期应付款有关的汇兑损益是否按规定进行了会计处理。

(6)检查长期应付款的披露是否恰当,注意一年内到期的长期应付款应列入流动负债。

5. 财务费用的实质性程序

(1)获取或编制财务费用明细表,复核加计正确,与报表数、总账数及明细账合计数核对是否相符。

(2)将本期、上期财务费用各明细项目作比较分析,必要时比较本期各月份财务费用,如有重大波动和异常情况应追查原因,扩大审计范围或增加测试量。

(3)检查利息支出明细账,确认利息收支的真实性及正确性。检查各项借款期末应计利息有无预先入账。

(4)审阅下期期初的财务费用明细账,检查财务费用各项目有无跨期入账的现象,对于重大跨期项目,应作必要的调整建议。

(5)检查从其他企业或非银行金融机构取得的利息收入是否按规定计缴营业税。

(6)检查财务费用的披露是否恰当。

二、所有者权益审计

所有者权益是企业投资者对企业净资产的所有权,包括投资者对企业的投入资本以及企业存续过程中形成的资本公积、盈余公积和未分配利润。根据资产负债表的平衡原理,所有者权益在数量上等于企业的全部资产减去全部负债后的余额,即企业净资产数额。根据这一平衡原理,如果注册会计师能够对企业的资产和负债进行充分的审计,证明两者的期初余额、期末余额和本期变动额都是正确的,这便从侧面为所有者权益的期末余额和本期变动额的正确性提供了有力的证据。同时,由于所有者权益增减变动的业务较少、金额较大的特点,注册会计师在审计了企业的资产和负债之后,往往只需花费相对较少的时间对所有者权益进行审计。尽管如此,在审计过程中,对所有者权益进行单独审计仍然十分必要。

(一)所有者权益的审计目标

所有者权益的审计目标主要包括:

(1)确定投入资本、资本公积的形成和增减及其他有关经济业务会计记录的合法性与真实性，为投资者及其他有关方面研究企业的财务结构进行投资决策提供依据。

(2)确定盈余公积与未分配利润的形成和增减变动的合法性、真实性，为投资者及其他有关方面了解企业的增值、积累情况等提供资料。

(3)确定财务报表上所有者权益的反映是否恰当。

(二)所有者权益的实质性程序

1. 股本的实质性程序

(1)审阅公司章程、实施细则和股东大会、董事会会议记录。注册会计师应向被审计单位索取公司章程、实施细则和股东大会、董事会会议记录的副本，认真研究其中有关股本的规定。注册会计师应了解的资料包括：核定股份和已发行股份、股票面值、股票收回、股票分割及认股权证等。通过这些资料，注册会计师应进一步确定被审计单位股本的交易是否符合有关法规规定及股东大会或董事会的决议。

(2)检查股东是否按照公司章程、合同、协议规定的出资方式和出资时间出资，各种出资方式的比例是否符合规定，其出资是否已经中国注册会计师验证。已验资者，应查阅验资报告。

我国公司法规定股东可以用货币出资，也可以用实物、知识产权、土地使用权等非货币财产作价出资，但法律、行政法规规定不得作为出资的财产除外。全体股东的货币出资金额不得低于注册资本的30%。以募集设立方式设立股份有限公司的，发起人认购的股份不得少于公司股份总数的35%。

(3)索取或自己编制股本明细表。股本明细表的内容应包括各类股本变动的详细记载及有关的分析评价。编制时应将每次变动情况逐一记载并与有关的原始凭证和会计账目进行核对。

(4)检查股票的发行、收回等交易活动。检查与股票发行、收回有关的原始凭证和会计记录，是验证股票发行、收回是否确实存在的重要步骤。应检查的原始凭证包括已发行股票的登记簿、向外界收回的股票、募股清单、银行对账单等。会计记录则主要包括银行存款日记账与总账、股本明细账与总账等。

(5)函证发行在外的股票。注册会计师应检查已发行的股票数量是否真实，是否均已收到股款或资产。目前我国股票发行和转让大多由企业委托证券交易所和金融机构进行，由证券交易所和金融机构对发行在外的股票份数进行登记和控制。因为这些机构一般既了解公司发行股票的总数，又掌握公司股东的个人记录以及股票转让情况，故在审计时可采取与证券交易所和金融机构函证及查阅的方法来验证发行股份的数量，并与股本账面数额进行核对，确定是否相符。对个别自己发行股票，自己进行有关股票发行数量、金额及股东情况登记的企业，由于企业已在股票登记簿和股东名单上进行了记录，在进行股本审计时，可在检查这些记录的基础上，抽查其记录是否真实有据，核对发行的股票存根，看其数额是否与股本账面数额相符。

(6)检查股票发行费用的会计处理。溢价发行股票时，发行股票的手续费、佣金等各种发行费用从溢价中抵消；无溢价的，或溢价不足以支付的部分，作为长期待摊费用。审计人员应检查相关会计记录和原始凭证，确定被审计单位对股票发行费用的会计处理是否正确。

(7)检查股本是否已在资产负债表上恰当披露。股本应在资产负债表中单项列示，注册会计师应核对被审计单位资产负债表中股本项目的数字是否与审定数相符，并检查是否在财务报表附注中披露与股本有关的重要事项，如股本的种类、各类股本金额及股票发行的数额、每股股票的面值、本会计期间发行的股票等。

2. 实收资本的实质性程序

(1)索取被审计单位合同、章程、营业执照及有关董事会会议记录。注册会计师应向被审计单位索取合同、章程、营业执照及有关董事会会议记录,并认真审阅其中的有关规定。企业合同、章程对投资各方的出资方式、出资期限及其他要求作了详细规定,一经国家审批部门批准,就具有法律效力,投资各方不得随意更改,应严格履行合同、章程所规定的出资义务。国家授权有关部门的批准证书是批准企业成立的法律性文件,投资各方应遵照执行。营业执照是由国家工商行政管理机关批准发给企业的合法经营的许可证,规定了企业成立和终止的日期。

(2)检查投资者是否已按合同、协议、章程规定的出资方式和出资时间缴付出资额,各种出资方式的比例是否符合规定,其出资额是否经中国注册会计师验证,已验资者,应查阅验资报告。

(3)索取或编制实收资本明细表。实收资本明细表应当包括投入资本变动的详细记载及有关的分析评价。编制时需将每次变动情况逐一记载,并与有关的原始凭证和会计记录进行核对。

(4)检查投入资本是否真实存在。注册会计师应通过对有关原始凭证、会计记录的审阅和核对,向投资者函证实缴资本额,对有关财产和实物的价值进行鉴定,确定投入资本真实存在。检查时,注册会计师应注意检查投入的现金是否已确实存入企业的开户银行,收到银行的收款通知;投入的实物资产是否已办理了验收手续并列具登记清单,对房地产类固定资产应检查其所有权或使用权证明文件,对设备类固定资产应检查采购发票,对融资租入固定资产应检查其租赁合同;投入的无形资产应检查是否已办理了法律手续,接收了有关技术资料。

(5)检查实收资本的增减变动。对于实收资本的增减变动,注册会计师应查明原因,查阅其是否与董事会纪要、补充合同、协议及有关法律文件的规定一致。一般而言,企业的实收资本不得随意增减,如有必要增减,首先应具备一定条件。例如,企业减资,需要满足三个条件:第一,应事先通知所有债权人,债权人无异议;第二,经股东大会决议同意,并修改公司章程;第三,减资后的注册资本不得低于法定注册资本的最低限额。

(6)检查实收资本是否已在资产负债表上恰当披露。企业的实收资本应在资产负债表上单独列示,同时还应在会计报表附注中说明其期初至期末间的重要变化,如所有者的变更、注册资本的增加或者减少、各所有者出资额的变动等。

3. 资本公积的实质性程序

(1)检查资本公积的形成。注册会计师应首先检查资本公积形成的内容及依据,并查阅相关的会计记录和原始凭证,确认资本公积形成的合法性和正确性。

一是审查资本溢价或股本溢价。对资本溢价应检查其是否在企业吸收新投资时形成,资本溢价的确定是否按实际出资额扣除其投资比例所占的资本额计算,其投资是否经企业董事会决定,并已报原审批机关批准;对股本溢价应检查发行是否合法,是否经有关部门批准,股票发行价格与其面值的差额是否全部计入资本公积,发行股票支付的手续费或佣金、股票印制成本等减去发行股票冻结期间所产生的利息收入后的余额是否已从溢价中扣除。

二是审查其他资本公积的形成。企业对被投资单位的长期股权投资采用权益法核算时,在持股比例不变的情况下,对被投资单位除净损益以外其他所有者权益的增加,企业按其持股比例计算增加的资本公积。审计人员应检查被审计单位计算的金额是否正确,相应的会计处理是否合规。

对可供出售金融资产公允价值变动形成的资本公积,审计人员应检查被审计单位确定的公允价值是否合理，会计处理是否正确。

(2)审查资本公积的运用。注册会计师应审查资本公积是否挪作他用；对于资本公积转增资本，注册会计师应审查转增资本是否经董事会决定并报经工商行政管理机关批准，并依法办理增资手续；获得批准后，资本公积运用的账务处理是否及时正确。

(3)确定资本公积是否在资产负债表上恰当反映。注册会计师应审查资本公积是否在资产负债表上单独列示，同时还应将"资本公积"明细账与股东权益变动表中列示的资本公积的期末余额及期初余额核对相符。

4. 盈余公积的实质性程序

盈余公积是企业按照规定从税后利润中提取的积累资金，是具有特定用途的留存收益，主要用于弥补亏损和转增资本，也可以按规定用于分配股利。盈余公积包括法定盈余公积、任意盈余公积。

盈余公积的实质性程序包括：

(1)获取或编制盈余公积明细表。分别列示法定盈余公积、任意盈余公积，并与明细账和总账的余额核对相符。在此基础上，对盈余公积各明细项目的发生额逐项检查其原始凭证。

(2)检查盈余公积的提取。对盈余公积的提取，应主要检查盈余公积的提取是否符合规定并经过批准，提取手续是否完备，提取的依据(即税后利润)是否真实、正确，提取项目是否完整，提取比例是否合法，有无多提或少提。

(3)检查盈余公积的使用。对盈余公积的使用，应主要检查盈余公积的使用是否符合规定用途并经过批准。按规定，盈余公积的使用必须经过一定的授权批准手续，法定盈余公积和任意盈余公积用于弥补亏损、转增资本，但必须符合国家规定的条件；转增资本还必须经批准，依法办理增资手续，取得合法的增资文件；弥补亏损也必须按批准数额转账。

(4)检查盈余公积是否已在资产负债表上恰当披露。企业的法定盈余公积、任意盈余公积应合并在盈余公积项目中并在资产负债表中列示，同时还应在财务报表附注中说明各项盈余公积的期末余额及期初至期末间的重要变化。

5. 未分配利润的实质性程序

未分配利润是指未作分配的净利润，即这部分利润没有分配给投资者，也未指定用途。未分配利润是企业当年税后利润在弥补以前年度亏损、提取公积金以后加上上年末未分配利润，再扣除向所有者分配的利润后的结余额，是企业留于以后年度分配的利润。它是企业历年积存的利润分配后的余额，也是所有者权益的一个重要组成部分。企业的未分配利润通过"利润分配——未分配利润"明细科目核算，其年末余额反映历年积存的未分配利润(或未弥补亏损)。

未分配利润实质性程序一般包括：

(1)检查利润分配比例是否符合合同、协议、章程以及股东会或股东大会纪要的规定，利润分配数额及年末未分配数额是否正确。

(2)根据审计结果调整本年损益数，直接增加或减少未分配利润，确定调整后的未分配利润数。

(3)检查未分配利润是否已在资产负债表上恰当披露。

第四节 投资审计

一、投资的审计目标

投资的主要审计目标包括:确定投资是否存在并归被审计单位所有;确定投资的增减变动及其收益(或损失)的记录是否完整;确定投资的计价及年末余额是否正确;确定投资在财务报表上的披露是否恰当。

二、投资的实质性程序

(一)获取或编制投资明细表

投资明细表将企业全部投资项目的有关情况完整、系统地予以列示,注册会计师据此可了解企业投资的全貌。明细表应分别按交易性金融资产、可供出售金融资产、持有至到期投资和长期股权投资分类列示,主要内容包括:投资种类及说明、年初余额、本年增加或减少数、年末余额、投资收益等。对于长期股权投资,还须列示该投资占接受投资企业股本(或实收资本)的份额(或比例)以及会计核算方法的选择。

投资明细表可以由注册会计师根据企业的会计资料自行编制,也可以由企业会计部门提供,经注册会计师审阅后使用。对于投资明细表,注册会计师应复核加计数是否正确,并与明细账总账和报表数核对相符。

(二)实施分析程序

(1)计算交易性金融资产、可供出售金融资产、持有至到期投资、长期股权投资等高风险投资所占的比例,分析其安全性,要求被审计单位估计潜在的投资损益。

(2)计算投资收益占利润总额的比例,分析被审计单位在多大程度上依赖投资收益,判断被审计单位盈利能力的稳定性;将当期确认的投资收益与从被投资单位实际获得的现金流量进行比较分析;将重大投资项目与以前年度进行比较,分析是否存在异常变动。

(三)实地盘点投资资产并检查账实是否相符

盘点投资资产包括两个步骤:一是盘点库存证券。盘点时要有企业有关管理人员在场,盘点结果要填制盘点清单。这一步工作可与其他盘点工作一道安排在期末结账日进行。如实地盘点工作是在结账日后进行的,注册会计师应根据盘点结果和结账日与盘点日之间的证券增减变动业务的发生情况计算结账日长期投资余额。二是将盘点清单与前述明细表中有关账户进行核对,并经企业管理人员签章后列入审计工作底稿。

如果企业的投资证券是委托某些专门机构代为保管的,注册会计师应向这些保管机构发出询证函,以证实投资证券是否真实存在。

(四)检查投资的入账价值

检查投资的入账价值是否合规适当,会计处理是否正确。重大投资项目应查阅董事会有关决议并取证。

(1)检查交易性金融资产的入账价值。交易性金融资产的入账价值为取得时的公允价值,相关的交易费用在发生时计入当期损益,支付的价款中包含已宣告但尚未发放的现金股利或已到付息期但尚未领取的债券利息,单独确认为应收项目。

(2)检查可供出售金融资产的入账价值。可供出售金融资产应当按取得该金融资产的公允价值和相关交易费用之和作为确认金额。支付的价款中包含的已到付息期但尚未领取的债券利息或已宣告但尚未发放的现金股利,应单独确认为应收项目。

(3)检查持有至到期投资的入账价值。持有至到期投资应按取得时的公允价值和相关交易费用之和作为初始确认金额。支付的价款中包含的已到付息期但尚未领取的债券利息,单独确认为应收项目。

(4)审查长期股权投资的入账价值。以支付现金取得的长期股权投资,应按实际支付的购买价款作为初始投资成本,包括与取得长期股权投资直接相关的费用、税金等。实际支付的价款中含有已宣告但尚未发放的股利,应单独确认为应收项目。

(五)审查投资收益

(1)交易性金融资产投资收益的审查。企业持有交易性金融资产的期间取得的利息或现金股利,应当确认为投资收益;处置交易性金融资产时,其公允价值与初始入账金额的差额应确认为投资收益。

(2)可供出售金融资产投资收益的审查。可供出售金融资产持有期间取得的利息或现金股利,应计入投资收益;处置可供出售金融资产时,应将取得的价款与该金融资产账面价值之间的差额计入投资损益,同时,将原直接计入资本公积的公允价值变动累计额对应处置部分的金额转出,计入投资损益。

(3)持有至到期投资的投资收益的审查。持有至到期投资额在持有期间应按实际利率法摊销溢(折)价,按摊余成本和实际利率计算确认利息收入,计入投资收益。处置持有至到期投资时,应将所取得的价款与该投资账面价值之间的差额计入投资收益。

(4)长期股权投资的投资收益的审查。检查按成本法或权益法核算长期股权投资时,投资收益增减额的正确性。

(六)检查长期股权投资的核算方法

长期股权投资,可以采用成本法或权益法核算。审计人员应检查企业有哪些投资项目适合用权益法核算,并通过询问管理当局或函证接受投资企业等方式,确认企业是否确实对接受投资企业具有共同控制或重大影响,检查企业是否对这些项目采用了权益法。如果企业未按有关规定选择权益法核算,应该取得该企业不能对接受投资企业拥有共同控制或重大影响的证据。

在权益法下,企业"长期股权投资"账户反映的投资额要随着接受投资企业净资产的增减变动而变动,注册会计师应重点审查两个问题:一是接受投资企业净资产增减变化数额是否真实、准确;二是投资企业投资额占被投资企业实收资本或股本的比例及按此比例分享的净资产增减额是否真实、准确。为了检查上述问题,注册会计师应尽量取得被投资企业经过审计的年度财务报表,如果被投资企业是上市公司,则其年度财务报表可以从公开渠道取得;否则,注册会计师应与担任被投资企业审计工作的注册会计师或与被投资企业联系,函证获得所需情况或数据。

(七)检查交易性金融资产和可供出售金融资产的期末计价及公允价值变动的会计处理

资产负债表日,交易性金融资产和可供出售金融资产应当以公允价值计量,交易性金融资产的公允价值变动计入当期损益,可供出售金融资产的公允价值变动计入资本公积(其他资本公积)。

(八)检查持有至到期投资减值准备、可供出售金融资产减值准备和长期股权投资减值准

备的计提及会计处理是否正确

当有客观证据表明持有至到期投资、可供出售金融资产和长期股权投资发生减值的，应当复核相关资产项目的预计未来现金流量现值，并与其账面价值进行比较，检查相关准备计提是否充分。

(九)检查企业的投资在分类上是否正确

检查企业的投资是否被正确划归为交易性金融资产、持有至到期投资、可供出售金融资产和长期股权投资，是否符合企业会计准则的规定。

(十)确定投资是否已在资产负债表上恰当披露

应检查资产负债表中各投资项目的数字是否与审定数相符，将于一年内到期的持有至到期投资是否已列入"一年内到期的非流动资产"，财务报表附注中对投资项目的相关披露是否充分。

［**例 12—1**］ 某注册会计师在对某公司的年度财务报表进行审计时，发现该公司上个会计年度末对另一家公司的股权投资(占受投资企业净资产的 20%)未记录取得收益的业务事项。经对受投资企业函证得知，受投资企业上年获净利润 120 万元，并已于本年年初向该公司分配现金股利 16 万元；受投资企业与该公司的所得税税率一致。经对该公司会计记录的进一步审查，了解到该公司将取得的收益记入了"银行存款"和"其他应付款"账户。

要求：指出此业务存在的问题及其对财务报表的影响，并提出账项调整的初步意见。

【解答】 对此业务的审查应首先判明该公司是否构成了对受投资企业的重大影响，具体分两种情况进行解释：

1. 如果该公司对受投资企业构成了重大影响。这时，该公司应对受投资企业采用权益法核算，进行的账项调整为：

(1)要求该公司调整上年财务报表中的事项，记录投资收益。

借：长期股权投资	240 000	
贷：投资收益		240 000

(2)建议用红字分录冲销原记入"银行存款"和"其他应付款"账户的会计分录。

(3)建议该公司重新作收到现金股利时的会计分录。

借：银行存款	160 000	
贷：长期股权投资		160 000

2. 如果该公司对受投资企业不构成重大影响。这时，该公司应对受投资企业采用成本法核算，进行的账项调整为：

(1)建议用红字分录冲销原会计分录。

(2)建议该公司重新作收到现金的会计分录。

借：银行存款	160 000	
贷：投资收益		160 000

【分析】 审计人员应指出，该公司的账务处理虽对所得税缴纳不构成影响(由于两家公司的所得税税率一致)，却会造成该公司税后利润数据的错误，从而造成所有者权益、对外分配利润等数据失实。审计人员应建议公司健全内部控制，防止再次出现这样的事情。

完成了上述事项的审查后，审计人员仍应对投资收益结转的正确性进行查证，即主要查明企业的投资收益在会计期末是否全部转入了"本年利润"账户。此处的要求是"投资收益"账户可能是将留有余额在不同会计期间调剂利润。因此，审计人员若发现被审计单位的"投资收益”账户留有期末余额，应及时查明原因，若没有充足的理由(亦即极特殊的情况)，应将该账户登记的数额全部转入“本年利润”账户，以准确地计算企业的利润总额。

三、其他相关账户的审计

(一)其他应收款的审计

其他应收款的审计目标为：①确定其他应收款是否存在；②确定其他应收款是否归被审计单位所有；③确定其他应收款增减变动的记录是否完整；④确定其他应收款是否可收回；⑤确定其他应收款期末余额是否正确；⑥确定其他应收款的披露是否恰当。

其他应收款的实质性程序如下：

(1)获取或编制其他应收款明细表，复核加计正确，并与报表数、总账数和明细账合计数核对是否相符；检查其他应收款的账龄分析是否正确；分析有贷方余额的项目，查明原因，必要时作重分类调整；结合应收账款明细账余额，查验是否有双方同时挂账的项目，核算内容是否重复，必要时作出适当调整。

(2)判断选择一定金额以上、账龄较长或异常的明细账户余额发函询证，编制函证结果汇总表。

(3)对发出询证函未能收回及未函证的明细账户，采用替代审计程序核实年末余额的正确性，如查核下期明细账，或追踪至其他应收款发生时的原始凭证。

(4)审核资产负债表日后的收款事项，确定有无未及时入账的债权。

(5)检查坏账准备的计提和坏账的确认。分析明细账户，对于长期未能收回的项目，应查明原因，确定是否可能发生坏账损失，企业是否已计提坏账准备。转作坏账的项目，是否符合规定并办妥审批手续。

(6)检查其他应收款的披露是否恰当。

财务报表上的其他应收款余额是“其他应收款”账户的期末余额减去“坏账准备”账户中有关其他应收款计提的坏账准备期末余额后的金额。

(二)其他应付款的审计

其他应付款的审计目标为：①确定其他应付款的发生及偿还记录是否完整；②确定其他应付款的期末余额是否正确；③确定其他应付款的披露是否恰当。

其他应付款的实质性程序如下：

(1)获取或编制其他应付款明细表，复核加计正确，并与报表数、总账数和明细账合计数核对是否相符；分析有借方余额的项目，查明原因，必要时作重分类调整；结合应付账款明细余额，查明有否双方同时挂账的项目，核算内容是否重复，必要时作重分类调整。

(2)请被审计单位协助，在其他应付款明细表上标出截至审计日已支付的其他应付款项，抽查付款凭证、银行对账单等，并注意这些凭证发生日期的合理性。

(3)判断选择一定金额以上和异常的明细余额，检查其原始凭证，并考虑向债权人发函询证。

(4)审核资产负债表日后的付款事项，确定有无未及时入账的其他应付款。

(5)分析其他应付款的账龄，对于长期挂账的其他应付款，应查明原因，必要时提请被审计单位进行调整。

(6)检查其他应付款的披露是否恰当。

投资性房地产包括已出租的土地使用权、持有并准备增值后转让的土地使用权、已出租建筑物，不包括自用房地产、作为存货准备出售的房地产。审计时主要应查明：投资性房地产的确认、计量模式的选择是否正确，折旧或减值的提取是否合理，各个年度之间的价值重估是否正确，重估价值的变动是否确认为收益等。

（三）投资性房地产的审计

投资性房地产源自固定资产或无形资产，其内部控制及测试可比照进行，这里主要介绍实质性程序。

(1)审查投资性房地产的总体合理性。获取或编制投资性房地产明细表，并将其与总账和相关账簿核对一致，如不相符，应查明原因。连续审计时还应核对期初余额与上年度审定的期末余额是否一致。

(2)审查投资性房地产的实存数与使用状况，通过核对投资性房地产账簿与账卡，必要时应实地考察，以确定固定资产是否实际存在，查明其分存、管理和使用情况，为评价投资性房地产的确认和计量模式是否正确提供依据。

(3)审查投资性房地产的所有权。审计人员审核其有关合同、产权证明、税单、抵押贷款、还款凭据等不同的证据，验证各类投资性房地产是否确归被审计单位所有。

(4)审查投资性房地产的确认是否符合规定。审计时应查明所记录的投资性房地产有无虚列或遗漏。其他资产和投资性房地产的转换是否符合投资性房地产会计准则的规定。

(5)审查投资性房地产的计量模式是否正确。投资性房地产有成本计量模式和公允价值计量模式，两者的主要区别在于：前者应计提折旧或摊销；后者不计提折旧或摊销，但在期末进行减值测试。如果投资性房地产所在地有活跃的房地产交易市场，并且企业能够从房地产交易市场上取得同类或类似房地产的市场价格及其他相关信息，则可以采用公允价值计量模式。如果不能同时满足这两个条件，则应当采取成本计量模式。计量模式一经确定，不得随意变更，将成本计量模式改为公允价值计量模式，按会计政策变更处理，已采用公允价值模式计量的不得转为采用成本计量模式。

(6)审查投资性房地产的计量是否正确。无论采用何种计量模式，投资性房地产应当按照成本进行初始计量：外购投资性房地产的成本，包括购买价款、相关税费和可直接归属于该资产的其他支出；自行建造投资性房地产的成本，由建造该项资产达到预定可使用状态前所发生的必要支出构成；以其他方式取得的投资性房地产的成本，按照相关会计准则的规定确定。

企业应当在资产负债表日采用成本计量模式对与投资性房地产有关的后续支出进行计量，如果与该投资性房地产有关的经济利益很可能流入企业，且该投资性房地产的成本能够可靠地计量，则应当计入投资性房地产成本；如果不符合这两个条件，则应当在发生时计入当期损益。

(7)审计其他资产与投资性房地产相互转换的处理是否正确。如果有确凿证据表明资产用途发生变化，满足下列条件之一的，应当视为用途转换：投资性房地产开始自用；作为存货的房地产，改为出租；土地使用权停止自用，用于赚取租金或资本增值；建筑物停止自用，改为出租。

在成本模式下，应当将房地产转换前的账面价值作为转换后的入账价值。采用公允价值计量模式计量的投资性房地产转换为自用房地产时，应当以其转换当日的公允价值作为自用房地产的账面价值，公允价值与原账面价值的差额计入当期损益。自用房地产或存货转换为采用公允价值计量模式计量的投资性房地产时，投资性房地产按照转换当日的公允价值计价，转换当日的公允价值小于原账面价值的，其差额计入当期损益；转换当日的公允价值大于原账面价值的，其差额计入所有者权益。

(8)审查投资性房地产处置的会计处理、减值提取是否正确，披露是否恰当。

(四)无形资产的审计

无形资产的审计目标为：①确定无形资产是否存在；②确定无形资产是否归被审计单位所有；③确定无形资产增减变动及其摊销的记录是否完整；④确定无形资产的摊销政策是否恰当；⑤确定无形资产减值准备的计提是否正确；⑥确定无形资产的期末余额是否正确；⑦确定无形资产的披露是否恰当。

无形资产的实质性程序如下：

(1)获取或编制无形资产明细表，复核加计正确，并与报表数、总账数和明细账合计数核对是否相符。

(2)获取有关协议和董事会纪要等文件、资料，检查无形资产的性质、构成内容、计价依据，其所有权是否归被审计单位所有。

(3)检查无形资产的增加是否合规。对股东投入的无形资产，检查是否符合有关规定，并经过适当的审查批准，无形资产的价值是否分别与验资报告及资产评估结果确认书或合同协议等证明文件一致，会计处理是否正确；对自行取得或购入的无形资产，检查其原始凭证，确认计价是否正确、法律程序是否完备(如依法登记、注册及变更登记的批准文件和有效期)、会计处理是否正确。

(4)无形资产处置的审查。无形资产的处置有转让所有权与转让使用权两种情况。转让所有权会导致企业无形资产的减少，而转让使用权只是增加企业的其他业务收入，并不减少企业原有的无形资产。

审查重点是：①区分是所有权转让还是使用权转让；②是否严格履约；③作价是否合理，有无必要的核准手续；④收入是否及时入账，账务处理是否正确。

(5)无形资产摊销审计。审计应查明：被审计单位关于无形资产使用寿命的确定和摊销方法的选用是否合理；对于使用寿命有限的无形资产，其应摊销金额应当在使用寿命内系统、合理地摊销；所选用的摊销方法应当反映与该项无形资产有关的经济利益的预期实现方式，无法可靠确定预期实现方式的，应当采用直线法摊销。摊销额应当计入当期损益。使用寿命不确定的无形资产不应摊销，应在期末进行减值测试。

(6)审查无形资产在财务报表上披露的恰当性。会计报表中无形资产项目应按摊余价值填列在非流动资产类下，注意审查无形资产减值准备的提取是否正确、是否按其账面余额与可收回金额孰低来提取、在报表上是否按其账面价值反映。

(五)长期待摊费用的审计

长期待摊费用的审计目标为：①确定长期待摊费用的会计政策是否恰当；②确定长期待摊费用入账和摊销的记录是否完整；③确定长期待摊费用期末余额是否正确；④确定长期待摊费用的披露是否恰当。

长期待摊费用的实质性程序如下：

(1)获取或编制长期待摊费用明细表，复核加计正确，并与报表数、总账数和明细账合计数核对是否相符。

(2)抽查重要的原始凭证，检查长期待摊费用增加的合法性和真实性，查阅有关合同、协议等资料和支出凭证，是否经授权批准，会计处理是否正确，是否存在应计入期间费用的支出。

(3)检查摊销政策是否符合会计准则的规定，复核摊销额计算及相关的会计处理是否正确，前后期是否保持一致，是否存在随意调节利润的情况。

(4)检查长期待摊费用的披露是否恰当。

(六)应付股利的审计

应付股利的审计目标为：①确定应付股利的记录是否完整；②确定应付股利的期末余额是否正确；③确定应付股利的披露是否恰当。

应付股利的实质性程序如下：

(1)获取或编制应付股利明细表，复核加计正确，并与报表数、总账数和明细账合计数核对是否相符。

(2)审阅公司章程、股东大会和董事会会议纪要中有关股利分配的规定，了解股利分配标准和发放方式是否符合有关规定并经法定程序批准。

(3)检查应付股利的发生额，是否根据董事会或股东大会决定的利润分配方案，从税后可供分配利润中计算确定，并复核应付股利计算和会计处理的正确性。

(4)检查股利支付的原始凭证的内容和金额是否正确。现金股利是否按公告规定的时间、金额予以发放结算；对无法结算及委托发放而长期未结的股利是否作出适当处理；股利宣布、结算、转账的会计处理是否正确、适当。

(5)检查应付股利的披露是否恰当。

(七)管理费用的审计

管理费用的审计目标是：①确定管理费用的记录是否完整；②确定管理费用的计算是否正确；③确定管理费用的披露是否恰当。

管理费用的实质性程序如下：

(1)取得或编制管理费用明细表，复核加计正确，与报表数、总账数及明细账合计数核对是否相符。

(2)检查其明细项目的设置是否符合规定的核算内容与范围。

(3)将本期、上期管理费用各明细项目作比较分析，必要时比较本期各月份管理费用，对有重大波动和异常情况的项目应查明原因，必要时作适当处理。

(4)对管理费用中数额较大，以及本期与上期相比较变化异常的项目，追查至原始凭证。

(5)审阅下期期初的管理费用明细账，检查管理费用各明细项目有无跨期入账的现象，对于重大跨期项目，应作必要调整。

(6)检查管理费用的披露是否恰当。

(八)营业外收入的审计

营业外收入的审计目标是：①确定营业外收入的记录是否完整；②确定营业外收入的计算是否正确；③确定营业外收入的披露是否恰当。

营业外收入的实质性程序如下：

(1)获取或编制营业外收入明细表，复核加计正确，并与报表数、总账数及明细账合计数核对是否相符。

(2)检查营业外收入核算内容是否符合规定。

(3)检查营业外收入中金额较大或性质特殊的项目，审核其内容的真实性和依据的充分性。

(4)对营业外收入中各项目，包括处理固定资产净收益、处理无形资产净收益、固定资产盘盈、罚款净收入、捐赠利得、政府补助等，与相关账户记录核对相符，并追查至相关原始凭证。

(5)检查营业外收入的披露是否恰当。

(九)营业外支出的审计

营业外支出的审计目标:①确定营业外支出记录是否完整;②确定营业外支出的计算是否正确;③确定营业外支出的披露是否恰当。

营业外支出的实质性程序如下:

(1)获取或编制营业外支出明细表,复核加计正确,并与报表数、总账数及明细账合计数核对是否相符。

(2)检查营业外支出的内容是否符合规定。

(3)对营业外支出的各项目,包括处理固定资产、无形资产净损失、固定资产盘亏、债务重组净损失等,与固定资产、无形资产等相关账户记录核对相符,并追查至相关原始凭证。

(4)检查是否存在非公益性捐赠支出、税收滞纳金、罚金、罚款支出、各种赞助会费支出,必要时进行应纳税所得额调整。

(5)对非常损失应详细检查有关资料、被审计单位实际损失和保险理赔情况及审批文件,检查有关会计处理是否正确。

(6)检查营业外支出的披露是否恰当。

(十)所得税的审计

所得税的审计目标为:①确定被审计单位所得税的数额是否正确、完整;②确定被审计单位所得税的计算依据和会计处理是否正确;③确定被审计单位所得税的披露是否恰当。

所得税的实质性程序如下:

(1)将报表数与总账数核对相符。

(2)核实所得税的计算依据,检查被审计单位所采用的会计政策是否正确,前后期是否一致。

(3)检查所得税的会计处理是否正确。

(4)检查所得税费用的披露是否恰当。

本章小结

筹资与投资循环审计的内容主要有筹资与投资循环的特点、内部控制和控制测试以及该循环的实质性测试程序。其中,该循环的特点主要包括涉及的主要凭证与会计记录和主要业务活动;该循环的内部控制和控制测试主要包括筹资与投资循环的内部控制、评估重大错报风险和控制测试;该循环的实质性测试程序主要包括负债的实质性测试程序、所有者权益和投资的实质性测试程序。本循环不同于前面三个循环之处就是涉及面较广,包括资产、负债和所有者权益等众多会计要素,较为复杂。

本章思考题

1. 筹资与投资交易中哪些职责应该分离?
2. 筹资与投资循环中可能存在重大错报风险的情形有哪些?
3. 筹资与投资循环控制测试的内容有哪些?
4. 如何对所有者权益进行审计?
5. 负债的实质性测试程序包括哪些内容?

第十三章　完成审计工作

【学习目标】

1. 掌握期初余额、或有事项和期后事项的审计程序及相关的审计证据对形成审计意见的影响；

2. 掌握对被审计单位持续经营能力的评价，对重大不确定性的判断及其结论对审计意见的影响；

3. 熟悉管理层和治理层声明与沟通事项的内容及其对审计意见的影响；

4. 熟悉项目质量控制复核中相关人员的责任及要求；

5. 熟悉比较信息的分类及不同分类下的列报与审计责任报告的区别；

6. 了解如何评价审计中的重大发现，如何对财务报表总体合理性实施分析复核、汇总审计差异、评价审计结果等工作；

7. 能够综合运用本章所学的内容，完成审计的最后一个阶段的工作，形成恰当的审计意见。

【导入案例】

2015年2月，某注册会计师及其助理正对一家国内A股上市公司年度财务报表进行审计。他们先后对销售与收款循环、采购与付款循环、生产循环、员工服务循环、筹资与投资循环、货币资金等的重大错报风险及控制风险进行了评估，并在此基础上实施了进一步审计程序，包括对相关账户进行实质性程序。这些工作结束后，助理询问注册会计师是否可以结束审计工作，撰写审计报告。注册会计师告诉他，尽管业务循环审计结束了，但撰写审计报告为时尚早，还需要进行终结审计的工作。

审计完成阶段是审计的最后一个阶段。在这个阶段里，注册会计师将进行更为复杂和综合性的工作，如评价审计中的重大发现，汇总审计差异，复核审计工作底稿和财务报表，对审计过程的独立性和道德问题进行评估，对审计过程中出现的情况根据相关审计准则及注册会计师认为必要的情况与治理层和管理层进行沟通等。另外，还要考虑被审计单位的持续经营假设的合理性，关注或有事项、期后事项、期初余额、比较信息等对财务报表的整体公允性的影响，得出审计总结。在此基础上，评价审计结果，形成审计意见，拟定审计报告。

思考题：在审计完成阶段，注册会计师应完成哪些主要工作？

第一节　完成审计工作概述

一、评价审计中的重大发现

在审计完成阶段，项目合伙人和审计项目组考虑的重大发现包括会计政策的选择、运用和一贯性的重大事项，包括复杂的或是不常见的交易活动事项和相关的信息披露，如债务重组、关联交易，会计估计和包含管理层假设在内的不确定性，中期复核中的重大发现及其对审计方法的相关影响，就特别审计目标识别的重大风险而对审计策略和计划的审计程序所作的重大修订，就由舞弊导致的重大错报的识别、评估、应对的审计程序和结论，与管理层和其他人员讨论重大发现和事项时得到的信息，与注册会计师的最终审计结论相矛盾或不一致的信息。

可以通过对已记录的审计程序进行评估来识别和判断上述重大发现，这些审计程序包括：在既定审计目标下，对重要性进行的计划和修订；对审计策略和计划的审计程序的重大修正，包括对审计目标的重要错报等风险评估水平的重要变动，影响审计方法的、与财务报告相关的内部控制的重大缺陷和时点，财务报表中存在的重大错报或漏报，包括相关披露和其他审计调整，项目组成员内部或项目组与项目质量控制复核人员或提供咨询的其他人员之间，就重大会计和审计事项达成最终结论所存在的意见分歧，在实施审计程序时遭遇重大困难的情形，向事务所内部有经验的专业人士或外部专业顾问咨询，与管理层或其他人员就重大发现以及与注册会计师的最终审计结论相矛盾或不一致的信息进行讨论。

注册会计师在审计计划阶段对重要性的判断，与其在评估审计差异时对重要性的判断是不同的。如果在审计完成阶段确定的修订后的重要性水平远远低于在计划阶段确定的重要性水平，注册会计师应重新评估已经获得的审计证据的充分性和适当性。重要性的任何变化都要求注册会计师重新评估重大错报上限和审计策略。

如果审计项目组内部、项目组与被咨询者之间以及项目合伙人与项目质量控制复核人员之间存在意见分歧，审计项目组应当遵循事务所的政策和程序。

二、汇总审计差异

在审计过程中，注册会计师在审计中发现被审计单位会计处理方法与适用的会计准则和相关会计制度不一致，即审计差异内容，项目负责人应当根据审计重要性原则进行初步确认并汇总，编制审计差异调整表，并建议被审计单位进行调整，使调整后的财务报表在所有重大方面按照适用的会计准则和相关会计制度编制。

（一）编制审计差异调整表

审计差异内容按是否需要调整账户记录可分为核算差异和重分类差异。前者是因被审计单位对经济业务进行了不恰当的会计处理而引起的差异，用审计重要性原则来衡量每一项核算差异，又可分为建议调整的不符事项和不建议调整的不符事项；后者是因被审计单位未按适用的会计准则和相关会计制度的规定编制财务报表而引起的差异。为便于审计项目的各级负责人综合判断、分析和决定，也为了便于编制试算平衡表和代编经审计的财务报表，通常需要将这些事项汇总，编制审计调整分录汇总表、重分类调整分录汇总表和未调整不符事项汇总表。其参考格式分别见表 13－1、表 13－2 和表 13－3。

表 13－1　　审计差异调整表——审计调整分录汇总表

被审计单位名称：							索引号：		页次：
							执行人：		日期：
会计期间或截止日：							复核人：		日期：
序号	索引号	调整分录说明	调整分录	明细科目	资产负债表		利润及利润分配表		被审计单位调整情况及未调整原因
					借方	贷方	借方	贷方	
		……							
		合计							

表 13－2　　审计差异调整表——重分类调整分录汇总表

被审计单位名称：							索引号：		页次：
							执行人：		日期：
会计期间或截止日：							复核人：		日期：
序号	索引号	调整分录说明	调整分录	明细科目	资产负债表		利润及利润分配表		被审计单位调整情况及未调整原因
					借方	贷方	借方	贷方	
		……							
		合计							

表 13－3　　审计差异调整表——未调整不符事项汇总表

被审计单位名称：							索引号：		页次：
							执行人：		日期：
会计期间或截止日：							复核人：		日期：
序号	索引号	调整分录说明	调整分录	明细科目	资产负债表		利润及利润分配表		被审计单位调整情况及未调整原因
					借方	贷方	借方	贷方	
		……							
		合计	—	—					

在确定了建议调整的不符事项和重分类差异后，注册会计师应当以书面方式及时征求被审计单位的意见。若被审计单位同意采纳，应获取其同意调整的书面确认函；否则，应分析原因，并根据未调整事项的性质和重要程度，确定是否在审计报告中予以反映，以及如何反映。

（二）编制试算平衡表

试算平衡表是注册会计师在被审计单位提供未调整财务报表的基础上，考虑调整分录、重分类分录等内容后所确定的已审计数和报表反映数的表式。以资产负债表为例，有关财务报表试算平衡表的参考格式如表 13－4 所示。

表 13－4　　资产负债表试算平衡表(年末余额)

被审计单位名称:				索引号:	页次:
				执行人:	日期:
会计期间或截止日:				复核人:	日期:
					单位:人民币元
项　目	行次	调整前金额	审计差异调整	重分类调整	调整后金额
流动资产					
货币资金					
……					
流动资产合计					
非流动资产					
可供出售金融资产					
……					
非流动资产合计					
资产总计					
流动负债					
短期借款					
……					
流动负债合计					
非流动负债					
长期借款					
……					
非流动负债合计					
负债合计					
所有者权益(股东权益)					
实收资本(或股本)					
……					
所有者权益(股东权益)合计					

三、复核审计工作底稿和财务报表

根据《质量控制准则第 5101 号——会计师事务所对执行财务报表审计和审阅、其他鉴证和相关服务业务实施的质量控制》、《中国注册会计师审计准则第 1121 号——历史财务信息审计的质量控制》中的规定,会计师事务所应当建立完善的审计工作底稿分级复核制度,从而在业务层面上实施质量控制程序,保证审计质量。工作底稿的复核包括项目组内的工作底稿复核和项目质量控制复核(即独立复核)。

(一)项目组内复核

复核审计工作底稿贯穿外勤审计阶段和报告阶段,相应地,项目组内的复核包括两个层次,即项目经理和项目合伙人的复核。在审计现场阶段复核,可及时发现和解决问题,争取主动权。确定复核人员的原则是,由项目组内经验较多的人员复核经验较少的人员所执行的工作。

项目经理在复核已实施的审计工作时,应当考虑:①审计工作是否已按照法律法规、职业道德规范和审计准则的规定执行;②重大事项是否已提请进一步考虑;③相关事项是否已进行适当咨询,由此形成的结论是否得到记录和执行;④是否需要修改已执行的审计工作的性质、时间和范围;⑤已执行的审计工作是否支持形成的结论,并已得到适当记录;⑥获取的审计证据是否充分、适当;⑦审计程序的目标是否实现。

项目合伙人的复核是项目组内最高级别的复核,是对项目经理复核的再监督。项目合伙人是对会计师事务所分派的每项审计业务的总体质量负责,对按照会计师事务所复核政策和程序实施的复核负责。

项目合伙人应当在审计过程的适当阶段及时实施复核,以使重大事项在出具审计报告前能够得到圆满解决。在出具审计报告前,项目合伙人应当通过复核审计工作底稿和与项目组讨论,确信获取的审计证据已经充分、适当,足以支持形成的结论和拟出具的审计报告。其复核的主要内容包括对关键领域所作的判断,尤其是执行业务过程中识别出的疑难问题或争议事项、特别风险以及项目合伙人认为重要的其他领域。项目合伙人应当对已经实施的工作、复核的范围和时间予以适当记录。

(二)对财务报表总体合理性实施分析程序

在审计结束或临近结束时,一般应当由项目合伙人运用分析程序复核经审计后的财务报表,帮助注册会计师形成财务报表的总体结论,并确定财务报表整体是否与其对被审计单位的了解一致。

分析程序包括:分析不同财务数据之间以及财务数据与非财务数据之间的内在关系;对识别出的与其他相关信息不一致或与预期值差异重大的波动或关系进行调查。

在执行分析程序时,比较的一方是被审计单位经审计后的财务报表,另一方通常是注册会计师的预期结果、同行业有关资料或其他相关资料。

执行分析程序时要特别关注是否存在不正常或预料之外的金额、异常波动或关联方交易,同时分析所获取的审计证据是否充分、适当。

如果识别出以前未识别的重大错报风险,注册会计师应当重新考虑对全部或部分各类交易、账户余额、列报评估的风险是否恰当,并在此基础上重新评价之前计划的审计程序是否充分,必要时,根据具体情况实施其他审计程序。

(三)评价审计结果

注册会计师在审计终结阶段对审计结果的评价,是为了在对既有审计证据总结的基础上确定审计意见类型以及审计准则的遵循情况而实施的。注册会计师就财务报表是否在所有重大方面按照适用的会计准则和相关会计制度编制形成审计意见。对重要性水平和审计风险的最终评价是评价审计结果的两个重要方面。

1. 重要性水平的最终评价

重要性水平的最终评价包括确定尚未更正错报(包括注册会计师已识别的具体错报和推断误差)的汇总数以及评价尚未更正错报的汇总数的影响。

注册会计师需要在出具审计报告之前，评估尚未更正错报单独或累积的影响是否重大。在评估时，注册会计师应当从特定的某类交易、账户余额及列报认定层次和财务报表层次考虑这些错报的金额和性质，以及这些错报发生的特定环境。根据财务报表层次的重要性水平评价尚未更正错报，可能出现以下两种情况：

(1)尚未更正错报的汇总数低于重要性水平(并且特定项目的尚未更正错报也低于考虑其性质所设定的更低的重要性水平；如果在实际执行时，调整了重要性水平，以实际执行的重要性水平为准；尚未更正错报包括与前期相关的未更正错报，下同)。如果尚未更正错报汇总数低于重要性水平，对财务报表的影响不重大，注册会计师可以发表无保留意见的审计报告。但是，并不是尚未更正错报在单独或累积起来低于重要性水平时，总是评价为不重大的。即使某些错报低于重要性水平，根据职业判断，与这些错报相关的环境可能使这些错报评价为重大的。另外，对尚未更正错报对财务报表的影响进行评价时，不但要考虑错报金额的大小，还要综合考虑错报的性质及其特定的环境。

(2)尚未更正错报的汇总数超过或接近重要性水平。如果尚未更正错报汇总数超过了重要性水平，对财务报表的影响可能是重大的，注册会计师应当考虑通过扩大审计程序的范围或要求管理层调整财务报表以降低审计风险。在任何情况下，注册会计师都应当要求管理层就已识别的错报调整财务报表。如果管理层拒绝调整财务报表，并且扩大审计程序范围的结果不能使注册会计师认为尚未更正错报的汇总数不重大，注册会计师应当慎重考虑出具的审计报告的意见类型。如果已识别但尚未更正错报的汇总数接近重要性水平，注册会计师应当考虑该汇总数连同尚未发现的错报是否可能超过重要性水平，并考虑通过实施追加审计程序或要求管理层调整财务报表以降低审计风险。

2. 审计风险的最终评价

审计风险的可接受水平在审计计划阶段已经确定，但是随着审计过程的深入，错报总额增加，财务报表被严重错报的风险也可能会增加。如果注册会计师得出审计风险在可接受水平范围内的结论，可以直接依据审计证据支持的结果发表审计意见；否则，应追加审计测试，或说服被审计单位调整，使审计风险降至可接受水平。否则，应谨慎考虑审计风险对审计报告的影响。

另外，审计风险取决于重大错报风险和检查风险，而财务报表整体是否不存在由舞弊或错误导致的重大错报，是发表审计意见的基础。在由舞弊导致错报的情况下，固有限制的潜在影响尤其重大，其未被发现的风险大于由错误导致的重大错报未被发现的风险。管理层由舞弊导致的重大错报未被发现的风险大于员工由舞弊导致的重大错报未被发现的风险。因此，注册会计师需要在整个审计过程中保持职业怀疑，考虑管理层凌驾于控制之上的可能性。在临近审计结束时，实施分析程序，评价是否存在尚未识别的、由舞弊导致的重大错报风险。

如果识别出某项错报，表明存在舞弊的迹象，应当评价其对其他审计工作的影响，特别是对管理层声明可靠性的影响；如果有理由认为该错报是或可能是由舞弊导致的，且涉及管理层、高级管理层，无论该项错报是否重大，都应该重新评价对由舞弊导致的重大错报风险的评估结果，以及该结果对旨在应对评估的风险的审计程序的性质、时间和范围的影响；如果确认为由舞弊导致的重大错报，或无法确定财务报表是否存在由舞弊导致的重大错报，注册会计师应谨慎考虑其对审计的影响，且根据法律法规规定确定是否有责任向被审计单位以外的机构报告。

四、评价独立性和道德问题

《中国注册会计师审计准则第 1121 号——历史财务信息审计的质量控制》要求项目合伙人考虑项目组成员是否遵守职业道德规范，在整个审计过程中，对项目组成员违反职业道德规范的迹象保持警惕，如果注意到项目组成员未遵守相关职业道德要求，项目合伙人则应当在与会计师事务所相关人员讨论后，采取恰当的措施，同时就审计业务的独立性要求是否得到遵守形成结论。为此，项目合伙人应该：

(1)从会计师事务所或网络获取相关信息，以识别、评价对独立性产生不利影响的情况和关系。

(2)评价已识别的、违反会计师事务所独立性政策和程序的情况，以确定是否对审计业务的独立性产生不利影响。

(3)采取适当的防护措施以消除对独立性产生的不利影响，或将其降至可接受水平，或在必要时解除审计业务约定(除非法律法规禁止)；对未能解决的事项，项目合伙人应当立即向事务所报告，以便事务所采取适当的行动。

注册会计师应当就上述事项形成审计工作记录，包括：对遵守相关职业道德要求及问题的解决；对遵守审计业务独立性的结论及为支持该结论所进行的讨论。

在签署审计报告前，项目合伙人确信审计过程中产生的所有独立性和道德问题已经得到圆满解决，并与《中国注册会计师审计准则第 1121 号——历史财务信息审计的质量控制》、《质量控制准则第 5101 号——会计师事务所对执行财务报表审计和审阅、其他鉴证和相关服务业务实施的质量控制》和《中国注册会计师协会会员职业道德守则》的要求一致。在跨国审计业务中，项目合伙人应该确保符合被审计单位或其他法律管辖地规定的独立性要求。

五、与治理层沟通

(一)沟通的作用

有效的双向沟通对注册会计师执行财务报表审计工作意义重大，而由注册会计师向治理层提议的沟通，对于建立有效的双向沟通具有重要的作用，具体体现为：

(1)了解与审计相关的背景事项，由此建立建设性的工作关系，但是在建立这种关系时，注册会计师不能丧失独立性和客观性；

(2)获取与审计相关的信息，例如，了解被审计单位及其环境，确定审计证据的适当来源，以及提供有关具体交易或事项的信息等；

(3)治理层履行其对财务报告过程的监督责任，从而降低财务报表重大错报风险。

(二)沟通的目标

清晰的沟通是每项审计业务的必要组成部分，但并不要求注册会计师对此实施专门的审计程序。注册会计师进行沟通的目标包括：

(1)清晰地沟通与注册会计师财务报表审计相关的责任、计划的审计范围和根据时间安排的总体情况；

(2)向治理层获取与审计相关的信息；

(3)及时向治理层通报审计中发现的与治理层监督财务报告过程的责任相关的重大事项；

(4)推动注册会计师与治理层之间有效的双向沟通。

（三）沟通的事项

(1)明确告知治理层注册会计师，与财务报表审计相关的责任是对管理层在治理层监督下编制的财务报表形成和发表意见，对财务报表审计并不减轻管理层或治理层的责任。

(2)计划的审计范围和根据时间安排的总体情况。

(3)审计工作中发现的重大问题，包括：注册会计师对被审计单位重要的会计实务（包括会计政策、会计估计和财务报表披露）质量的看法；审计中遇到的重大困难；审计过程中发现的、已经与管理层讨论或书面沟通的重大事项，如果治理层全部成员参与管理，则不需要再次沟通；审计中发现的、根据职业判断认为重大且与治理层履行财务报告过程中的监督责任直接相关的其他事项。

①关于被审计单位会计实务质量，注册会计师应当就下列重要会计处理的质量和可接受性与治理层沟通：选用的会计政策；作出的会计估计；财务报表的披露。如果认为某项重大的会计处理不恰当，注册会计师应当向治理层说明理由，并在必要时提请更正。如果不恰当的会计处理未予更正，注册会计师应当考虑该事项对本期和未来期间财务报表的影响，以及对审计报告的影响，并将这种影响告知治理层。

②注册会计师在审计中遇到的重大困难可能包括：管理层在提供审计所需信息时出现严重拖延；不合理地要求缩短完成审计工作的时间；为获取充分、适当的审计证据需要付出的努力远远超过预期；无法获取预期的证据；管理层对注册会计师施加限制；管理层不愿按照注册会计师的要求对持续经营能力作出评估，或拒绝将评估期间延伸至资产负债表日起的 12 个月。在某些情况下，上述困难可能构成对审计范围的限制，注册会计师应当出具保留意见或无法表示意见的审计报告。

③已与管理层讨论或书面沟通的重大事项主要包括：管理层已更正的错报；对管理层就会计或审计事项向其他专业人士进行咨询的关注；管理层在首次委托或连续委托中，就会计准则和审计准则应用、审计或其他服务费用与注册会计师进行的讨论或书面沟通。让治理层了解这些内容，有利于注册会计师更好地开展审计工作，也有利于治理层更好地履行监督财务报告过程的职责。

④注册会计师应当与治理层沟通审计中发现的与治理层履行财务报告过程中的监督职责直接相关的其他重大事项，包括已更正的、含有已审计财务报表的文件中的其他信息存在对事实的重大错报或重大不一致。

如果出现下列情形，注册会计师应当将管理层声明中的相关事项提请治理层注意：除管理层声明之外的审计证据很少；相关的会计处理可能会因被审计单位意图的不同而不同；管理层对作出注册会计师要求的声明很勉强；管理层声明与其他审计证据不符。在某些情况下，注册会计师应当向治理层提供完整的管理层声明书副本。此时，注册会计师应当明确列示根据职业判断认为需要提请治理层关注的事项。

(4)对上市实体审计的额外沟通。如果被审计单位是上市实体，注册会计师应当就独立性与治理层直接沟通下列内容：①就审计项目组成员、会计师事务所其他相关人员以及会计师事务所按照法律法规和职业道德规范的规定保持独立性作出声明；②根据职业判断，注册会计师认为会计师事务所与被审计单位之间存在可能影响独立性的所有关系和其他事项，包括会计师事务所在财务报表涵盖期间为被审计单位和受被审计单位控制的组成部分提供审计、非审计服务的收费总额；③为消除对独立性的威胁或将其降至可接受的水平，已经采取的相关防护措施。如果出现了与注册会计师独立性有关的职业道德规范违反的情形，注册会计师应当尽早就该情形及已经或拟采取的补救措施与治理层直接沟通。

(5)要求和商定沟通的其他事项。除上述事项外，注册会计师还应该根据法律法规和相关的审计准则的规定，沟通或商定沟通一些事项。这些相关的审计准则包括《质量控制准则第5101号——会计师事务所对执行财务报表审计和审阅、其他鉴证和相关服务业务实施的质量控制》、《中国注册会计师审计准则第1141号——财务报表审计中对舞弊的考虑》、《中国注册会计师审计准则第1142号——财务报表审计中对法律法规的考虑》、《中国注册会计师审计准则第1152号——前后任注册会计师的沟通》、《中国注册会计师审计准则第1251号——评价审计过程中识别出的错报》、《中国注册会计师审计准则第1312号——函证》、《中国注册会计师审计准则第1331号——首次接受委托时对期初余额的审计》、《中国注册会计师审计准则第1323号——关联方》、《中国注册会计师审计准则第1332号——期后事项》、《中国注册会计师审计准则第1324号——持续经营》、《中国注册会计师审计准则第1401号——利用其他注册会计师的工作》、《中国注册会计师审计准则第1502号——非标准审计报告》、《中国注册会计师审计准则第1503号——在审计报告中增加强调事项段和其他事项段》、《中国注册会计师审计准则第1511号——比较数据》、《中国注册会计师审计准则第1521号——含有已审计财务报表的文件中的其他信息》。

与治理层或管理层商定沟通的事项，可能与治理层对财务报告过程的监督责任相关，也可能与治理层的其他责任相关。在某些情况下，要求注册会计师实施额外程序识别这些事项；在其他情况下，仅要求注册会计师就财务报表审计中注意到的事项进行沟通。

对于审计准则没有规定的其他事项，注册会计师也可以与治理层进行沟通。但是，某些法律法规可能限制注册会计师就某些事项与治理层沟通。因此，在某些情形下，注册会计师的保密义务与沟通义务之间的潜在冲突可能十分复杂，注册会计师需要向律师征询意见。

(四)沟通的形式

沟通涉及口头沟通与书面沟通、详细沟通与简略沟通、正式沟通与非正式沟通。有效的沟通不仅包括正式声明和书面报告等正式形式，而且包括讨论等非正式形式。

注册会计师就下列事项与治理层沟通时，应当采取书面形式：①审计工作中发现的重大问题，其中已向治理层提出并得到妥善解决的事项不必包含在书面沟通文件中；②注册会计师的独立性。其他事项的沟通，既可以采用书面形式，也可以采用口头形式。

如果以口头形式沟通涉及治理层责任的事项，注册会计师应当确信沟通的事项已记录于讨论纪要或审计工作底稿中。

注册会计师在确定采用何种沟通形式时，除了考虑特定事项的重要程度外，还应当考虑下列因素：①管理层是否已就该事项与治理层沟通；②被审计单位的规模、经营结构、控制环境和法律结构；③如果执行的是特殊目的的财务报表审计，注册会计师是否同时审计该被审计单位的通用目的的财务报表；④法律法规的规定；⑤治理层的期望，包括对与注册会计师定期会面或沟通的安排；⑥注册会计师与治理层保持联系和对话的数量；⑦治理层的成员是否发生重大变化。

如果就某一重大事项与治理层的某一成员以非正式方式进行讨论，注册会计师应当考虑在随后的正式沟通中概述该事项，以便治理层的其他成员得到完整和对称的信息。

(五)沟通的时间

注册会计师应当及时与治理层沟通。沟通的时间因沟通事项的重大程度和性质，以及治理层拟采取的措施等业务环境的不同而不同。注册会计师应当根据具体的业务环境确定适当的沟通时间:①对于审计中遇到的重大困难,如果治理层能够协助注册会计师克服这些困难,或者这些困难可能导致出具保留意见或无法表示意见的审计报告,应尽快予以沟通;②对于注册会计师注意到的内部控制设计或实施中的重大缺陷,应尽快与管理层或治理层沟通;③对于审计中发现的与财务报表或审计报告相关的事项,包括注册会计师对被审计单位会计处理质量的看法,应在最终完成财务报表前进行沟通;④对于注册会计师的独立性,应在最终完成财务报表前或在对独立性威胁及其防护措施作出重大判断时进行沟通;⑤如果同时审计特殊目的的财务报表或其他历史财务信息,沟通时间应与通用目的的财务报表审计的沟通时间相协调。

与沟通时间相关的其他因素包括:①被审计单位的规模、经营结构、控制环境和法律结构;②其他法律法规要求的期限;③治理层的期望,包括对与注册会计师定期会面或沟通的安排;④注册会计师识别出特定事项的时间。

(六)沟通过程的充分性

注册会计师应当评价其与治理层之间的双向沟通是否足以实现审计目标。如果注册会计师无法进行足够的沟通,就可能存在不能获取充分、适当的审计证据的风险。在这种情况下,注册会计师应当考虑沟通不充分对评估重大错报风险的影响,并寻求与治理层讨论这种情况。如果这种情况得不到解决,注册会计师应采取下列主要措施:①根据审计范围受限的程度出具保留意见或无法表示意见的审计报告;②就采取不同措施的后果征询法律意见;③与治理结构中拥有更高权力的组织或人员沟通,或与监管机构等第三方沟通;④解除业务约定。

(七)沟通的记录

注册会计师应当记录与治理层沟通的重大事项。沟通的事项是以口头形式沟通的,注册会计师应当将其包括在审计工作底稿中,并记录沟通的时间和对象;沟通的事项是以书面形式沟通的,注册会计师应当保存一份沟通文件的副本,作为审计工作底稿的一部分。

(八)与管理层的沟通关系

在审计中,注册会计师应当就财务报表审计相关事项与管理层讨论,包括讨论与治理层沟通的相关事项。在与治理层沟通特定事项前,注册会计师通常先与管理层讨论,除非这些事项不适合与管理层讨论。不适合与管理层讨论的事项包括管理层的胜任能力和诚信问题等。如果被审计单位有内部审计人员,注册会计师可以在与治理层沟通特定事项前,先与内部审计人员讨论有关事项。

如果管理层或内部审计人员的意见及拟采取的措施有助于治理层了解特定事项,注册会计师应当考虑将这些意见和措施包括在与治理层沟通的内容中。

六、形成审计意见

注册会计师应当评价根据审计证据得出的结论,以作为对财务报表形成审计意见的基础。在对财务报表形成审计意见时,注册会计师应当根据已获取的审计证据,评价是否已对财务报表整体不存在由舞弊或错误导致的重大错报获取了合理保证。

审计证据是指注册会计师为了得出审计结论、形成审计意见而使用的所有信息,包括财务报表依据的会计记录中含有的信息和其他信息。注册会计师应当获取充分、适当的审计证据,以得出合理的审计结论,作为形成审计意见的基础。注册会计师对审计结论的评价贯穿于审计的全过程。

(1)注册会计师应当根据实施的审计程序和获取的审计证据,评价对认定层次重大错报风险的评估是否仍然适当。

(2)对财务报表进行审计是一个累积和不断修正信息的过程。随着计划的审计程序的实施,如果获取的信息与风险评估时依据的信息有重大差异,注册会计师应当考虑修正风险评估结果,并据以修改原计划的其他审计程序的性质、时间和范围。

(3)在实施控制测试时,如果发现被审计单位控制运行出现偏差,注册会计师应当了解这些偏差及其潜在后果,并确定已实施的控制测试是否为信赖控制提供了充分、适当的审计证据,是否需要实施进一步的控制测试,或实施实质性程序以应对潜在的错报风险。

(4)注册会计师不应将审计中发现的舞弊或错误视为孤立发生的事项,而应当考虑其对评估的重大错报风险的影响。在完成审计工作前,注册会计师应当评价是否已将审计风险降至可接受的低水平,是否需要重新考虑已实施的审计程序的性质、时间和范围。

(5)在形成审计意见时,注册会计师应当从总体上评价是否已经获取充分、适当的审计证据,以将审计风险降至可接受的低水平。注册会计师应当考虑所有相关的审计证据,包括能够印证财务报表认定的审计证据和与财务报表认定相矛盾的审计证据。

注册会计师的责任是在对财务报表整体不存在由舞弊或错误导致的重大错报获取合理保证的基础上,对被审计单位财务报表是否在所有重大方面按照会计准则和相关会计制度编制发表审计意见。因此,在审计快结束时,注册会计师应当评价根据审计证据得出的结论,以作为对财务报表形成审计意见的基础。

因此,评价审计结果时,要再次确认财务报表由舞弊导致的重大错报或无法确定由舞弊导致的重大错报对审计意见的影响。

在评价财务报表是否按照适用的会计准则和相关会计制度的规定编制时,注册会计师应当考虑下列内容:(1)选择和运用的会计政策是否符合适用的会计准则和相关会计制度,并适合被审计单位的具体情况;(2)管理层作出的会计估计是否合理;(3)财务报表反映的信息是否具有相关性、可靠性、可比性和可理解性;(4)财务报表是否作出充分披露,使财务报表使用者能够理解重大交易和事项对被审计单位财务状况、经营成果和现金流量的影响。

七、实施项目质量控制复核(独立复核)

项目质量控制复核的实施是对审计工作结果的最后质量控制,从而确保项目组的审计工作达到会计师事务所的工作标准,消除注册会计师判断偏见的影响,提高审计质量。

(一)项目合伙人的责任

项目合伙人应当对项目组就疑难问题或争议进行适当咨询负责,包括:使项目组成员在审计过程中对相关事项在项目组内、会计师事务所内或外部其他适当人员间进行适当的咨询;被咨询者认可咨询的性质、范围及结论;咨询结论已经得到执行。

项目合伙人在执行对上市实体的财务报表审计以及会计师事务所确定需要实施项目质量控制复核的其他审计业务时,还应当确保下列事项的实施:

(1)确定会计师事务所已委派项目质量控制复核人员;

(2)与项目质量控制复核人员讨论在审计过程中遇到的重大事项,包括项目质量控制复核中识别的重大事项;

(3)在项目质量控制复核完成后,才能出具审计报告。

项目合伙人应当将在审计过程中咨询的性质、范围和形成的结论形成记录。

（二）项目质量控制复核人员的责任

1. 项目质量控制复核人员的基本责任

项目质量控制复核人员应当客观评价项目组作出的重大判断以及项目组在准备审计报告时得出的结论。为此，项目质量控制复核人员需实施如下工作：①与项目合伙人讨论重大事项；②复核财务报表和拟出具的审计报告；③对项目组作出的重大判断和与得出结论相关的工作底稿进行选择复核；④对在准备审计报告时得出的结论和拟出具的报告适当进行评价。项目质量控制复核的范围取决于审计业务的复杂程度和审计风险。项目质量控制复核并不减轻项目负责人的责任。

2. 执行上市实体财务报表审计的额外考虑

在对上市实体财务报表审计实施项目质量控制复核时，复核人员应当考虑：①项目组就具体审计业务对会计师事务所独立性作出的评价；②项目组是否已就存在的意见分歧、其他疑难问题或争议事项进行适当咨询，以及咨询得出的结论；③所复核的审计工作底稿是否反映了项目组针对重大判断执行的工作，是否支持得出的结论。

在对上市实体财务报表审计以外的其他审计业务实施项目质量控制复核时，项目质量控制复核人员可根据情况考虑上述部分或全部事项。

项目质量控制复核人员应当将上述根据会计师事务所质量控制复核政策要求的程序实施的工作形成审计工作记录，并确保复核已经在审计报告日或审计报告日之前完成，同时没有注意到影响项目组作出重大判断和得出结论的、任何尚未解决的事项。

在项目组内部、项目组与被咨询者之间、项目合伙人与项目质量控制复核人员之间出现意见分歧时，项目组应当遵守会计师事务所处理及解决意见分歧的政策和程序。

（三）实施项目质量控制复核的人员及要求

项目质量控制复核人员是指项目组以外的，具有足够、适当的经验和权限进行客观评价的合伙人、会计师事务所其他人员、具有适当资格的外部人员，或者由他们组成的小组，即独立于项目组，没有参与审计工作的合格人员或小组。会计师事务所应当制定政策和程序，明确项目质量控制复核人员的资格要求：履行职责需要的技术资格，包括必要的经验和权限；不损害其客观性的情况下提供业务咨询的程度；当客观实施复核能力不具备时的替换；根据相关职业道德要求和法律法规的规定，在规定期届满后的轮换。

第二节　期初余额

一、审计目标

期初余额不仅包括期初存在的账户金额，还包括期初存在的需要披露的事项，如或有事项和承诺事项。注册会计师在被审计单位财务报表首次接受审计，或上期财务报表由前任注册会计师审计的情况下，必然涉及财务报表期初余额如何审计的问题。一般情况下，注册会计师无须对期初余额专门发表审计意见，但由于期初余额是本期财务报表的基础，所以，注册会计师应当实施适当的审计程序，获取充分、适当的审计证据，实现如下审计目标：

（1）期初余额不存在对本期财务报表产生重大影响的错报；

（2）被审计单位一贯运用恰当的会计政策，或对会计政策的变更按照适用的会计准则和相关会计制度作出恰当的会计处理和充分的列报与披露。

二、首次承接审计业务的补充考虑

在被审计单位首次接受审计，或上期财务报表由前任注册会计师审计的情况下，接受审计委托前，注册会计师应当根据《中国注册会计师审计准则第 1121 号——历史财务信息审计的质量控制》的规定，确信与客户关系和具体审计业务有关的质量控制程序已经得到遵守。另外，如果被审计单位由前任注册会计师进行审计，应当按照相关审计准则和职业道德要求的规定，与前任注册会计师进行沟通。

三、审计程序

注册会计师应当阅读最近期间的财务报表和前任注册会计师出具的审计报告(如有)，获取与期初余额相关的信息，包括披露。

在确定期初余额审计程序时，注册会计师应当考虑的事项包括：被审计单位运用的会计政策；上期财务报表是否经过审计；如果经过审计，审计报告是否为非标准审计报告；账户的性质和本期财务报表中的重大错报风险；期初余额对本期财务报表的重要程度。

在此基础上，实施以下程序：

(1)考虑期初余额是否反映上期运用恰当会计政策的结果，以及这些会计政策是否在本期财务报表中得到一贯运用。如果会计政策发生了变更，注册会计师还应当查明：①变更是否恰当，即变更理由是否满足《企业会计准则第 28 号——会计政策、会计估计变更和差错更正》规定的条件。②会计处理是否正确，即是否采用追溯调整法或未来适用法进行了恰当的会计处理。③相关列报与披露是否恰当，即是否已在本期财务报表附注中披露了与会计政策变更有关的下列信息：会计政策变更的性质、内容和原因；当期和各个列报前期财务报表中受影响的项目的名称和调整金额；对无法进行追溯调整的，说明事实和原因以及开始应用变更后的会计政策的时点、具体应用情况等。

(2)分析上期期末余额是否已正确结转至本期，或在适当的情况下已作出重新表述，审查上期审计调整分录是否已正确入账。

(3)了解上期财务报表是否经过了审计。如果上期财务报表由前任注册会计师审计，后任注册会计师应当考虑通过复核前任注册会计师的工作底稿获取与期初余额有关的充分、适当的审计证据，并考虑前任注册会计师的独立性和专业胜任能力。在与前任注册会计师沟通时，后任注册会计师应当遵守职业道德规范和《中国注册会计师审计准则第 1153 号——前任注册会计师和后任注册会计师的沟通》的规定。如果前任注册会计师对上期财务报表出具了非标准审计报告，还应查清原因，评估对本期财务报表重大错报风险的影响。

(4)如果上期财务报表未经审计，或在实施相关审计程序后对期初余额不能得出满意结论，注册会计师应当实施以下审计程序：①对流动资产和流动负债，可通过本期实施的审计程序获取部分审计证据。对存货，还应当按照《中国注册会计师审计准则第 1311 号——存货监盘》的相关规定，实施追加的审计程序。②对非流动资产和非流动负债，通常检查形成期初余额的会计记录和其他信息。在某些情况下，注册会计师可向第三方函证期初余额，或实施追加的审计程序。

(5)评价对本期实施的审计程序中与期初余额相关的审计证据。如果获取的审计证据表明期初余额存在可能对本期财务报表产生重大影响的错报，注册会计师应当根据具体情况实施适当的追加审计程序，以确定对本期财务报表的影响。同时，就本期财务报表中存在的这类错报，与适当级别的管理层和治理层进行沟通。

四、审计结论和报告

如果实施相关审计程序后无法获取与期初余额有关的充分、适当的审计证据，注册会计师应当出具保留意见或无法表示意见的审计报告。

如果期初余额中存在对本期财务报表产生重大影响的错报，管理层不接受建议，导致错报的影响未能得到恰当的会计处理和充分的列报与披露，注册会计师则应当出具保留意见或否定意见的审计报告。

如果与期初余额相关的会计政策未能在本期得到一贯运用，或者会计政策的变更未能得到恰当的会计处理和充分的列报与披露，注册会计师则应当出具保留意见或否定意见的审计报告。

如果前任注册会计师对上期财务报表出具了非标准审计报告，后任注册会计师应当考虑该审计报告对本期财务报表的影响。如果导致出具非标准审计报告的事项对本期财务报表仍然相关和重大，后任注册会计师则应当对本期财务报表出具非标准审计报告。

第三节　比较信息

财务报表中列报的比较信息的性质取决于适用的财务报告编制基础的要求。比较信息包括对应数据和比较财务报表。根据法律法规规定或审计业务约定的不同，注册会计师针对对应数据和比较财务报表两类比较信息履行的报告责任及方法也不相同。

一、注册会计师的责任

对应数据，是比较信息的一种，指作为本期财务报表组成部分的上期金额和相关披露，这些金额和披露只能和与本期相关的金额和披露（称为本期数据）联系起来阅读。对应数据列报的详细程度主要取决于其与本期数据的相关程度。

比较财务报表，也是比较信息的一种，指为了与本期财务报表相比较而包含的上期金额和相关披露。如果上期金额和相关披露已经过审计，则将在审计意见中提及。比较财务报表包含信息的详细程度与本期财务报表包含信息的详细程度相似。

（一）审计目标

注册会计师应当获取充分、适当的审计证据，以确定在财务报表中包含的比较信息的列报是否在所有重大方面符合适用的会计准则和相关会计制度有关比较信息的要求，并相应地依据注册会计师的报告责任出具审计报告。

（二）审计程序

（1）核对比较数据与上期财务报表反映的金额和相关披露是否一致。如不一致，是否已经作出适当调整和充分披露。

一般情况下，比较数据与上期财务报表反映的金额和相关披露应当一致，但发生下列情况之一时，两者可能不一致：①会计准则和会计制度发生变化，或者相关法律法规对信息披露提出了新的要求，导致财务报表格式和内容发生了重大变化；②被审计单位经营业务性质发生了重大变化,变更财务报表项目的列报能够提供更可靠、更相关的会计信息;③上期财务报表存在重大差错。

如果两者不一致,注册会计师应当实施以下程序:①查明出现不一致的原因,并分析其合理性;②查明是否已作出适当调整,包括报表项目的重新分类和归集、附注中前期对应数的调整等;③是否已在附注中充分披露对比较数据作出调整的原因和性质,以及比较数据受影响的项目的名称和更正金额;④如果发现对比较数据的调整缺乏合理的依据,应当提请管理层对比较数据作出更正,并视更正情况出具恰当意见类型的审计报告。

(2)分析比较数据采用的会计政策与本期数据采用的会计政策是否一致。如不一致,是否已经作出适当调整和充分披露。

根据企业会计准则的规定,企业采用的会计政策应当保持前后一致,不得随意变更。如果比较数据采用的会计政策与本期数据采用的会计政策不一致,注册会计师通常应当查明:①变更是否恰当,即变更理由是否满足企业会计准则和相关会计制度规定的条件。②变更是否经过了审批,即是否经过了被审计单位有权限机构的批准。③会计处理是否正确,即是否采用追溯调整法或未来适用法进行了恰当的会计处理。④相关列报与披露是否恰当,即是否已在本期财务报表附注中披露了与会计政策变更有关的下列信息:会计政策变更的性质、内容和原因;当期和各个列报前期财务报表中受影响的项目的名称和调整金额;对无法进行追溯调整的,说明事实和原因以及开始应用变更后的会计政策的时点、具体应用情况等。

(3)在实施本期审计时,如果注意到比较数据可能存在重大错报,注册会计师应当根据实际情况实施追加的审计程序。如果在上期财务报表中已经存在期后事项的更正,注册会计师应当核对比较信息与更正后的财务报表是否一致。

(4)如果上期财务报表由前任注册会计师审计,或未经审计,注册会计师应当评价比较信息采用的会计政策与本期数据采用的会计政策是否一致,比较信息与上期财务报表反映的金额和相关披露是否一致。如不一致,是否已经作出适当调整和充分披露。也可将比较信息作为期初余额,按"第二节　期初余额"所述实施恰当的审计程序,以获取充分、适当的审计证据。

(5)获取与审计意见中提及的所有期间相关的书面声明。对管理层作出的、更正上期财务报表中影响比较信息的重大错报的任何重述,注册会计师还应当获取特定书面声明。

二、出具报告时的考虑

(一)对比较信息——对应数据出具报告时的考虑

1. 总体要求

由于审计意见是针对包括对应数据在内的本期财务报表整体发表的,所以,注册会计师通常无须在审计报告中特别提及对应数据。但如果以前针对上期财务报表出具了保留意见、无法表示意见或否定意见的审计报告,且该事项仍未解决,或者新发现影响上期财务报表的重大错报,注册会计师可以在审计报告中提及对应数据。

如果上期财务报表已由前任注册会计师审计,后任注册会计师决定提及时,应当在审计报告的其他事项段中说明上期财务报表已由前任注册会计师审计、发表的意见的类型及发表非无保留意见的理由。

2. 上期导致非无保留意见的事项仍未解决的处理

如果以前针对上期财务报表出具了保留意见、无法表示意见或否定意见的审计报告,且导致非无保留意见的事项仍未解决,注册会计师应当对本期财务报表发表非无保留意见,并在依

据段,分如下两种情况予以处理:

(1)如果未解决的事项对本期数据的影响或可能的影响重大,注册会计师应当在对导致非无保留意见事项段的描述中同时提及本期数据和对应数据;

(2)如果未解决的事项对本期数据不存在重大影响,注册会计师应当在对导致非无保留意见事项段中描述未解决事项对本期数据和对应数据可比性的影响或可能的影响。

3. 上期导致非无保留意见的事项已经解决的处理

当以前针对上期财务报表出具的审计报告为非无保留意见的审计报告时,如果导致非无保留意见的事项已经解决,并已在本期财务报表中得到恰当处理,即对本期数据和对应数据均无重大影响,注册会计师针对本期财务报表出具的审计报告通常不再提及该事项。如果导致非无保留意见的事项虽已解决,但对本期仍很重要,注册会计师可在审计报告中增加强调事项段提及这一情况。

4. 注意到上期未提及的重大错报的处理

注册会计师在对本期财务报表进行审计时,可能注意到影响上期财务报表的重大错报,而以前未就该重大错报出具非无保留意见的审计报告。在这种情况下,注册会计师应当考虑《中国注册会计师审计准则第 1332 号——期后事项》的规定,并区分下列情况予以处理:

(1)如果上期财务报表已经更正,并已重新出具审计报告,注册会计师应当获取充分、适当的审计证据,以确定对应数据与已更正的财务报表是否一致;

(2)如果上期财务报表未经更正,也未重新出具审计报告,且对应数据未经恰当重述和充分披露,注册会计师应当对本期财务报表出具保留意见或否定意见的审计报告,对包括在财务报表中的对应数据发表非无保留意见;

(3)如果上期财务报表未经更正,也未重新出具审计报告,但对应数据已在本期财务报表中恰当重述和充分披露,注册会计师可以在审计报告中增加强调事项段,说明这一情况。

(二)对比较信息——比较财务报表出具报告时的考虑

(1)总体要求。当列报比较财务报表时,审计意见应当提及列报财务报表所属的各期以及发表的审计意见涵盖的各期。

(2)在实施本期审计而对上期财务报表发表审计意见时,若对上期财务报表发表的意见与以前发表的意见不同,注册会计师应当在其他事项段中披露导致不同意见的实质性原因。

(3)上期财务报表已由前任注册会计师审计,后任注册会计师除对本期财务报表发表意见外,还应当在其他事项段中说明:上期财务报表已由前任注册会计师审计、发表的意见的类型及非无保留意见的理由、前任注册会计师出具审计报告的日期。

(4)如果发现新的重大错报,而前任注册会计师以前出具了无保留意见的审计报告,注册会计师应当就此与适当层级的管理层、治理层沟通,并要求其告知前任注册会计师。如果上期财务报表已经更正,且前任注册会计师同意对更正后的上期财务报表出具新的审计报告,后任注册会计师应当仅对本期财务报表出具审计报告。

(5)如果上期财务报表未经审计,注册会计师应当在其他事项段中说明比较财务报表未经审计。但这种说明并不减轻注册会计师获取充分、适当的审计证据,以证明期初余额不含有对本期财务报表产生重大影响的错报的责任。

三、对新任注册会计师的补充要求

新任注册会计师是指在首次接受委托的情形下对本期财务报表实施审计的注册会计师。

如果上期财务报表已经前任注册会计师审计，后任注册会计师应当按照《中国注册会计师审计准则第1331号——首次接受委托时对期初余额的审计》的规定，对本期期初余额实施审计程序，不得在审计报告中提及前任注册会计师，以防止审计报告使用者对注册会计师的责任范围产生误解和后任注册会计师推卸对对应数据的审计责任。

如果上期财务报表未经审计，注册会计师应当在审计报告的其他事项段中说明对应数据未经审计，但这种说明并不减轻注册会计师针对本期期初余额实施恰当的审计程序的责任。注册会计师仍应实施恰当的审计程序，取得充分、恰当的审计证据，以确定期初余额不存在重大错报。

如果识别出对应数据存在重大错报，注册会计师应当要求管理层更正对应数据。如果管理层拒绝更正，注册会计师应当出具恰当的非无保留意见的审计报告。①如果对应数据的编制不符合适用的会计准则和相关会计制度的规定，虽影响重大，但不致出具否定意见的审计报告，则应当出具保留意见的审计报告；②如果对应数据的编制不符合适用的会计准则和相关会计制度的规定，未能从整体上公允反映被审计单位的财务状况、经营成果和现金流量，则应当出具否定意见的审计报告。

第四节 期后事项

一、期后事项的种类

可能对财务报表和审计报告产生影响的期后事项有两类：

(1)财务报表日后调整事项，是指对财务报表日已经存在的情况提供了新的或进一步的证据的事项。如财务报表日后诉讼案件结案，法院判决证实了企业在财务报表日已经存在的现实义务，需要调整原来确认的与该诉讼案件相关的预计负债，或确认一项新负债；财务报表日后取得确凿证据，表明某项资产在财务报表日发生了减值或者需要调整该项资产原来确认的减值金额；财务报表日后进一步确定了资产负债表日前购入的资产的成本或售出的资产的收入；财务报表日后发现了财务报表中的舞弊或差错。

(2)财务报表日后非调整事项，是指表明财务报表日后发生的情况的事项。如财务报表日后发生的下列事项：重大诉讼、仲裁、承诺；资产价格、税收政策、外汇汇率发生重大变化；因自然灾害导致资产发生重大损失；发行股票、债券或其他巨额举债；资本公积转增资本；发生巨额亏损；发生企业合并或处置子公司。

从审计角度来考察，期后事项可分成三段，如图13－1所示。第一时段期后事项，即财务报表日后至审计报告日之间发生的事项；第二时段期后事项，即审计报告日后至财务报表报出日之间发生的事项；第三时段期后事项，即财务报表报出日后发现的事实。

对于第一时段期后事项，注册会计师应当实施必要的审计程序主动去识别；对于第二时段期后事项，注册会计师无须实施审计程序或进行专门查询，但管理层有责任告知注册会计师可能影响财务报表的事实；对于第三时段期后事项，注册会计师没有义务进行专门查询，但有可能通过其他途径知悉。

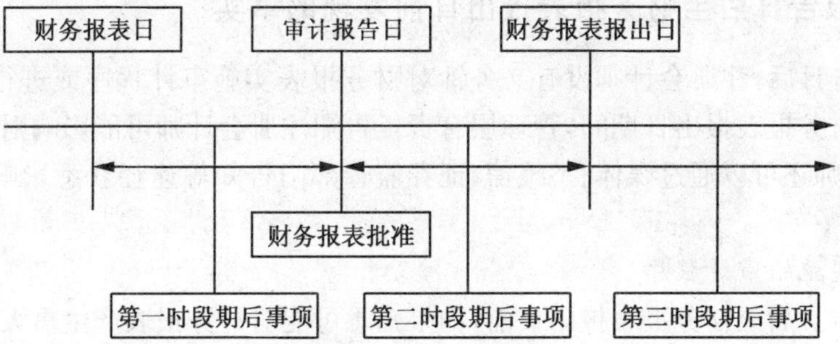

图 13－1　期后事项分段

二、截至审计报告日发生的事项

注册会计师应当实施必要的审计程序，获取充分、适当的审计证据，以确定截至审计报告日发生的、需要在财务报表中调整或披露的事项（即第一时段期后事项）是否均已得到识别。注册会计师有责任主动识别，并应当设计专门的审计程序来识别这些期后事项，根据这些事项的性质判断其对财务报表的影响，并进而确定是调整事项还是披露事项。

注册会计师应当尽量在接近审计报告日实施以下审计程序，以便识别需要在财务报表中调整或披露的事项：

（1）复核被审计单位管理层建立的、用于确保识别期后事项的程序。

（2）查阅股东会、董事会及其专门委员会在财务报表日后举行的会议纪要，并在不能获取会议纪要时询问会议讨论的事项。

（3）查阅最近的中期财务报表，如认为必要和适当，还应当查阅预算、现金流量预测及其他相关管理报告。

（4）向被审计单位律师或法律顾问询问有关诉讼和索赔事项。

（5）向管理层询问是否发生可能影响财务报表的期后事项。

询问的内容主要包括：①根据初步或尚无定论的数据作出会计处理的项目的现状；②是否发生新的担保、借款或承诺；③是否出售或购进资产，或者计划出售或购进资产；④是否已发行或计划发行新的股票或债券，是否已签订或计划签订合并或清算协议；⑤资产是否被政府征用或因不可抗力而遭受损失；⑥在风险领域与或有事项方面是否有新进展；⑦是否已作出或考虑作出异常的会计调整；⑧是否已发生或可能发生影响会计政策适当性的事项。

在实施上述审计程序时，应当重点关注其中影响审计期间关于财务报表的重大期后事项，包括调整事项和非调整事项。

如果被审计单位的分支机构、子公司等组成部分的财务信息由其他注册会计师审计，注册会计师应当考虑其他注册会计师对财务报表日后事项所实施的审计程序，并应当向其告知计划的审计报告日，以有助于其他注册会计师计划对所负责的分支机构、子公司等组成部分的期后事项实施审计程序的时间，从而更好地降低审计风险。

如果知悉对财务报表有重大影响的期后事项，注册会计师应当考虑这些事项在财务报表中是否得到恰当的会计处理并予以充分披露。

三、审计报告日后至财务报表报出日前发现的事实

在审计报告日后，注册会计师没有义务针对财务报表实施审计程序或进行专门查询。在审计报告日至财务报表报出日期间，管理层有责任告知注册会计师可能影响财务报表的事实。当然，注册会计师还可以通过媒体、举报信、证券监管部门告知等途径获悉影响财务报表的事实。

（一）应当实施的审计程序

在审计报告日后至财务报表报出日前，如果知悉可能对财务报表产生重大影响的事实，注册会计师应当与管理层或治理层讨论，并确定是否需要修改财务报表，如果修改，询问管理层将如何在财务报表中处理该事项。

如果管理层修改了财务报表，注册会计师应当根据具体情况实施必要的审计程序，以验证管理层所作出的财务报表调整或披露是否符合企业会计准则和相关会计制度的规定，并针对修改后的财务报表出具新的审计报告。新的审计报告日期不应早于董事会或类似机构批准修改后的财务报表的日期。由于审计报告日期的变化，注册会计师应当将识别期后事项的审计程序延伸至新的审计报告日，以避免重大遗漏。

但下列情况下，如果管理层对财务报表的修改仅限于期后事项的影响，被审计单位权力机构也仅对有关修改进行批准，则注册会计师可以仅针对就有关修改的期后事项的影响所实施的审计程序延伸至新的审计报告日，并且可以选择使用如下两种具体处理方式：

（1）修改审计报告，针对财务报表修改部分增加补充报告日期，表明注册会计师对期后事项实施的审计程序仅限于财务报表相关附注所述的修改；

（2）出具新的或经修改的审计报告，在强调事项段或其他事项段中增加说明，表明注册会计师对期后事项实施的审计程序仅限于财务报表相关附注所述的修改。

（二）对审计报告的影响

注册会计师如果认为应当修改财务报表而管理层没有修改，并且审计报告尚未提交给被审计单位，则应当按照《中国注册会计师审计准则第 1502 号——非标准审计报告》的规定，出具非无保留意见的审计报告。

如果已提交给被审计单位，注册会计师应当通知管理层和治理层，在财务报表作出必要的修改前，不要将财务报表和审计报告向第三方报出。如果财务报表和审计报告仍被报出，注册会计师应当采取措施防止财务报表使用者信赖该审计报告。采取的措施取决于自身的权利和义务以及征询的法律意见，如向对被审计单位有管辖权的管理机构报告，包括财政部门、证券监管机构、证券交易所等。

四、财务报表报出日后发现的事实

在财务报表报出后，注册会计师没有义务针对财务报表作出查询。但如果知悉在审计报告日已存在的、可能导致修改审计报告的事实，注册会计师应当考虑是否需要修改财务报表，并与管理层讨论，同时根据具体情况采取适当的措施。

（一）管理层修改了财务报表的处理

如果管理层修改了财务报表，注册会计师应当根据具体情况采取必要的措施。

（1）实施必要的审计程序，如查阅记录相关事实的文件、复核相关会计处理或披露事项等，以验证管理层对财务报表的修改是否恰当。

(2)复核管理层采取的措施能否确保所有收到原财务报表和审计报告的人士了解这一情况，如上市公司是否已在证券类报纸、网站上刊登公告，重新公布新的财务报表和审计报告。注册会计师应当复核这些措施，判断其是否能够达到这样的目的。

(3)针对修改后的财务报表出具新的审计报告。新的审计报告应当增加强调事项段，提请财务报表使用者注意财务报表附注中对修改原财务报表原因的详细说明，以及注册会计师出具的原审计报告。新的审计报告日期不应早于董事会或类似机构批准修改后的财务报表的日期。相应地，注册会计师应当将审计程序延伸至新的审计报告日，以避免重大遗漏。

但下列情况下，如果管理层对财务报表的修改仅限于期后事项的影响，被审计单位权力机构也仅对有关修改进行批准，则注册会计师可以仅针对就有关修改的期后事项的影响所实施的审计程序延伸至新的审计报告日，并且可以选择使用如下两种具体处理方式：

①修改审计报告，针对财务报表修改部分增加补充报告日期，表明注册会计师对期后事项实施的审计程序仅限于财务报表相关附注所述的修改；

②出具新的或经修改的审计报告，在强调事项段或其他事项段中增加说明，表明注册会计师对期后事项实施的审计程序仅限于财务报表相关附注所述的修改。

(二)管理层未采取任何行动的处理

如果管理层既没有采取必要措施确保所有收到原财务报表和审计报告的人士了解这一情况，又没有在注册会计师认为需要修改的情况下修改财务报表，注册会计师应当通知管理层和治理层，使其采取适当措施，防止财务报表使用者信赖该审计报告。如果注册会计师已经通知管理层或治理层，而管理层或治理层没有采取必要措施，注册会计师应当采取适当措施，以设法防止使用者在未来信赖该审计报告。

通常，当财务报表使用者数量有限时，可采用电话通知和书面通知的方式；对于使用者数量众多的上市公司客户，则可以考虑在中国证监会指定的媒体上刊登公告，指出审计报告日已存在的、对已公布财务报表存在重大影响的事项及其影响，并强调不应再信赖已公布的审计报告。

采取的措施取决于自身的权利和义务以及征询的法律意见。

第五节　或有事项

一、或有事项的种类

或有事项，是指过去的交易或事项形成的，其结果须由某些未来事项的发生或不发生才能决定的不确定事项。或有事项可能由被审计单位承担潜在义务(损失)或收取潜在收益。这种可能发生的事项，在财务报表日仍然不能确定。

根据谨慎性原则，注册会计师一般对被审计单位的或有损失更为关注。或有损失分为两大类：直接或有损失和间接或有损失。前者如未决诉讼、未决索赔、税务纠纷等事项；后者如应收票据贴现、应收账款质押借款、融通票据背书和其他债务担保等事项。

二、或有事项的审计

对或有事项进行审计，其主要目标是：确定或有事项是否存在；确定或有事项的会计处理是否符合国家有关规定；确定或有事项是否已作恰当披露。

注册会计师应当对或有事项实施必要的审计程序。特别需要指出的是，由于或有事项本质上属于不确定事项，相应地，其重大错报风险较高，需要注册会计师予以充分关注。

或有事项审计，往往作为其他事项审计的一个组成部分进行，如税务纠纷，一般作为审计应纳税金、复核税务机关报告的一部分来加以核实。即使单独核实或有事项，也是在审计工作结束前的一段时间进行，以确保其正确性。因此，不同的或有事项审计程序不同。一般而言，或有事项审计程序如下：

(1)索取并查阅相关资料，确定是否存在或有事项，并进一步审查确认损失估计金额的合理性和相关会计处理的恰当性。这些资料主要包括：①被审计单位股东大会、董事会的全部会议记录；②被审计单位管理层有无或有事项的书面声明书；③被审计单位关于或有事项的全部文件和凭证；④被审计单位与银行之间的往来函件。

(2)向有关人员或单位询问或函证，寻找是否存在或有事项。主要包括：①向被审计单位律师或法律顾问函证是否存在法律诉讼、仲裁或其他事项，并取得书面文件；②向被审计单位主管税务机关函询是否存在税务纠纷；③向被审计单位往来银行函证是否存在应收票据贴现及金额、是否提供担保事项。

(3)复核已经填写的审计工作底稿，关注是否存在可能的或有事项。

(4)查阅是否存在被审计单位对未来事项的财务或其他承诺。

(5)查阅或有事项会计处理的适当性。

通过以上事项的执行，注册会计师大体可以判断被审计单位关于或有事项的真实性信息，在此基础上主要检查会计确认是否符合会计准则规定的确认标准、金额的计量是否恰当、在报表附注中的披露是否充分等，获取充分、适当的审计证据。

三、获取律师声明书

在对被审计单位期后事项与或有事项等进行审计时，注册会计师往往要向被审计单位的法律顾问和律师进行函证，以获取其对财务报表日业已存在的及财务报表日至他们复函这一时期内存在的期后事项与或有事项等的确认证据。被审计单位律师对函证问题的答复和说明，就是律师声明书。

对律师的函证，通常以被审计单位的名义，通过寄发审计询证函的方式实施。律师声明书所用的格式和措辞并没有定式。单位不同或情况不同，律师出具的声明书也不相同。下面分别列示了律师询证函和律师询证函复函的范例，供参考。

律师询证函

__________律师事务所：

__________律师：

本公司已聘请××会计师事务所对本公司______年____月____日(以下简称资产负债表日)的资产负债表以及截止于资产负债表日的该年度利润及利润分配表和现金流量表进行审计。为配合该项审计，谨请贵律师基于受理本公司委托的工作(诸如常年法律顾问、专项咨询和诉讼代理等)提供下述资料，并函告××会计师事务所：

一、请说明存在于资产负债表日并且自该日起至本函回复日止本公司委托贵律师代理进行有何未决诉讼。该说明中谨请包含以下内容：

(1)案件的简要事实经过与目前的发展进程；

(2)在可能范围内，贵律师对于本公司管理层就上述案件所持看法及处理计划(如庭外和解设想)的了解，及您对可能发生结果的意见；

(3)在可能范围内，您对可能发生的损失或收益及可能发生金额的估计。

二、请说明存在于财务报表日，并且自该日起至本函回复日止，本公司曾向贵律师咨询的其他诸如未决诉讼、追索债权、被追索债务以及政府有关部门对本公司进行的调查等可能涉及本公司法律责任的事件。

三、请说明截止于财务报表日本公司与贵律师事务所律师服务费的结算情况(如有可能，请依服务项目区分)。

四、若无上述一及二事项。为节省您宝贵的时间，烦请填写本函背面《律师询证函复函》并签章后，按以下地址寄往××会计师事务所(地址：××市××号；邮编：××××××)。

谢谢合作！

××公司(盖章)

公司负责人(签章)

年　　月　　日

律师询证函复函

××会计师事务所：

本律师于____________期间除向____________公司提供一般性法律咨询服务外，并未接受委托，代理进行或咨询如前述一、二项所述之事宜。

另截至　　年　　月　　日，该公司

□未积欠本律师事务所任何律师服务费。

□尚有本律师事务所的律师服务费计人民币__________元，未予付清。

__________律师事务所

律师：__________(签章)

年　　月　　日

注册会计师应根据该律师的职业水准和声誉情况来确定律师声明书的可靠性。如果注册会计师对代理被审计单位重大法律事务的律师并不熟悉，则应查询诸如该律师的职业背景、声誉及其在法律界的地位等情况，并考虑从律师事务所获取信息。

对于律师声明书应从整体上分析，以便确定它对审计询证函的总体反应，确定它与注册会计师所知的情况是否矛盾。如果律师声明书表明或暗示律师拒绝提供信息，或隐瞒信息，注册会计师应将其视为审计范围受到限制。

第六节　持续经营

持续经营假设是编制财务报表的基本原则，除非管理层计划将被审计单位予以清算或终止经营，否则没有其他现实可行的选择。特殊目的的财务报表可以根据需要按照(或不按照)以持续经营为基础的财务报告框架编制。

注册会计师的总体目标是对财务报表整体是否不存在由舞弊或错误导致的重大错报，而发表审计意见。因此,注册会计师应当考虑管理层在编制和列报财务报表时运用持续经营假设的适当性,以提高财务报表的公允性和可信赖程度,降低审计风险。

一、管理层的责任和注册会计师的责任

(一)管理层的责任

根据适用的会计准则和相关会计制度的规定评估被审计单位的持续经营能力是管理层的责任。管理层对持续经营能力的评估涉及在特定时点对事项或情况的未来结果作出判断,这些事项或情况的未来结果具有固有的不确定性。如某一事项或情况或其结果出现的时点距离管理层作出评估的时点越远,其不确定性将显著增加;被审计单位的规模和复杂程度、经营活动的性质和状况、受外部影响的程度等都会影响管理层对其持续经营能力的判断;另外,管理层作出的所有判断均以当前可获取的信息为基础,之后发生的事项可能导致事项或情况的结果与作出的判断不一致。

(二)注册会计师的责任

注册会计师的责任是考虑管理层在编制和列报财务报表时运用持续经营假设的适当性,并就持续经营能力是否存在重大不确定性得出结论。这需要注册会计师实施必要的审计程序,以获取充分、适当的审计证据,对可能导致被审计单位持续经营能力产生重大疑虑的事项或情况是否存在重大不确定性得出结论,并确定对审计报告的影响。

二、计划审计工作与实施风险评估程序

(一)了解被审计单位及其环境,关注其持续经营能力

通过了解被审计单位及其环境,注册会计师应当识别出是否存在可能导致对持续经营能力产生重大疑虑的事项或情况以及相关经营风险,从而为识别和评估重大错报风险提供基础。注册会计师应当实施如下风险评估程序:(1)询问管理层以及被审计单位内部其他人员;(2)执行分析程序;(3)观察和检查。

一般而言,被审计单位在财务、经营以及其他方面存在的某些事项或情况可能导致经营风险,这些事项或情况单独或连同其他事项或情况可能导致对持续经营假设产生重大疑虑。

财务方面,主要包括:(1)无法偿还到期债务;(2)无法偿还即将到期且难以展期的借款;(3)无法继续履行重大借款合同中的有关条款;(4)存在大额的逾期未缴税金;(5)累计经营性亏损数额巨大;(6)过度依赖短期借款筹资;(7)无法获得供应商的正常商业信用;(8)难以获得开发必要新产品或进行必要投资所需资金;(9)资不抵债;(10)营运资金出现负数;(11)经营活动产生的现金流量净额为负数;(12)大股东长期占用巨额资金;(13)重要子公司无法持续经营且未进行处理;(14)存在大量、长期未作处理的不良资产;(15)存在因对外巨额担保等或有事项引发的或有负债。

经营方面,主要包括:(1)关键管理人员离职且无人替代;(2)主导产品不符合国家产业政策;(3)失去主要市场、特许权或主要供应商;(4)人力资源或重要原材料短缺。

其他方面,主要包括:(1)严重违反有关法律法规或政策;(2)异常原因导致停工、停产;(3)有关法律法规或政策的变化可能造成重大不利影响;(4)经营期限即将到期且无意继续经营;(5)投资者未履行协议、合同、章程规定的义务,并有可能造成重大不利影响;(6)因自然灾害、战争等不可抗力因素遭受严重损失。

在整个审计过程中,注册会计师应当始终关注可能导致对持续经营能力产生重大疑虑的

事项或情况以及相关经营风险。如果识别出上述这些事项或情况，除应当实施进一步审计程序外，注册会计师还应当考虑其是否会影响评估的重大错报风险。

在实施风险评估程序时，注册会计师应当考虑与持续经营假设相关的事项或情况，以便及时与管理层讨论并复核其针对已识别的持续经营问题制订的应对计划。

（二）复核管理层的初步评估

如果管理层已对持续经营能力作出初步评估，注册会计师应当通过与管理层讨论，来复核该初步评估，以确定管理层是否识别出可能导致对持续经营能力产生重大疑虑的事项或情况以及相关经营风险，并复核管理层提出的应对计划。

如果管理层没有对持续经营能力作出初步评估，注册会计师应当与管理层讨论运用持续经营假设的理由，询问是否存在可能导致对持续经营能力产生重大疑虑的事项或情况以及相关经营风险，并提请管理层对持续经营能力作出评估。

（三）评估持续经营能力可能导致的重大错报风险

注册会计师应当考虑在实施风险评估程序时识别出的事项或情况对重大错报风险评估的影响，及其对进一步审计程序的性质、时间和范围的影响。

三、评价管理层对持续经营能力作出的评估

管理层对持续经营能力的评估是注册会计师考虑持续经营假设的一个重要组成部分。注册会计师应当从以下两个方面评价管理层对持续经营能力作出的评估。

（一）管理层评估涵盖的期间

1. 符合适用的会计准则和相关会计制度规定的通常期间

注册会计师应当确定管理层评估持续经营能力涵盖的期间是否符合适用的会计准则和相关会计制度的规定。通常，评估持续经营能力涵盖的期间为资产负债表日后的12个月。如果管理层评估持续经营能力涵盖的期间少于12个月，注册会计师应当提请管理层将其延伸至自资产负债表日起的12个月。

2. 超出适用的会计准则和相关会计制度规定的通常期间

通常，对持续经营能力的评估期间为12个月，但在某些情况下，管理层可能知悉在评估期间以后将会发生的、可能导致对持续经营能力产生重大疑虑的事项或情况，因此，注册会计师应当询问管理层是否知悉超出评估期间的、可能导致对持续经营能力产生重大疑虑的事项或情况以及相关经营风险。如果影响重大，注册会计师应当考虑采取进一步措施，包括考虑提请管理层确定这些事项或情况对评估持续经营能力的潜在影响。

注册会计师应当注意可能存在管理层现已知悉的、在评估期间以后将会发生的事项或情况，这些事项或情况可能对注册会计师考虑管理层运用持续经营假设编制财务报表的适当性产生重大影响。

除实施询问程序外，注册会计师没有责任设计其他审计程序，以测试是否存在超出评估期间的、可能导致对持续经营能力产生重大疑虑的事项或情况。

（二）管理层作出评估的过程、依据的假设以及应对计划

在评价管理层作出的评估时，注册会计师应当考虑管理层作出评估的过程、依据的假设以及应对计划。注册会计师应当考虑管理层作出的评估是否已考虑所有相关信息，其中包括注册会计师实施审计程序获取的信息。

管理层的评估过程包括对可能导致对持续经营能力产生重大疑虑的事项或情况以及相关

经营风险的识别、相关结果的预测、对拟采取改善措施的考虑，以及最终评估结论。注册会计师在考虑管理层的评估过程时，应当关注管理层是如何识别这些事项或情况以及相关经营风险的，其识别是否完整，是否已充分考虑了注册会计师在实施审计程序中所发现的全部相关信息。

在考虑管理层所依据的假设是否合理时，要特别关注具有如下特征的假设：(1)对预测性信息具有重大影响的假设；(2)特别敏感的或容易发生变动的假设；(3)与历史趋势不一致的假设。注册会计师应当根据对被审计单位的了解，比较以前年度的预测与实际结果、本期预测与截至目前的实际结果。如果发现存在不当，应当与管理层进行讨论，必要时，应要求管理层对相关预测所依据的假设做出修正。

如果被审计单位具有良好的盈利记录并很容易获得外部资金支持，管理层可能无需详细分析就能对持续经营能力作出评估。在此情况下，注册会计师通常无需实施详细的审计程序，就可对管理层运用持续经营假设编制财务报表的适当性得出结论。

四、进一步审计程序

当识别出可能导致对持续经营能力产生重大疑虑的事项或情况时，注册会计师应当实施下列进一步审计程序：

(一)复核管理层的应对计划

管理层的应对计划通常包括资产处置、资产售后回租、取得担保或抵押贷款、实施资产重组或债务重组、获得其他资金、延缓营业开支、获得重要原材料的替代品、开拓新市场等。注册会计师应当询问管理层的应对计划，并考虑其可行性，关注其能否缓解对持续经营的不利影响。此外，注册会计师还应当考虑管理层作出持续经营能力评估后发生的事实或可获得的信息。

(二)通过实施必要的审计程序

包括考虑管理层提出的应对计划和其他缓解措施的效果，获取充分、适当的审计证据，以确认是否存在与此类事项或情况相关的重大不确定性，判断管理层提出的应对计划是否可行，以及应对计划的结果是否能够改善持续经营能力。相关审计程序主要包括：(1)与管理层分析和讨论现金流量预测、盈利预测以及其他相关预测；(2)与管理层分析和讨论最近的中期财务报表；(3)复核债券和借款协议条款并确定是否存在违约情况；(4)阅读股东会会议、董事会会议以及相关委员会会议有关财务困境的记录；(5)向被审计单位的律师询问是否存在针对被审计单位的诉讼或索赔，并向其询问管理层对诉讼或索赔结果及其财务影响的估计是否合理；(6)确认财务支持协议的存在性、合法性和可行性，并对提供财务支持的关联方或第三方的财务能力作出评价；(7)考虑被审计单位准备如何处理尚未履行的客户订单；(8)复核期后事项并考虑其是否可能改善或影响持续经营能力。

如果现金流量分析对考虑事项或情况的未来结果是重要的，注册会计师应当实施下列审计程序：(1)考虑被审计单位生成相关信息的信息系统的可靠性；(2)考虑管理层作出现金流量预测所依赖的假设是否存在充分的依据；(3)将最近若干期间的预测性财务信息与实际结果进行比较；(4)将本期的预测性财务信息与截至目前的实际结果进行比较。

(三)向管理层和治理层(如适用)获取有关应对计划及其可行性的书面声明

管理层和治理层就持续经营能力提出的应对计划和其他缓解措施通常基于假设基础之上，且与管理层和治理层的意图密切相关，因此，注册会计师应当向管理层和治理层获取一个有关未来的应对计划及其可行性的书面声明。

在注册会计师实施上述审计程序的过程中，需要运用职业判断并保持职业怀疑，评价审计证据的充分性和适当性。

五、审计结论与报告

注册会计师应当根据获取的审计证据，运用审计判断，确定可能导致对持续经营能力产生重大疑虑的事项或情况是否存在重大不确定性，该重大不确定性是以适当披露该不确定性的性质和影响、财务报表不出现误导为衡量标准的，即不确定性潜在影响的重要程度和发生的可能性，如不披露，将出现财务报表的误导，则该不确定性为重大不确定性，并以此结论形成财务报表审计意见。

(一)被审计单位在编制财务报表时运用持续经营假设是适当的

如果认为被审计单位在编制财务报表时运用持续经营假设是适当的，但可能导致对持续经营能力产生重大疑虑的事项或情况存在重大不确定性，注册会计师应当考虑：(1)财务报表是否已充分描述导致对持续经营能力产生重大疑虑的主要事项或情况，以及管理层针对这些事项或情况提出的应对计划；(2)财务报表是否已清楚指明可能导致对持续经营能力产生重大疑虑的事项或情况存在重大不确定性，被审计单位可能无法在正常的经营过程中变现资产、清偿债务。

①带强调事项段的无保留意见。如果财务报表已作出充分披露，注册会计师应当出具无保留意见的审计报告，但在审计意见段之后增加强调事项段，强调可能导致对持续经营能力产生重大疑虑的事项或情况存在重大不确定性的事实，并提醒财务报表使用者注意财务报表附注中对有关事项的披露。

②保留意见或否定意见。如果财务报表未能作出充分披露，注册会计师应当出具保留意见或否定意见的审计报告。审计报告应当具体提及可能导致对持续经营能力产生重大疑虑的事项或情况存在重大不确定性的事实，并指明财务报表未对该事实作出披露。

(二)被审计单位将不能持续经营，但财务报表仍然按照持续经营假设编制

如果判断被审计单位将不能持续经营，但财务报表仍然按照持续经营假设编制，注册会计师应当出具否定意见的审计报告。

(三)被审计单位将不能持续经营，以其他基础编制财务报表

如果管理层认为编制财务报表时运用持续经营假设不再适当，选用了其他基础编制财务报表，如清算假设基础，在这种情况下，注册会计师应当实施补充的审计程序。如果认为管理层选用的其他编制基础是适当的，且财务报表已作出充分披露，注册会计师可以出具无保留意见的审计报告，并考虑在审计意见段之后增加强调事项段，提醒财务报表使用者关注管理层选用的其他编制基础。

(四)管理层未对持续经营能力做出评估或其评估期间未涵盖12个月

对持续经营能力进行评估是管理层的责任。如果被审计单位管理层没有对持续经营能力进行评估；或者评估涵盖的期间短于自资产负债表日起的12个月；或者存在评估期间以后将会发生且可能导致对持续经营能力产生重大疑虑的事项或情况，但管理层未评估其潜在影响，注册会计师应当提请管理层对持续经营能力作出评估，或将评估期间延伸至自资产负债表日起的12个月。如果管理层拒绝注册会计师的要求，注册会计师应当将其视为审计范围受到限制，考虑出具保留意见或无法表示意见的审计报告。

(五)管理层拖延签署或批准财务报表

如果管理层在资产负债表日后严重拖延对财务报表的签署或批准,注册会计师应当考虑拖延签署或批准的原因。当拖延原因涉及与管理层评估持续经营能力有关的事项或情况时,注册会计师应当考虑有必要实施追加的审计程序,以及是否存在重大不确定性事项或情况,导致对其持续经营能力产生重大疑虑。通常,管理层拖延签署或批准财务报表,可能意味着管理层故意隐瞒或推迟披露不利信息,包括可能对持续经营能力产生重大影响的不利信息。这些信息可能影响财务报表使用者做出的重大决策以及注册会计师对财务报表拟发表的审计意见类型。

六、与治理层沟通

有效的双向沟通在财务报表审计中具有相当的重要性,通过与治理层沟通,可以获取与持续经营假设的相关信息,还可以推动注册会计师与治理层之间有效的双向沟通。这里所指的治理层,是指对被审计单位战略方向以及管理层履行经营管理责任负有监督责任的人员或组织。

(一)沟通的对象

注册会计师应当根据实际情况确定与被审计单位治理结构中的适当人员或组织(如审计委员会)进行沟通,若与个人或下设组织沟通后仍应与治理层的整体进行沟通。

(二)沟通的事项

(1)对于注册会计师已经识别出的可能导致被审计单位持续经营能力产生重大疑虑的事项或情况是否构成重大不确定性进行沟通;

(2)注册会计师对在财务报表编制和列报中运用持续经营假设是否适当进行沟通;

(3)财务报表中对被审计单位持续经营能力产生重大疑虑的事项或情况的相关披露是否充分进行沟通。

(三)沟通的过程与记录

注册会计师在与治理层沟通时应事先与治理层就其沟通的形式、时间安排及内容进行沟通。对于与持续经营假设事项相关的沟通,可以一并与其他需要沟通的事项在形成审计意见前进行沟通。鉴于持续经营假设对审计意见影响的重大性,沟通应以书面形式进行,注册会计师应当保存一份沟通文件的副本,作为审计工作底稿的一部分。

第七节　书面声明

一、管理层和注册会计师对财务报表责任的认可

书面声明,是指管理层向注册会计师提供的书面陈述,用以确认某些事项或支持其他审计证据。书面声明不包括财务报表和具体认定,以及支持性账簿和记录。这些陈述是审计过程中注册会计师与管理层就财务报表审计的相关重大事项不断沟通而形成的。书面声明具有两方面的作用:一是明确管理层认可财务报表的责任;二是提供具有补充作用的审计证据。然而,注册会计师不能过分依赖书面声明,其本身不能为涉及的任何事项提供充分、适当的审计证据。

注册会计师应当根据审计业务约定条款，对财务报表的编制要求管理层提供书面声明，以确认管理层已按照适用的会计准则和相关会计制度的规定编制财务报表；其允许注册会计师在不受限制地接触所有相关信息和人员的条件下，向注册会计师提供了所有相关信息，且所有交易均已记录并反映在财务报表中。

注册会计师应当获取审计证据，首先确定管理层认可其按照适用的会计准则和相关会计制度的规定编制财务报表，并向注册会计师提供完整信息的责任；其次，如果认为必要或根据其他审计准则的要求，作为支持与财务报表或具体认定相关的其他证据；在此基础上，根据管理层提供的书面声明，或者在管理层不按照注册会计师的要求提供书面声明时采取相应的适度措施。

二、书面声明的内容及形式

注册会计师应当将获取的书面声明作为审计证据，并形成审计工作底稿。书面声明需以声明书的形式径送注册会计师，但如果管理层已经按照法律法规的要求，就其责任作出书面公开陈述，并且注册会计师认为这些公开陈述满足了如上要求的部分或全部，则仅就公开陈述未涵盖的相关事项作出书面声明即可。声明书应当根据审计业务约定条款列明的信息，标明适当的日期并经签署。

书面声明一般要求列明三个方面的内容：(1)关于财务报表。主要包括：①管理层认可其对财务报表编制的责任。②管理层认可其设计、实施和维护内部控制以防止或发现并纠正错报的责任。(2)基于审计业务约定条款的信息的完整性。主要包括：①所有财务信息和其他数据的可获得性；②所有股东会和董事会会议记录的完整性和可获得性；③就违反法规行为事项，被审计单位与监管机构沟通的书面文件的可获得性；④与未记录交易相关的资料的可获得性；⑤涉及下列人员舞弊行为或舞弊嫌疑的信息的可获得性：管理层对内部控制具有重大影响的雇员；对财务报表的编制具有重大影响的其他人员。(3)关于交易的完整性。主要包括：①关联方交易，以及涉及关联方的应收或应付款项；②需要在财务报表中披露的违反法规的行为；③需要确认或披露的或有事项，对财务报表具有重大影响的承诺事项和需要偿付的担保等；④对财务报表具有重大影响的合同的遵循情况；⑤对财务报表具有重大影响的重大不确定性事项；⑥被审计单位对资产的拥有或控制情况，以及抵押、质押或留置资产等。

另外，注册会计师在认为必要或其他准则(如持续经营假设、期后事项、会计估计的假设等)有要求时，可以要求管理层提供书面声明，作为支持与财务报表或具体认定相关的其他审计证据。

书面声明的日期应当尽量接近财务报表出具审计报告的日期，但不能在审计报告日后，其包括审计报告所对应的财务报表和期间。

声明书通常由管理层中对被审计单位及其财务负主要责任的人员签署。在某些情况下，注册会计师也可以向管理层中的其他人员获取声明书。

三、对书面声明可靠性的怀疑及采取的措施

注册会计师在审计的整个过程中要始终保持职业怀疑的态度，如果对管理层的胜任能力、诚信、道德价值观或勤勉尽责或其在这方面的承诺或执行过程存在怀疑，应当确定这些疑虑可能对声明(书面或口头)和审计证据总体可靠性的影响程度；另外，如果发现书面声明与其他审计证据不一致，注册会计师应当实施审计程序以确认并解决问题，如果采取措施仍未解决，则

应当重新评估管理层的胜任能力、诚信、道德价值观或勤勉尽责,并确定该不一致对声明(书面或口头)和审计证据总体可靠性的影响程度。

如果注册会计师根据职业判断认为书面声明不可靠,应视其对财务报表广泛性影响的程度、对财务报表整体是否存在重大错报的结论,来具体确定发表保留意见、否定意见或无法表示意见的审计报告。

四、管理层拒绝提供声明时的措施

如果管理层拒绝提供注册会计师认为必要的一项或多项书面声明,注册会计师应当首先与管理层讨论,并重新评价管理层的诚信,确定其对声明(书面或口头)和审计证据总体可靠性的影响程度,在此基础上应视其对财务报表广泛性影响的程度、对财务报表整体是否存在重大错报的结论,来具体确定发表保留意见、否定意见或无法表示意见的审计报告。其中,对于如下两种情形,注册会计师应将其视为审计范围受到限制,发表无法表示意见的审计报告:

(1)注册会计师认为管理层的诚信存在重大问题,因而确定其作出的关于财务报表、所有信息和交易完整性的书面声明不具有可靠性;

(2)管理层不提供关于财务报表、所有信息和交易完整性的书面声明。

本章小结

本章主要介绍财务报表审计中业务循环审计之外的相关工作,即终结审计中应完成的审计事项,主要包括期初余额、比较信息、期后事项、或有事项、持续经营、书面声明,并介绍了它们的含义、审计目标、主要审计程序以及对审计结论和报告的影响。在此基础上,还介绍了如何编制审计差异调整表和试算平衡表、如何复核审计工作底稿和财务报表、怎样与管理层和治理层沟通,以及如何形成财务报表公允性的审计意见和实施项目质量控制等相关内容。

本章思考题

1. 如何在审计完成阶段评价审计结果?
2. 审计完成阶段的重大发现包括哪些情形?
3. 简述期初余额审计的目标、范围、审计程序及方法。
4. 哪些情形下注册会计师应当对比较信息发表保留意见或否定意见?
5. 从哪些方面来评价被审计单位持续经营能力是否遭受威胁?持续经营能力假设的审计证据对审计意见的影响情形有哪些?

参考文献

[1]中国注册会计师协会. 2015年度注册会计师全国统一考试辅导教材——审计. 北京：经济科学出版社，2015.

[2]童丽丽，戚少利，张文利. 审计学. 北京：人民邮电出版社，2011.

[3]舒利庆，于静霞，马春静. 审计学. 北京：高等教育出版社，2011.

[4]宛燕如，高文进. 审计学(第三版). 武汉：武汉理工大学出版社，2013.

[5]秦荣生，卢春泉. 审计学(第八版). 北京：中国人民大学出版社，2014.

[6]朱荣恩. 审计学(第三版). 北京：高等教育出版社，2008.

[7]张雪梅. 审计学. 北京：中国市场出版社，2009.

[8]肖振东. 审计学. 上海：立信会计出版社，2007.